高职高专**汽车检测与维修技术**专业系列规划

U0587443

汽车发动机
电控原理与维修

主　编　张振珠　路国平

副主编　刘玉玺　赖诗洋　李前坤

主　审　辛　莉

重庆大学出版社

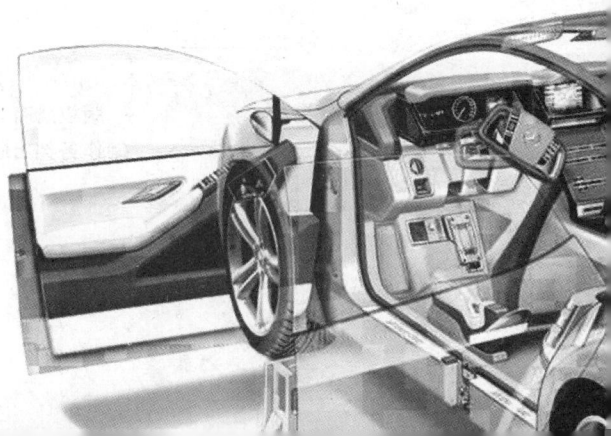

内容提要

本书主要介绍了电控汽油喷射系统、汽油机电控点火系统、进气控制系统中的怠速控制系统、废气涡轮增压控制系统、可变配气相位控制系统、排放控制系统中的氧传感器及三元催化转换系统、二次空气供给系统、燃油蒸气控制系统、废气再循环控制系统、曲轴箱强制通风系统等,同时对一些典型电控系统的结构和故障现象作了介绍。书中还介绍了目前较常用的车载网络系统,并配有拓展阅读和复习思考题。

本书可作为高职高专汽车检测与维修技术、汽车电子技术、汽车服务工程等专业的通用教材,也可供汽车制造、汽车维修、汽车营销等相关的工程技术人员及管理人员参考。

图书在版编目(CIP)数据

汽车发动机电控原理与维修 / 张振珠,路国平主编.--重庆:重庆大学出版社,2019.2
高职高专汽车检测与维修技术专业系列教材
ISBN 978-7-5689-1319-5

Ⅰ.①汽… Ⅱ.①张… ②路… Ⅲ.①汽车—发动机—电气控制系统—理论—高等职业教育—教材 ②汽车—发动机—电气控制系统—检修—高等职业教育—教材 Ⅳ.①U472.43

中国版本图书馆 CIP 数据核字(2018)第 284292 号

汽车发动机电控原理与维修

主　编　张振珠　路国平
副主编　刘玉玺　赖诗洋　李前坤
主　审　辛　莉
策划编辑:曾显跃

责任编辑:姜　凤　　版式设计:曾显跃
责任校对:刘　刚　　责任印制:张　策

*

重庆大学出版社出版发行
出版人:易树平
社址:重庆市沙坪坝区大学城西路 21 号
邮编:401331
电话:(023)88617190　88617185(中小学)
传真:(023)88617186　88617166
网址:http://www.cqup.com.cn
邮箱:fxk@ cqup.com.cn(营销中心)
全国新华书店经销
重庆荟文印务有限公司印刷

*

开本:787mm×1092mm　1/16　印张:12.5　字数:314 千
2019 年 2 月第 1 版　　2019 年 2 月第 1 次印刷
印数:1—3 000
ISBN 978-7-5689-1319-5　定价:33.00 元

前言

随着汽车技术和电子技术的迅速发展，现代汽车为提高汽车动力性、经济性、安全性、舒适性，以及减少尾气排放污染而广泛采用了电子控制技术。电子控制技术是现代汽车技术发展的重要趋势与标志，从发动机的燃油喷射、点火控制、进气控制、排放控制、故障自诊断到底盘的传动系统、转向与制动系统，以及车身、辅助装置等都普遍采用了电子控制技术。这就要求汽车相关专业的学生，以及从事汽车相关职业的维修人员、技术人员应掌握现代汽车新技术，熟悉现代汽车故障诊断与维修的基本方法，不断更新知识，以适应当前汽车技术发展的要求。

在习近平新时代中国特色社会主义思想指导下，落实"新工科"建设要求，为了帮助汽车相关专业的学生以及汽车使用与维修人员全面系统地掌握发动机电子控制系统的结构、原理、故障诊断及维修等方面的知识，适应汽车新技术发展的需要，作者根据多年的教学实践及故障诊断的经验，并参阅了大量的文献、资料和专著，编写了这本《汽车发动机电控原理与维修》教材，力求全面、系统地介绍有关汽车发动机电子控制系统的基本原理、基本组成、工作过程以及相关部件的结构。本书内容新颖、实用性强、图文并茂、通俗易懂，具有知识的系统性和完整性。

本书由张振珠、路国平担任主编，刘玉玺、赖诗洋、李前坤担任副主编，辛莉担任主审。本书在编写过程中还得到了重庆工程职业技术学院全体汽车教学团队成员的帮助，在此，表示衷心感谢！

由于编者水平有限，书中难免存在疏漏或不当之处，恳请读者批评和指正。

编　者
2018 年 8 月

目 录

项目 **1**
发动机电控系统总体认识

【**项目目标**】

1.了解发动机电控系统的总体组成、主要传感器和执行器；

2.掌握电控单元(ECU)、传感器、执行元件等零部件的位置；

3.了解电控系统的结构特点及基本工作原理；

4.能通过与客户交流、查阅相关资料获取车辆信息；

5.能熟练指出电控单元、传感器、执行元件等零部件的位置；

6.能熟悉常用工具、设备、资料的使用方法。

【**知识脉络图**】

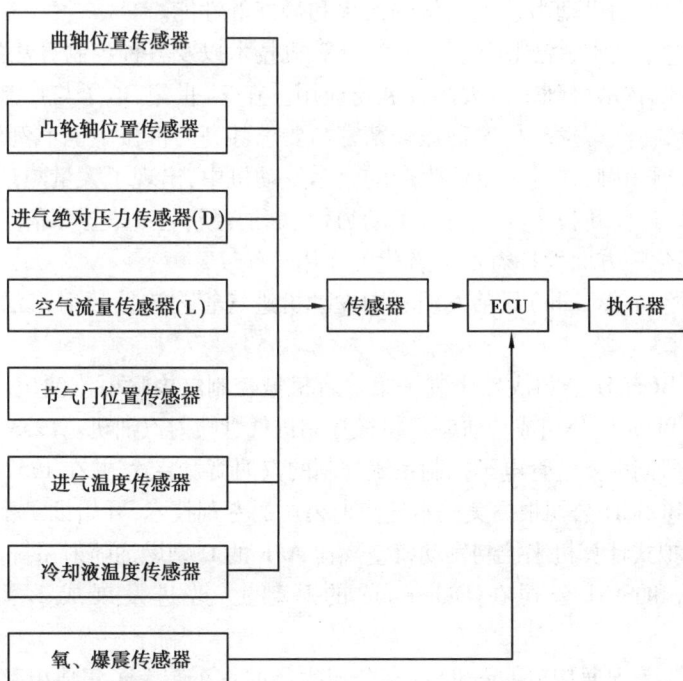

1

【理论知识】

任务1.1 发动机电控技术的发展及优点

随着我国国民经济实力的增长和人民生活水平的提高,汽车的市场需求不断扩大,汽车工业开始步入蓬勃发展的阶段。然而,摆在面前的不只是机遇,更多的是挑战,如何解决好发展过程中的能源与环境问题已成为目前汽车工业面临的两大难题。

一直以来,汽车发动机以石油作为主要的燃料来源,但是,石油资源具有不可再生性,连续开采已使得石油资源日益枯竭。此外,汽车尾气排放带来的环境污染也是汽车工业急需解决的问题,制订并实施汽车尾气排放标准是一项较为有效的控制措施。

发动机是汽车的心脏,新技术在发动机上的应用,对提高汽车的整车性能有着重要意义。尽管现代发动机技术已相当成熟,特别是电子技术的应用已相当广泛,但仍存在一些空白和缺陷。

不断完善发动机电子控制技术,开发电子控制技术在发动机上的应用新领域,通过汽车内部网络或无线传输技术的信息通信完成系统之间各种必要的信息传送与接收,实现高度集中控制及故障诊断的"整车控制技术"将是汽车发动机技术发展的必然趋势。

在能源与环保的双重压力下,我国发动机行业引进了许多先进的技术。

就发动机而言,发动机电子控制技术等先后应用到实际的生产生活中,其技术可以有效地改善发动机的燃油经济性,降低废气污染的排放,并且能够发挥发动机的卓越性能,实现发动机的精确控制,使得发动机动力达到最优的效率和最好的性能。

近年来,随着电子技术、控制理论与技术、计算机技术以及各种控制算法的进步与发展,我国发动机的电子控制技术得到了巨大的发展与应用。在21世纪,电子与控制技术已经涉及工业领域的各个角落,在汽车发动机这种比较精密与要求甚高的机械中也不例外,电子控制技术更是在发动机中大展拳脚,在各个企业生产的汽车发动机中,出现了大量与现代汽车息息相关的电子控制新技术,这些新技术在提高汽车动力性、燃油经济性、安全可靠性、乘坐舒适性、推进汽车及交通智能化等方面发挥着不可替代的作用。

1934年,德国怀特(Wright)兄弟发明了向发动机进气管内连续喷射汽油来配制混合气的技术。

1952年,德国BOSCH公司成功研制了第一台机械控制缸内喷射汽油机。

1958年,德国BOSCH公司成功研制了机械控制进气管喷射汽油机。1953年,美国本迪克斯公司(Bendix)开始研制由真空管电子控制系统控制的汽油喷射装置,并在1957年研制成功。

1967年,德国BOSCH公司根据美国本迪克斯公司的专利技术,开始批量生产利用进气歧管绝对压力信号和模拟式计算机来控制发动机空燃比A/F的D型燃油喷射系统(D-Jetronic)。

1973年,德国BOSCH公司在D-Jetronic的基础上,改进发展成L型燃油喷射系统(L-Jetronic)。

1973—1974年,美国通用(General)汽车公司生产的汽车装上了集成电路IC点火控制器。

1976年,美国克莱斯勒(Chrysler)汽车公司成功研制了微机控制点火系统,取名为"电子式稀混合气燃烧系统(ELBS)"。

1977 年,美国通用汽车公司成功研制了数字式点火控制系统。

1979 年,德国 BOSCH 公司开发出了 M-Motronic 系统,即发动机集中管理系统。

1979 年,日本日产(Nissan)汽车公司成功研制了集点火时刻控制、空燃比控制、废气再循环控制和怠速转速控制于一体的发动机集中电子控制系统(ECCS)。

1980 年,日本丰田(TOYOTA)公司开发出了具有汽油喷射控制、点火控制、怠速转速和故障自诊断功能的丰田计算机控制系统(TCCS)。

1981 年,德国 BOSCH 公司开发出了 LH-Jetronic 系统。

1987—1989 年,德国 BOSCH 公司开发出了电控单点汽油喷射系统。

1994 年,上海大众推出采用 D-Jetronic 电控汽油喷射系统的桑塔纳 2000 型轿车。2000 年,我国政府规定:5 人座以下的化油器式发动机汽车自 2001 年 1 月 1 日起停止生产。

1995 年,日本三菱(MITSUBISHl)汽车公司公布了电控缸内直喷式汽油机(即 GDI 系统)。2001 年,Volkswagen/Audi 集团研制出独有的 FSI(Fuel Stratified Injection 燃油分层喷射)缸内直喷系统。

任务 1.2　发动机电控系统的组成及工作原理

发动机电控系统主要由信号输入装置(传感器及开关信号)、电控单元(ECU)和执行器组成,如图 1.1 所示。

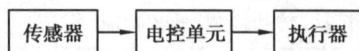

传感器 → 电控单元 → 执行器

图 1.1　发动机电控系统的基本组成

(1)传感器

在电控系统中,传感器的作用是将发动机运行的各种状态信息,由非电信号转变成电信号输入给 ECU,见表 1.1。

表 1.1　传感器的类型

序号	类　型	结构原理	主要应用
1	热敏电阻式	此类传感器为电阻器的一种,电阻阻值随着温度的变化而变化;有正温度系数(温度升高,电阻值增加)和负温度系数(温度升高,电阻值降低)之分,在汽车上主要用负温度系数传感器较多,用于测量温度	冷却液温度传感器(水温) 进气温度传感器 空调温度传感器
2	电位计式	该结构类似于电工电子常用的滑动变阻器,在电位器两端接入电源和地线后,随着滑动片位置变化,在滑片端输出不同的电压。通常用于位置检测	节气门位置传感器 电子加速踏板 风门位置电位器

续表

序号	类型	结构原理	主要应用
3	电桥电路式	该结构一般采用惠斯特电桥方式,在电桥的一端出现电阻变化而导致电桥不平衡时,输出相应的差分电压。一般用于需要快速检测的可以引起电阻值变化的测量场合	空气流量/质量传感器 转向助力传感器
4	卡门涡流式	此类传感器利用超声波原理,在空气流动时对超声波传播的影响,从而测量出空气的流速	空气流量计
5	压敏电阻式	此类传感器为电阻器的一种,电阻随着压力的变化而变化,通过电阻变化从而引起分压电压变化的测量方式,通常用于压力测量	进气压力传感器 大气压力传感器(海拔修正) 空调高压传感器(V-F 变换)
6	压电晶体式	此类传感器利用晶体形变会产生电压的原理,使晶体具有特定的频率响应范围,从而实现对特定频率的变形响应,以及输出相应的电压信号,一般用于运动的检测	爆震传感器 加速度传感器
7	热化学效应式	此类传感器是利用化学反应从而产生电信号的传感器,比如用于氧含量检测的传感器	氧传感器 空燃比传感器
8	磁感应式	此类传感器利用的是电磁感应原理,磁场变化产生电场。一般是用磁性物质切割磁力线,从而产生变化的磁场,使线圈感应产生电场。该类传感器一般用于运动、转动检测,低频响应误差大	发动机转速传感器(磁电式) 车速传感器(磁电式) 变速器转速传感器(磁电式) ABS 轮速传感器(磁电式)
9	霍尔效应式	此类传感器一般是采用霍尔效应,利用磁场的大小不同来输出开关信号和模拟信号。该类传感器用途广泛,一般用于运动检测,有较好的低频响应特性,位置检测精度高。霍尔传感器有三线式(电压型)和两线式(电流型)两种	曲轴位置/发动机转速传感器 凸轮轴位置传感器 转向角传感器 偏转率传感器 ABS 轮速传感器(霍尔式) 发动机转速传感器(霍尔式) 电动转向助力传感器
10	光电效应式	利用光的强度大小,从而输出开关信号和模拟信号。该类传感器有半导体式和光敏电阻式两种。一般用于检测光的强度或速度	发动机转速传感器(光电式) 阳光照射光电传感器 转向角传感器
11	开关式	机械开关类传感器一般用于位置检测,通过检测开关的通、断来判断位置	节气门怠速开关 空调高压开关 刹车开关 强制降挡开关

注意:根据车型设计的不同,用于检测相同状态的传感器可能是不同的原理。比如同样用于检测"曲轴位置/发动机转速"的传感器,可能是磁电式、霍尔式、光电式中的一种;用于检测 ABS 轮速的传感器可能是磁电式,也可能是霍尔式;具体是什么传感器要根据车型设计来定。

传感器引脚类型,见表1.2。

表 1.2　传感器引脚类型

序号	引脚类型	说　明
1	电源	针对有源传感器,该电源提供了传感器的工作电源,例如,节气门位置传感器的供电、凸轮轴位置传感器的供电、电子加速踏板传感器的供电等 部分传感器无此引脚
2	搭铁	传感器的参考地线,用该脚来做传感器信号的参考零电位 部分传感器无该引脚,如磁电式发动机转速传感器
3	信号	传感器的信号输出管脚,可以是电源、搭铁、模拟量、频率信号;具体输出类型看传感器类型。部分传感器信号是转换后经过车载网络输出的,如部分车型的 ESP 系统用的转向角、横摆率、偏转率传感器
4	屏蔽	该引脚是用于保护微小传感器信号免受外部电磁干扰而采用的电磁屏蔽措施,该措施有利于微小传感器信号的可靠传输,一般就近接入搭铁点,如磁电式发动机转速传感器、爆震传感器的屏蔽引脚

传感器按信号作用分,可分为基本信号、调整信号和修正信号,见表1.3。

表 1.3　传感器信号作用分类

序号	控制目标	基本信号	调整信号	修正信号
1	喷油脉宽控制	空气流量	节气门位置	氧传感器
		进气压力	冷却液温度	蓄电池电压
		发动机转速	点火开关	进气温度
2	点火提前角控制	凸轮轴位置	冷却液温度	爆震
		曲轴位置		

传感器按信号特征分,可分为电压信号、电阻信号、频率信号、方波信号、占空比信号、开关信号和串行序列信号等,见表1.4。

表 1.4　传感器信号特征分类

序号	信号特征	信号名称
1	电压信号	节气门位置、锆式氧传感器、热膜空气流量计等
2	电阻信号	冷却液温度、进气温度、钛式氧传感器等
3	频率信号	发动机转速、轮速、车速和某些热丝式空气流量计等
4	方波信号	凸轮轴位置、霍尔式曲轴位置、霍尔式转速/轮速等
5	占空比信号	某些压力传感器输出
6	开关信号	启动信号、制动信号、空调请求、怠速开关信号等
7	串行序列信号	CAN 总线、K 线等解码器与 ECU 或各控制模块之间的数据通信等

（2）ECU（ECM/PCM）

ECU 按照设定的程序对传感器信号进行分析计算,用于在发动机整个工作范围内控制最优的燃油喷射量、喷射时刻、点火时刻、怠速稳定、废气排放等,保证发动机在运行中维持最佳的动力性、经济性和排放性能。

电控系统以电子控制单元为核心,以计算机的供电电源和搭铁为必要的工作条件,并外接输入设备（传感器）、输出设备（执行器）、必要的导线连接、总线接口、诊断接口等为外部信息输入输出设备和接口的智能控制系统。以电子控制单元为核心的电控系统结构如图 1.2 所示。

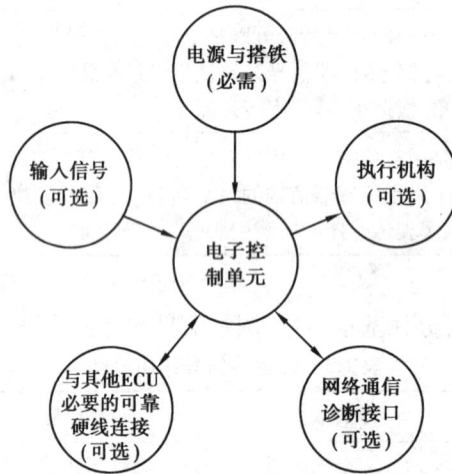

图 1.2 电子控制单元及电控系统结构

电子控制单元对 ECU 外部的输入信息进行处理,并根据已设定好的运行策略（即程序）进行输出动作。电控系统的特点如下：

①输入信息：包括传感器信息、总线信息、电源信号、诊断信息等。

②输出动作：包括执行器动作、总线信息、电源信号、诊断信息等。

输入、输出的共同点是采用电信号。

电控系统与人的相似之处如下：

通过眼睛、鼻子、四肢等感知（传感器）→通过神经系统传输嗅觉、听觉、触觉等（导线）→大脑处理（计算机）→通过神经系统传输动作信号→要吃饭、睡觉、拿书等→吃饭、睡觉、拿书（执行元件）。

一个电控系统需要正常工作,首先必须要有足够的电能（工作电压正常）；其次必须要有足够准确的信息来源（传感器工作正常,传感器相关线束正常）；最后要有正常的输出设备及连接设备的线束。如果所有的硬件及环境正常,则程序的正确性是整个系统工作是否正常的关键。

（3）执行器

执行器接受电控单元送来的控制信号,是执行具体功能的装置,包括喷油器、电动燃油泵、点火控制器、各种继电器、各种电磁阀、怠速控制电机（阀）、节气门电机、氧传感器、加热器等,执行器的类型见表 1.5。执行器驱动信号的类型与特征,见表 1.6。

表 1.5　执行器的类型

序号	类　别	说　明	执行器件
1	开关控制型	仅有开或关两种状态的执行元件	喷油器、点火线圈、继电器、点火放大器、进气歧管调节阀、凸轮轴调节阀等
2	开度控制型	需要有变化比例(%)的执行元件	急速稳定电机(阀)、节气门电机、EGR 阀、炭罐电磁阀、凸轮轴调节阀(VVT)、氧传感器加热器等

表 1.6　执行器驱动信号的类型与特征

序号	信号类型	信号特征	主要应用
1	脉宽信号(高电平有效)		点火放大器
2	脉宽信号(低电平有效)		喷油器、继电器、可变进气路径控制等开关控制型执行器
3	占空比信号		急速稳定控制、节气门位置控制、EGR 阀控制、氧传感器加热控制、炭罐电磁阀控制、凸轮轴调节等开度控制型执行器

　　根据执行器工作要求的不同,执行器的控制电路可设计成控制接地型或控制电源型,由于极性刚好相反,因此对它们的检测也有不同的数值特点。

　　图 1.3 为控制电源接线方式,如压缩机电源控制。图 1.4 为控制接地接线方式,如喷油器控制。

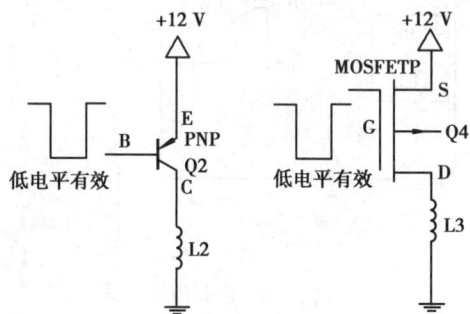

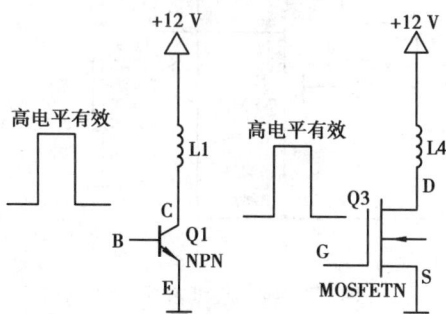

图 1.3　控制电源接线方式　　　　图 1.4　控制接地接线方式

　　观察图 1.5,在开度控制时,输出端口电压为 0.3~12 V 的一个数值(注意这个值为万用表测试电压的特点,测试到的是平均电压,如用示波器测量,则实际情况是 PWM 波形的占空比不同),其控制信号一般为正脉冲信号。

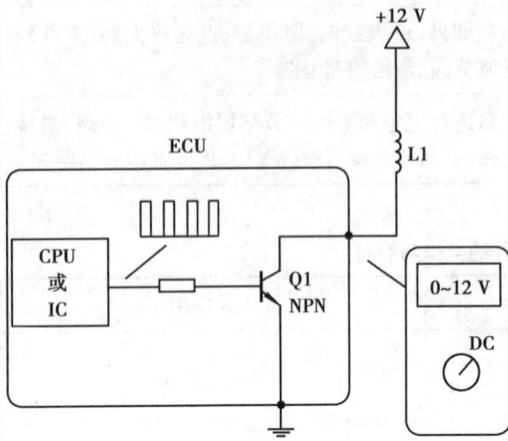

图 1.5　开度控制数值特性

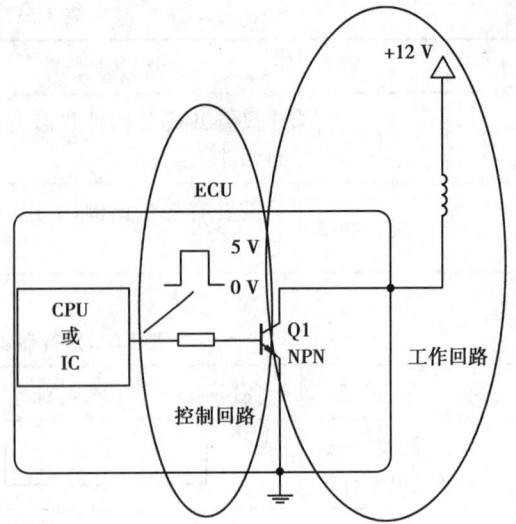

图 1.6　控制信号回路与负载工作回路

　　观察图 1.6,控制信号回路和负载工作回路是两个电压范围完全不同的回路,前者在 5 V 以内,后者可以是几伏到几百伏不等,视负载工作电压而定。负载若在高压环境下,一般都选用绝缘栅型场效应功率管,以减少对前面电路的影响。

　　图 1.7 为控制接地方式的数值特点;图 1.8 为控制电源方式的数值特点。

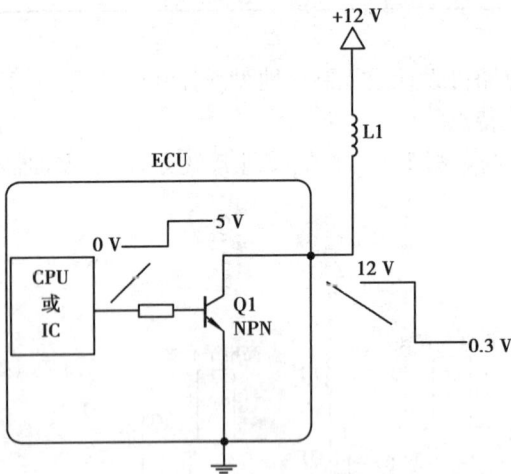

图 1.7　控制接地方式

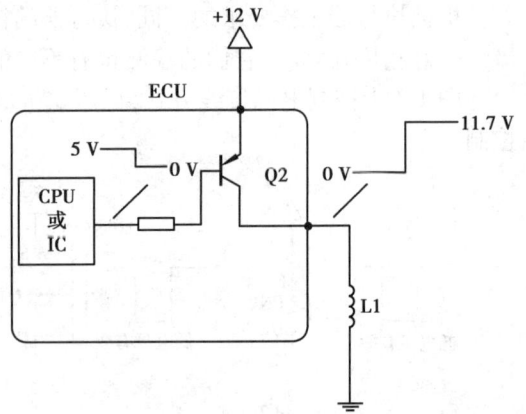

图 1.8　控制电源方式

任务 1.3　发动机电控系统的分类及控制内容

发动机电控系统的分类及控制内容,见表1.7。

表 1.7　发动机电控系统的分类及控制内容

序号	系统名称	系统组成	控制目标
1	燃油喷射系统	燃油供给系统:燃油箱、电动燃油泵、燃油压力调节器、燃油滤清器、燃油分配管、喷油器等	提供稳定的燃油压力
		燃油喷射控制系统:与燃油喷射相关的传感器、发动机电控单元(ECU)、喷油器等	提供准确的喷油脉宽;精确控制油气混合气浓度
2	进气控制系统(控制进气道横截面积、控制进气时间、控制进气压差)扩大进气的范围,精确控制进气量	空气供给系统:空气滤清器、空气流量计(或进气压力传感器)、节气门总成、进气歧管等	改变进气量,控制发动机转速
		怠速控制系统:与怠速相关的传感器、怠速电机(阀)、节气门电机、电子控制单元(ECU)等	稳定发动机的正常怠速
		电子节气门控制系统:电子加速踏板模块、节气门控制模块、发动机控制单元、EPC故障指示灯等	控制节气门快速精确地定位
		可变进气控制系统的两种方式: ①可变进气管道系统,如动力腔、谐振腔、转换阀等 ②可变气门电子控制系统,如与气门正时相关的传感器、凸轮轴正时油压调节阀、发动机 ECU 等	①有效利用进气动态效应、提高充气效率、改变各种转速下的动力性能 ②适时调整配气相位和气门升程大小等
		涡轮增压系统:废气涡轮和新鲜空气增压器两部分	利用废气的高压驱动涡轮将新鲜空气压缩并进入汽缸,提高充气密度、增加进气量、提升动力
3	点火控制系统	传统点火系统:电源、点火线圈、分电器、火花塞、点火开关和附加电阻等	提供最佳点火时刻和足够的点火能量控制
		电子点火系统:电源、点火线圈、带有信号发生器的分电器、火花塞、点火开关和点火控制器等	
		ECU 控制点火系统:分为有分电器和无分电器两大类,其中,无分电器又有同时点火、独立点火和二极管分配点火 3 种方式	

续表

序号	系统名称	系统组成	控制目标
4	排放控制系统（减少排放污染）	空燃比反馈控制系统：氧传感器、发动机ECU、喷油器	控制最佳空燃比
		曲轴箱强制通风系统：空气滤清器、强制通风控制阀（PCV）、曲轴箱通风管、曲轴箱、进气歧管等	控制曲轴箱窜气导入进气系统再次燃烧
		燃油蒸汽控制系统：汽油箱、油气分离阀、活性炭罐、电磁阀、发动机ECU、燃油蒸汽管道和真空软管等	收集和存储燃油蒸汽，适时引入汽缸参与燃烧
		废气再循环控制系统：EGR阀、进气歧管、真空软管、废气通道、发动机ECU等	减少废气中的氮氧化合物（NO_x）含量
		二次空气喷射系统：空气泵、内部开关阀、单向阀、真空信号通道、空气旁通道、排气歧管和发动机ECU等	控制HC和CO的排放量，同时加快三元催化转化装置的升温过程
		三元催化净化器装置：对HC和CO进行氧化反应、对NO_x进行还原反应，使它们净化为无害的H_2O、CO_2和N_2	同时降低CO、HC和NO_x的排放量
5	辅助电子控制系统	失效保护系统	
		应急备用系统	
		自诊断系统	

【任务实施】

（一）实施要求

1.会使用举升机，会安装汽车保护套，掌握进入实习前的安全注意事项。

2.认识整车发动机上的所有传感器、控制器和执行元件。

3.整车5台，每台6~8人，教材、手电筒、整车使用说明书、汽车维修手册及多媒体课件。

（二）实施步骤

1.安装整车防护套。

2.用整车使用说明书、汽车维修手册等查找零部件位置。

3.在整车上指出传感器、控制器和执行器的具体位置。

4.对传感器、控制器和执行器作进一步分析。

【项目小结】

任何一种电控系统，其主要组成都可分为信号输入装置、电子控制单元（ECU）和执行元件三大部分。信号输入装置即各种传感器。传感器的功用是采集控制系统所需的信号，并将其转换成电信号通过线路传输给 ECU。电子控制单元是一种综合控制电子装置,其功用是给各传感器提供参考(基准)电压,接收传感器或其他装置输入的信号,并对所接收的信号进行存储、计算和分析处理,根据计算和分析的结果向执行元件发出指令。执行元件是受 ECU 控制,具体执行某项控制功能的装置。

发动机控制 ECU 的功能随车型而异,但都必须具有以下基本功能:

(1)为传感器提供标准 2、5、9 V 或者 12 V 电压,接收各种传感器和其他装置输入的信息,并将输入的信息转换为计算机所能接收的数字信号。

(2)储存该车型的特征参数和运算中所需的有关数据信息。

(3)确定计算输出指令所需的程序,并根据输入信号和相关程序计算输出指令数值。

(4)将输入指令信号和输出指令信号与标准值进行比较,确定并储存故障信息。

(5)向执行元件输出指令,或根据指令输出自身已储存的信息(如故障信息等)。

(6)自我修正功能(学习功能)。

在发动机集中控制系统中,执行元件主要有喷油器、点火器、怠速控制阀、巡航控制电磁阀、节气门控制电动机、废气再循环(EGR)阀、进气控制阀、二次空气喷射阀、活性炭罐排泄电磁阀、油泵继电器、风扇继电器、空调压缩机继电器、自诊断显示与报警装置、仪表显示器等。

【知识拓展】

未来汽车发展趋势

汽车第一个发展方向是新能源化。2014 年上半年,中国新能源汽车产量为 20 692 辆,与上年同期相比增长 251.61%,而销量也同样惊人,与上年同期相比增长 242.72%;而在 2015 年,我国新能源汽车呈现持续爆发式增长,产量为 37.9 万辆,同比增长 3.5 倍。我国也成为全球最大的新能源汽车增量市场。中国汽车工业协会对外发布的数据显示,2016 年新能源汽车生产 51.7 万辆,销售 50.7 万辆,比 2015 同期分别增长 51.7% 和 53%。其中,纯电动汽车产销分别完成 41.7 万辆和 40.9 万辆,比 2015 同期分别增长 63.9% 和 65.1%;插电式混合动力汽车产销分别完成 9.9 万辆和 9.8 万辆,比 2015 同期分别增长 15.7% 和 17.1%。在 5 年全国新能源汽车将达 500 万辆保有量的政策目标的预期之下,预计到 2020 年前新能源汽车产量将会保持 40% 的年复合增速。为何大家都心急火燎地研究新能源车型?除了市场因素,还有国家下达的 2020 年车企燃油限值油耗要达到 5.0 L/100 km 标准的硬性规定。

第二个发展方向是智能化,也就是比较高端的无人驾驶技术。在汽车制造商眼里,未来的汽车不需要人去驾驶,汽车上装有相当于汽车的"眼睛""大脑"和"脚"的电视摄像机、电子计算机和自动操纵系统之类的装置。这些装置都装有非常复杂的计算机程序,所以这种汽车能和人一样"思考""判断""行走",可以自动启动、加速、刹车,也可以自动绕过地面障碍物。

第三个发展方向是互联网化。除了必要的地图大数据之外,车载系统可以通过强大的云计算来不断学习和记忆用户的驾驶路线和习惯,可在出现道路关闭或拥堵状况时提前通知用户并建议新的路线。互联网汽车的另一个关键点就是整车智能,包括车辆信息的全面互联化、驾驶信息、电器控制等,让汽车成为一个移动的智能终端。它还能预判用户生活中的各类需求,为用户推送专属音乐,在汽车快没油时提醒并推送最近的加油站等。

随着汽车电子化和集成化的发展,发动机电子控制已成为必然趋势。汽车发动机电控技术在给发动机带来控制的精确性、系统的稳定性、燃油消耗的经济性和排放的环保性等优点的同时,也给发动机故障诊断带来了复杂性,作为从事汽车行业的一名高技能从业人员,应该时刻关注汽车的发展动向,无论技术如何发展,都应跟上新技术潮流,适应新的技术。

【思考与练习】

一、填空题

1._____是发动机控制系统核心。

2.发动机电子控制系统基本组成有_____、_____和_____。

3._____是采集并向 ECU 输送信息的装置。

4.执行元件受_____控制,其作用是_____。

5.传感器的功用是_____。

二、判断题

1.电子控制系统中的信号输入装置是各种传感器。   (   )

2.现代汽车广泛采用集中控制系统,它是将多种控制功能集中到一个控制单元上。

(   )

3.发动机集中控制系统中,一个传感器信号输入 ECU 可以作为几个子控制系统的控制信号。   (   )

4.随着控制功能的增加,执行元件将会适当减少。   (   )

5.后备系统在发动机控制模块内,由自诊断系统控制开启。   (   )

6.在发动机集中控制系统中,同一传感器信号可应用于不同子控制系统中。   (   )

三、简答题

1.电控系统有哪些优点?

2.自诊断系统的功用是什么?

3.汽车电控技术发展经历了哪几个阶段?

4.电子控制单元的功能是什么?

项目 **2**
电控点火系统故障的检修

【项目目标】

1.了解发动机点火系统的类型；

2.理解电控点火系统的工作原理；

3.熟悉电控点火系统各元件的功用、结构和原理；

4.掌握电控点火系统实现最佳点火提前角的控制方法；

5.能根据故障现象初步判断电控点火系统的故障原因；

6.熟悉常用工具、设备、资料的使用方法；

7.能使用示波器对点火系统元器件进行检测。

【知识脉络图】

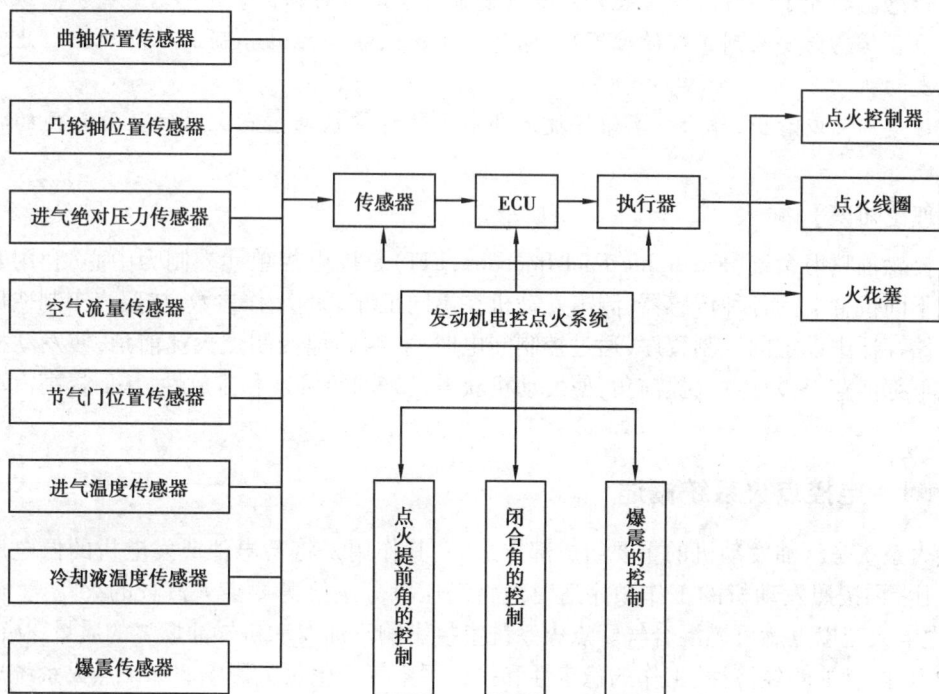

任务 2.1　电控点火系统主要元件的拆检

【任务引入】

2016 年 5 月 28 日,车主张先生把他的中华轿车拖到某维修中心进行维修。报修原因是皮带异响,在其他维修厂更换了助力泵皮带和发电机皮带,维修后起动机能带动发动机正常运转,却无着车征兆。

根据维修经验,可能是某些原因导致没有点火高压电或喷油器不喷油,而导致无点火控制信号和喷油控制信号的主要原因之一是曲轴位置传感器信号不良。故障可能与拆卸或装配有关。

故障诊断过程如下:

首先用检测仪进入发动机的控制系统,发现故障码记录为:P0335 曲轴位置(CKP)传感器故障。其次查阅此车的维修手册。该款发动机使用的是意大利玛瑞利公司的多点电喷控制系统,曲轴位置传感器为磁电感应式。该传感器安装在曲轴前端的皮带轮前方,更换发电机皮带时必须拆下曲轴位置传感器,而最有可能造成此类故障的是曲轴位置传感器信号不正常。最后拆下火花塞接到高压线上,放在汽缸盖上试火,火花塞电极没有火花。打开点火开关或启动时,可以听到燃油泵运转的工作声。按常规程序,燃油泵虽然工作了,还要检查燃油系统压力是否正常,经检查汽缸压力及各缸压力差都在正常范围内,说明配气正时正常,基本可以排除发动机内部机械故障的可能性。经过以上检测,初步把故障目标锁定在磁电式曲轴位置传感器与磁阻轮上。拆下后,立即发现故障的问题所在:原来是修理工为了更换发电机皮带,把曲轴位置传感器移开了。当修理工装好发电机皮带后忘记将曲轴位置传感器装回去。维修技师把曲轴位置传感器安装到正确的位置后,间隙为 1 mm,符合维修手册的标准数据。此时能顺利启动发动机。

由该案例可以看出,作为一名维修技师必须要熟练掌握电控点火系统主要元件的拆装技术标准。

【理论知识】

电控燃油喷射系统(Electronic Fuel Injection,EFI)是以电控单元控制为中心,利用安装在发动机不同位置上的各种传感器,测出发动机在不同工况下的工作参数,按照汽车制造厂在电控单元储存器中设定的控制程序,通过控制断电时刻,精确地控制点火提前角,使发动机在各种工况下都能获得最佳点火提前角,使发动机获得良好的经济性和排放性,从而提高汽车的使用性能。

2.1.1　电控点火系统概述

点火系统是汽油发动机的重要组成部分之一,其作用是将蓄电池或发电机的低电压转变成高电压,再按照发动机的工作顺序适时地将高压电分送给需要点火汽缸的火花塞,使其跳火,产生电火花以点燃可燃混合气。点火系统直接影响汽油发动机燃油燃烧的质量,从而对车辆的动力性、燃油的经济性、工作的稳定性和排放污染等产生很大影响。如果点火系统出现故障,可能导致发动机无法启动或启动困难、怠速不良、发动机运行不稳等问题。

目前,除货车汽油机中仍在使用普通电子点火系统外,现代轿车电控发动机广泛采用更为先进的电控点火系统。

(1)发动机点火系统的基本要求

为了保证汽油发动机在各种工况和使用条件下可靠而准确地点火,发动机点火系统需满足以下 3 个方面的要求:

1)能产生足以击穿火花塞间隙的电压

火花塞电极击穿而产生火花时所需要的电压称为击穿电压。点火系统产生的次级电压必须高于击穿电压才能使火花塞跳火。击穿电压的大小受很多因素影响,其中主要有以下几种:

①火花塞电极间隙和形状。火花塞电极间隙越大,气体中的电子和离子受电力场的作用就越小,越不容易发生碰撞电离,所需的击穿电压就越高;电极的尖端棱角越分明,所需的击穿电压就越低。

②汽缸内混合气体的压力和温度。混合气体的压力越大,温度越低,其密度就越大,离子自由运动距离就越短,越不容易发生碰撞电离,击穿电压越高。

③电极的温度和极性。火花塞电极的温度越高,电极周围的气体密度就越小,击穿电压就越低;针状的中心电极为负极,其温度越高,击穿电压就越低。

④发动机的工作情况。

a.发动机转速。发动机高转速工作时,汽缸内的温度升高,汽缸的充气量减小,致使汽缸中的压力减小,因而火花塞的击穿电压随转速的升高而降低。发动机在启动和急加速时击穿电压升高,而全负荷且稳定工作状态下击穿电压降低。

b.混合气的空燃比。混合气过浓或过稀都会造成击穿电压的升高,此外,发动机的功率、压缩比以及点火时刻等因素也会影响击穿电压的高低。为了保证点火的可靠性,点火系统必须要有一定的次级电压储备。

2)火花应具有足够的点火能量

发动机正常工作时,由于混合气压缩终了时的温度接近其自燃温度,所以此时火花塞仅需要提供 1~5 mJ 的点火能量,但是在混合气过浓或过稀、发动机启动、怠速、节气门急剧打开时,则需要较高的点火能量。随着现代发动机对经济性和排气净化要求的提高,都迫切需要提高点火能量,因此为了保证可靠点火,高能电子点火系统一般应具有 80~100 mJ 的点火能量,启动时应产生高于 100 mJ 的点火能量。

3)点火时刻应适应发动机的工作情况

点火时刻对发动机的性能影响很大,从火花塞点火到汽缸内大部分混合气燃烧并产生很高的爆发力需要一定的时间,虽然这段时间很短,但是在这段时间内曲轴转过的角度还是较大的。若在压缩上止点点火,则会造成混合气一边燃烧,活塞一边下移(汽缸容积增大),从而导致燃烧压力变低,发动机功率下降,因此要在活塞压缩行程接近上止点前进行点火,即点火提前。

实践证明,燃烧最大压力发生在上止点后 10°~15°时,发动机的输出功率最大,此时所对应的点火提前角为最佳点火提前角。影响它的因素有很多,但最主要的有发动机转速、冷却液温度、负荷、燃油品质等。

15

（2）点火提前角对发动机性能的影响

点火时刻对发动机的性能影响很大,如图2.1所示。若点火过早,则活塞还在向上止点移动的过程中,气体压力已达到很大数值。这时气体压力作用的方向与活塞运动的方向相反,此时有效功减小,发动机功率也将减小。因此,应当在活塞到达上止点之前点火,使气体压力在活塞位置相当于曲轴转到上止点后10°~15°时达到最高值。点火时曲轴的曲拐位置与压缩行程结束活塞在上止点时曲拐位置之间的夹角,称为点火提前角。通常把发动机发出功率最大和油耗率最小的点火提前角称为最佳点火提前角。最佳点火提前角除了保证发动机的动力性和燃料的经济性外,还必须保证排放污染最小。发动机工况不同,需要的最佳点火提前角也不同。

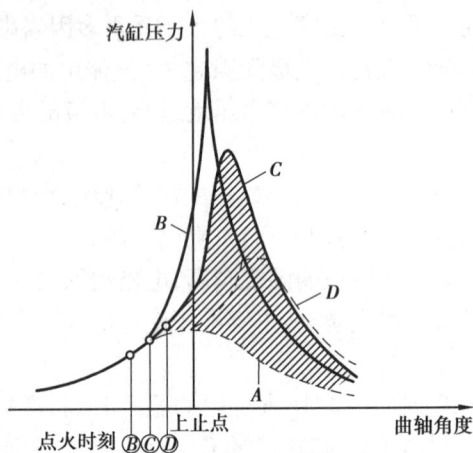

图2.1　点火提前角对发动机性能的影响
A—不点火;*B*—点火过早;*C*—点火适当;*D*—点火过迟

（3）点火系统的类型

纵观汽油发动机的发展历程,其点火系统可分为传统点火系统和电子点火系统,而电子点火系统又分为有触点电子点火系统、无触点普通电子点火系统和微机控制电子点火系统。

1）传统点火系统

最早应用于汽车的是传统点火系统,其组成如图2.2所示,它采用机械触点控制初级电流,当触点闭合时,点火线圈初级电路接通,储存能量;当触点打开时,点火线圈初级电路断开,在次级线圈中产生高电压,并经分电器加于火花塞,击穿火花塞,产生电火花点燃混合气。

传统点火系统的优点是结构简单、更换方便。缺点是初级电流受机械触点允许电流限制不能过大,点火能量低;闭合角不能调整;次级电压上升速率较慢,在火花塞积炭时形成漏电流,次级电压下降;机械触点易烧蚀,凸轮易磨损,工作不可靠;机械调整装置调节点火提前角,反应速度慢,控制精度低。目前,传统点火系统已经被淘汰。

2）普通电子控制点火系统

普通电子控制点火系统分为有触点电子控制点火系统和无触点电子控制点火系统,其组成如图2.3所示。其中,有触点电子控制点火系统是很早的机电相结合的产品之一,它保留了原分电器中的机械触点,增加了一个电子驱动电路,大功率开关晶体三极管串联在点火线圈初级电路中,机械触点接在三极管的基极电路中。当触点闭合时,大功率三极管导通,接通初级电路;当触点打开时,大功率三极管截止,断开初级电路,次级线圈产生高压电而点火。

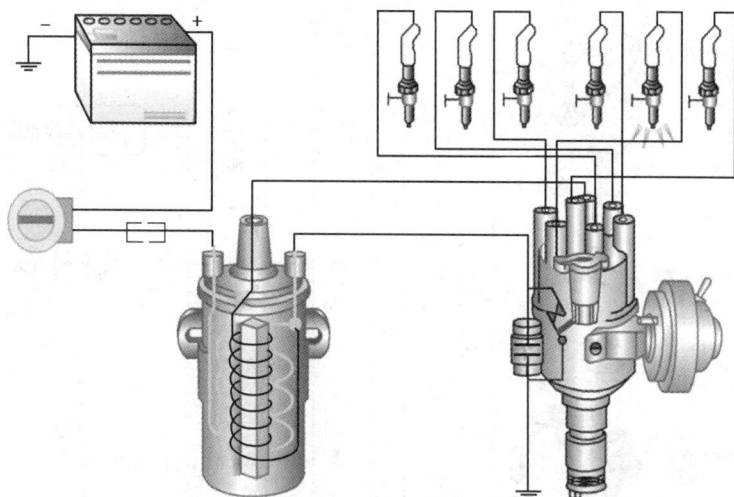

图 2.2 传统点火系统的组成

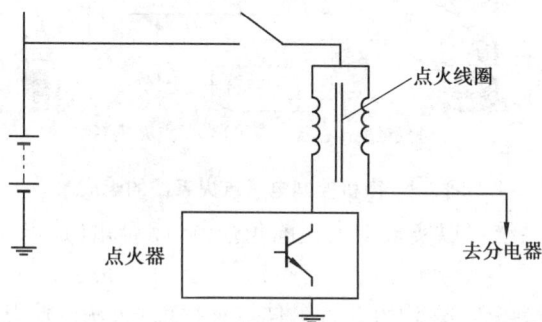

图 2.3 普通电子控制点火系统的组成

无触点电子控制点火系统的特点是利用各种无触点点火信号发生器来代替上述断电器触点产生点火信号。因此,与触点有关的各种故障和保修作业均不复存在。当发动机工作时,分电器信号发生器产生电信号,经电子点火组件的放大、整形后,控制末级大功率晶体管的导通与截止,使点火线圈中的初级电流发生变化,从而在次级绕组中感应出高电压。

由于采用了闭合角和恒流控制,普通电子控制点火系统的初级电流在发动机高速或低速时都为一定值,在次级绕组中产生的感应电动势也为一定值,从而提高点火性能。另外,从根本上解决了由触点带来的问题,使之具有一定的免维修化。普通电子控制点火系统最大的缺点是点火提前角仍采用传统的真空和离心机构机械控制,点火提前角控制不够精确。另外,点火触发信号仍采用机械控制,点火可靠性有待提高。

3)微机控制电子点火系统

随着微处理机技术的发展,在 20 世纪 70 年代中期,汽车上开始应用微处理机控制点火。微机控制电子点火系统的组成如图 2.4 所示,它主要由电源、传感器、电控单元、点火控制器、分电器、高压线、火花塞等组成。该系统根据各种传感器检测发动机的工况信息,由控制单元对点火提前角和闭合角进行精确的控制,点火时机更准确、合理,使发动机性能更加优越。该系统中的分电器只起分配高压电的作用,取消了点火提前角机械调节机构。

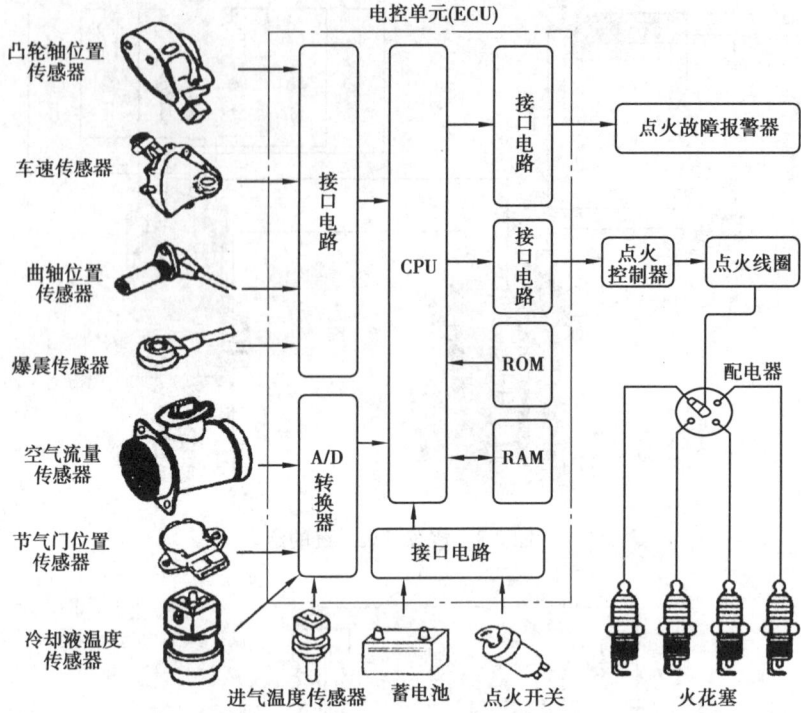

图 2.4　微机控制电子点火系统的组成

微机控制电子点火系统可以实现点火提前角控制、闭合角（通电时间）控制和爆震控制的功能,具有以下特点:

①在各种工况及环境条件下,均可获得最佳点火提前角,从而使发动机在动力性、经济性、排放性及稳定性等方面均处于最理想的状态。

②在全部工作范围内,均可对点火线圈的导通时间进行控制,从而使线圈中存储的点火能量保持不变,提高点火的可靠性,有效地防止了点火线圈过热,减少了能源消耗。此外,该系统很容易实现在全部工作范围内提供稀薄燃烧所需恒定点火能量的目标。

③通过采用闭环控制技术,可使各缸点火提前角控制在刚好不发生爆震的临界状态,从而获得较高的燃烧效率,有利于提高发动机的各种性能。

2.1.2　电控点火系统的组成及工作原理

电控点火系统主要由传感器、电控单元和执行器组成,如图 2.5 所示。

(1)传感器

在电控点火系统中,传感器的作用是检测与点火提前角有关的发动机工况信息,并将信息输入电控单元,作为运算和控制点火时刻的依据。

电控点火系统常用的传感器有曲轴/凸轮轴位置传感器、空气流量传感器、进气温度传感器、冷却液温度传感器、节气门位置传感器和爆震传感器等。

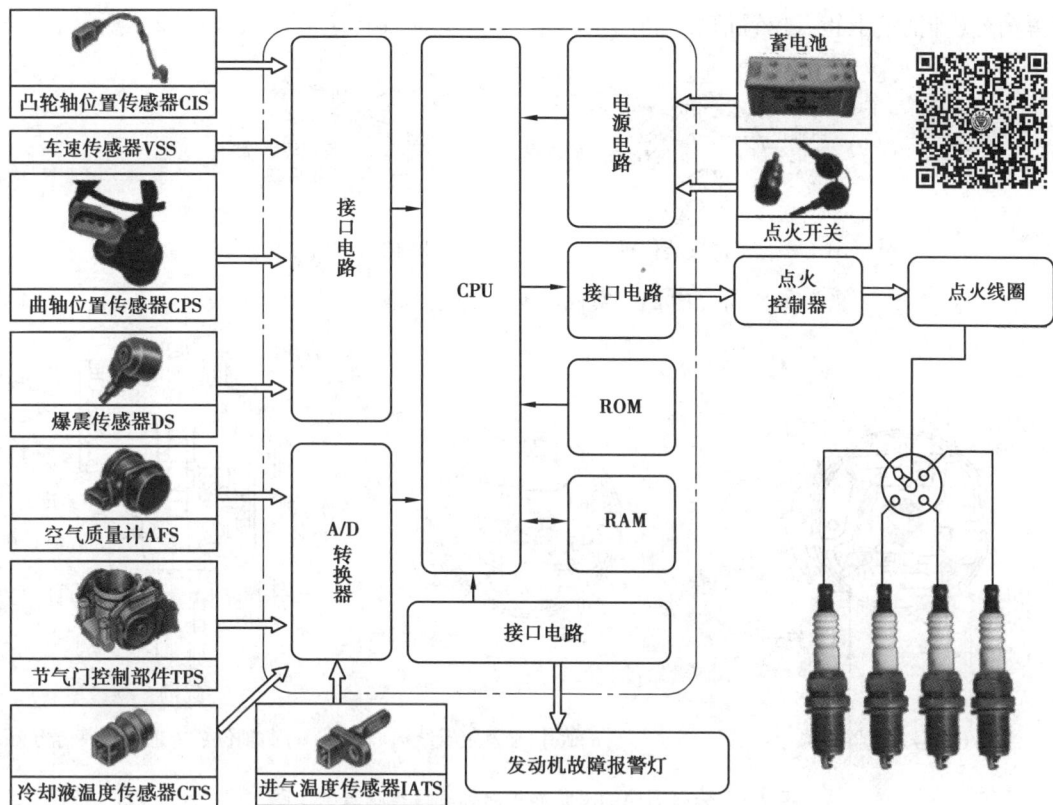

图 2.5 电控点火系统的基本组成

1）曲轴/凸轮轴位置传感器

曲轴位置传感器即曲轴位置和转角传感器,它是电喷发动机的重要传感器之一,主要用于检测发动机曲轴转角和活塞上止点位置,以便于发动机控制单元发出点火及喷油指令,提供最佳的点火时刻及最合理的燃油供给,从而提高车辆的经济性及排放的环保性。除此之外,曲轴位置传感器还承担着发动机转速的信号检测功能。

凸轮轴位置传感器又称为判缸传感器(CIS)、上止点位置传感器、相位传感器,其主要功用是采集配气凸轮轴的位置信号并输入电控单元以便电控单元识别 1 缸压缩上止点,从而进行顺序喷油控制、点火时刻控制和爆震控制。此外,凸轮轴位置信号还用于发动机启动时识别出第一次点火时刻,多安装在凸轮轴的前部、后部或分电器内。

根据传感器产生信号的原理不同,曲轴/凸轮轴位置传感器类型大致可分为磁脉冲式、霍尔式和光电式 3 种类型。

①磁脉冲式曲轴/凸轮轴位置传感器。磁脉冲式曲轴/凸轮轴位置传感器一般安装于曲轴皮带轮之后或分电器中,其主要构成部件有信号转子和信号发生器两大部分,如图 2.6 所示。信号转子或与曲轴皮带轮一起安装在曲轴上,与曲轴同步运转;或安装在分电器的转子轴上,与转子轴同步运转。信号转子的外缘沿圆周方向开有若干个齿,每齿之间的间隔角度均相同(车型不同齿数也不同)。信号发生器装在信号转子的边缘,由永久磁铁和线圈构成。对安装在分电器内的磁脉冲式曲轴位置传感器而言,往往包含上下两个信号转子,它们分别产生曲轴

位置信号(即活塞上止点位置信号)和曲轴转角信号(即曲轴转速信号),如图 2.7 所示。

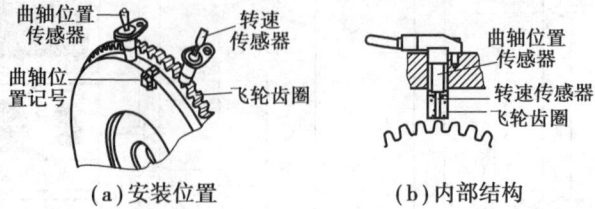

（a）安装位置　　　　　　　　（b）内部结构

图 2.6　磁脉冲式传感器结构图

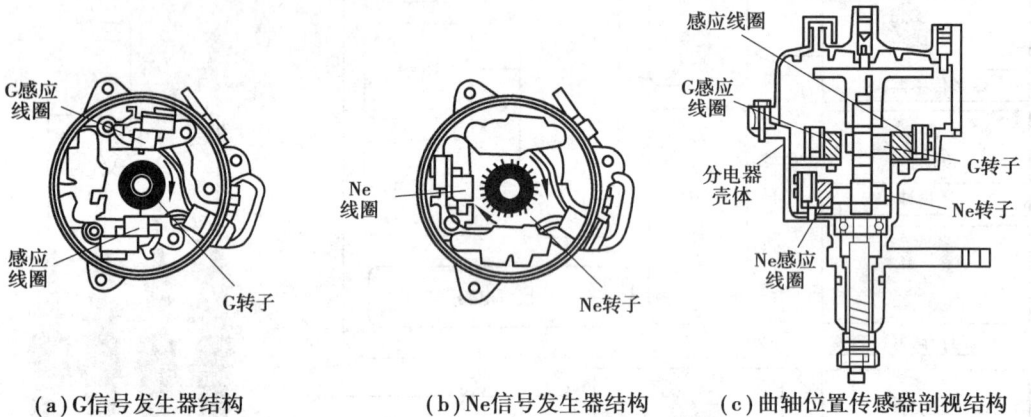

（a）G信号发生器结构　　　（b）Ne信号发生器结构　　　（c）曲轴位置传感器剖视结构

图 2.7　分电器内的磁脉冲式曲轴位置传感器结构图

当发动机运转时,信号转子便随发动机的转动而转动,信号转子上的轮齿与齿隙便相继通过信号发生器的永久磁铁部分,当轮齿通过时,缠绕在磁铁上的感应线圈立即感应出电动势;当齿隙通过时,该电动势由于磁通量的减小而减弱。于是随发动机的转动,感应线圈中就产生了交变的电动势,经过信号发生器的集成电路滤波、整形后,变为脉冲电压信号输送至电子控制单元,用以计算发动机转速和确认活塞上的止点位置,进而控制发动机的点火及喷油时刻,其工作原理如图 2.8 所示。

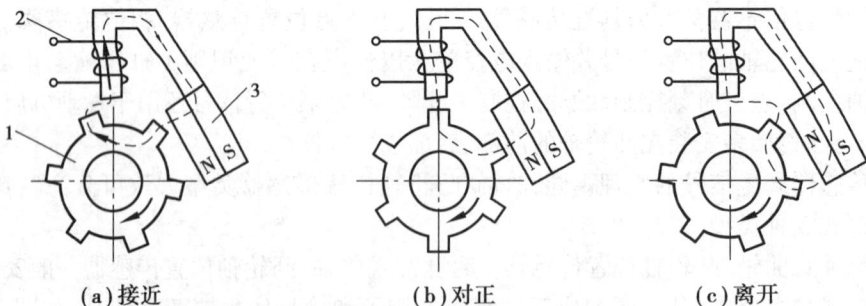

（a）接近　　　　　　　（b）对正　　　　　　　（c）离开

图 2.8　磁脉冲式传感器的工作原理

1—信号转子;2—传感线圈;3—永久磁铁

②霍尔式曲轴/凸轮轴位置传感器。霍尔式曲轴位置传感器是利用霍尔效应原理实现其工作的。通常有触发叶轮式和触发齿轮式两种形式。

触发叶轮式曲轴位置传感器一般安装在曲轴前端,也有安装在分电器内的,它由信号转子和霍尔信号发生器构成。带有触发叶片的信号转子与发动机曲轴皮带轮固联,随曲轴同步运转,或与分电器的凸轮轴固联,随凸轮轴同步运转,信号转子的外缘均布有若干个触发叶轮和相同数目的缺口。

霍尔信号发生器由永久磁铁、导磁板和霍尔集成电路等组成,其工作原理如图2.9所示。信号发生器设置在信号转子附近,当信号转子随曲轴转动时,触发叶片及缺口便依次进入永久磁铁和霍尔元件之间的空气隙。当叶片进入时,霍尔集成电路中的磁场就被触发叶片所截断,霍尔集成电路因此产生低电位,而当叶片离开缺口正对空气隙时,又使得霍尔集成电路因重新获得磁场从而产生霍尔电压。该脉冲电压信号经集成电路的放大、整形处理后送至电子控制单元,经细化处理后用于控制发动机的点火和喷油时刻。

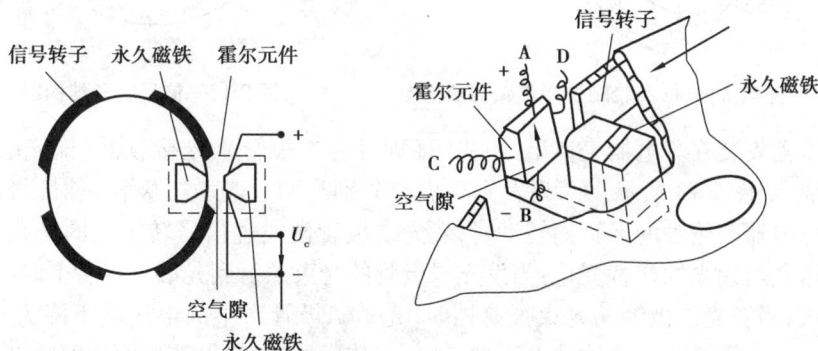

图 2.9 霍尔式曲轴位置传感器的工作原理

触发齿轮式曲轴位置传感器通常安装在变速器壳体上,其结构如图 2.10 所示。传感器的感应头部与固定在飞轮上的信号转子正对,随发动机曲轴的运转而运转。信号转子上开有若干个槽,当信号转子的槽口通过信号发生器的感应头时,霍尔信号发生器输出高电位信号;当信号转子上的凸齿正对信号发生器的感应头时,霍尔信号发生器输出低电位信号。因此,随曲轴转动信号转子通过信号发生器时,传感器便产生高低电位相间的脉冲电压,该电压信号经放大及整形处理后送至电子控制单元,用于计算发动机转速、确认活塞上止点位置,进而控制发动机的点火和喷油时刻。

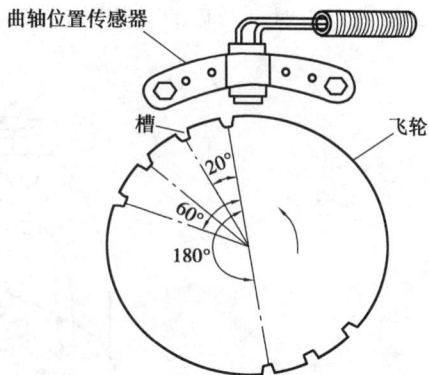

图 2.10 触发齿轮式曲轴位置传感器结构图

③光电式曲轴/凸轮轴位置传感器。该类传感器一般安装在分电器内,主要构成部件有带孔的信号转子和信号发生器两部分,如图 2.11 所示。信号转子装在分电器轴上,其圆周方向均布有 360 条光孔,用于产生 1°曲轴转角信号;外围的圆周方向均布有 6 个光孔,用于产生 120°曲轴转角信号,其中较宽的光孔用于产生与发动机 1 缸上止点对应的 120°曲轴转角信号,如图 2.12 所示。

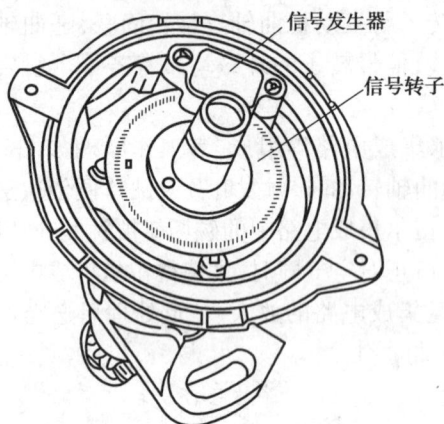

图 2.11 光电式曲轴/凸轮轴位置传感器结构图

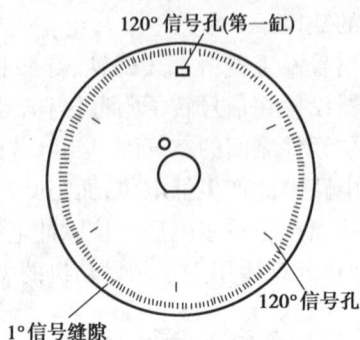

图 2.12 信号转子结构图

信号发生器安装在分电器壳体上,由光源(即发光二极管)、光接收器(即光敏二极管)和波形电路组成,如图2.13所示。两只发光二极管分别与两只光敏二极管正对,当遮光盘随发动机曲轴或分电器凸轮轴的运转而转动时,发光二极管便通过信号转子上的光孔与光敏二极管之间产生透光与遮光的交替变化:当发光二极管的光束照射到光敏二极管上时,光敏二极管产生感光电压;当发光二极管的光束被遮挡时,光敏二极管产生的电压则下降为0 V。于是,波形电路对光敏二极管产生的脉冲电压进行放大、整形处理,使得信号发生器向电子控制单元输送相应曲轴转角的1°信号和120°信号,以计算发动机转速、确认活塞上止点位置,进而控制发动机的点火时刻和喷油时刻,如图2.14所示。

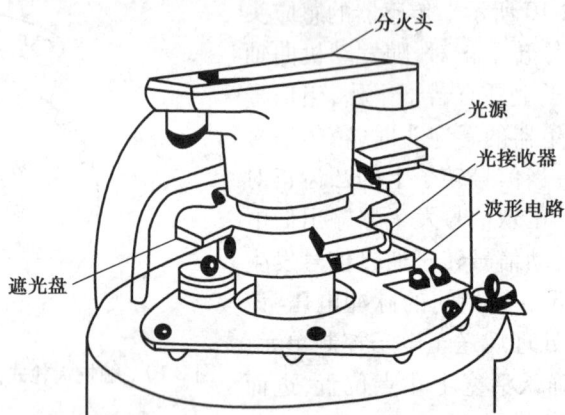

图 2.13 光电式信号发生器结构图

2)空气流量传感器

空气流量传感器用来测量进入汽缸的空气量,作为发动机的负荷信号和确定点火提前角的基本信号。空气流量计的形式有翼片式、热线式、热膜式和卡门漩涡式等。

3)进气温度传感器

进气温度传感器用来测量发动机的进气温度,电控单元可根据此信号对点火提前角进行修正。

22

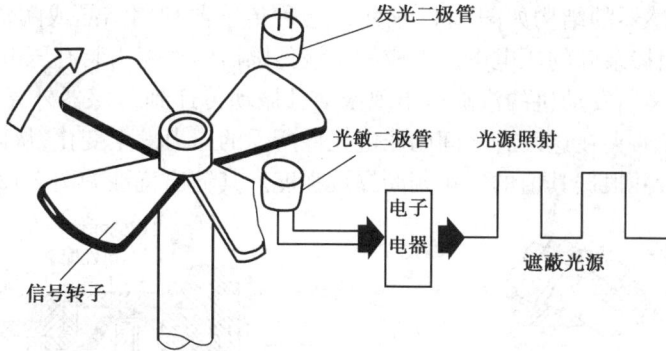

图2.14　光电式曲轴位置传感器的工作原理

4)冷却液温度传感器

冷却液温度传感器将发动机的冷却液温度信号送入电控单元,电控单元再根据此信号对点火提前角进行修正,并控制启动和暖机阶段的点火提前角。

5)节气门位置传感器

节气门位置传感器将节气门位置的变化转变为电信号,电控单元通过此信号判定节气门所处的位置和发动机工况,依此修正点火提前角。

6)爆震传感器

爆震传感器是发动机电子控制点火系统中必不可少的重要部件,其功能是检测发动机有无爆震现象,并将信号送入发动机电控单元。常见的爆震传感器有两种:一种是磁致伸缩式爆震传感器;另一种是压电式爆震传感器。磁致伸缩式爆震传感器的外形与结构如图2.15、图2.16所示,其内部有永久磁铁、靠永久磁铁激磁的强磁性铁芯以及铁芯周围的线圈。其工作原理是当发动机的汽缸体出现振动时,该传感器在7 kHz左右处与发动机产生共振,强磁性材料铁芯的导磁率发生变化,致使永久磁铁穿过铁芯的磁通密度也发生变化,从而在铁芯周围的绕组中产生感应电动势,并将这一电信号输入电控单元。

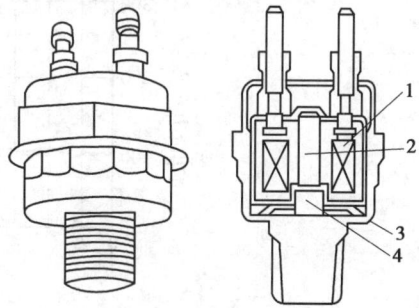

图2.15　磁致伸缩式爆震传感器的外形
1—绕组;2—铁芯;3—外壳;4—永久磁铁

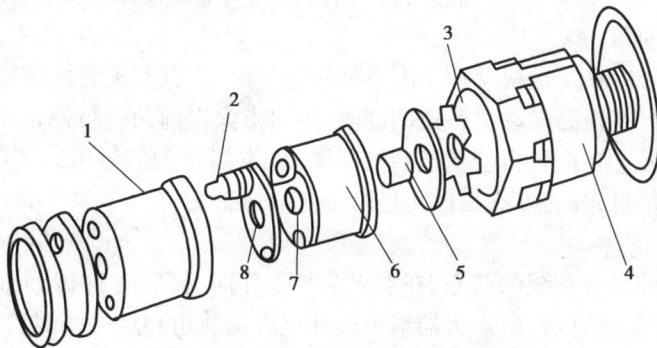

图2.16　磁致伸缩式爆震传感器的结构
1—软磁套;2—端子;3—弹簧;4—外壳;5—永久磁铁;6—绕组;7—磁致伸缩杆;8—电绝缘体

压电式爆震传感器的结构如图 2.17 所示。这种传感器利用结晶或陶瓷多晶体的压电效应而工作,也有利用掺杂硅的压电电阻效应的。该传感器的外壳内装有压电元件、配重块及导线等。其工作原理是当发动机的汽缸体出现振动且振动传递到传感器外壳上时,外壳与配重块之间产生相对运动,夹在这两者之间的压电元件所受的压力发生变化,从而产生电压。电控单元检测出该电压,并根据其值的大小判断爆震强度。其输出特性如图 2.18 所示。

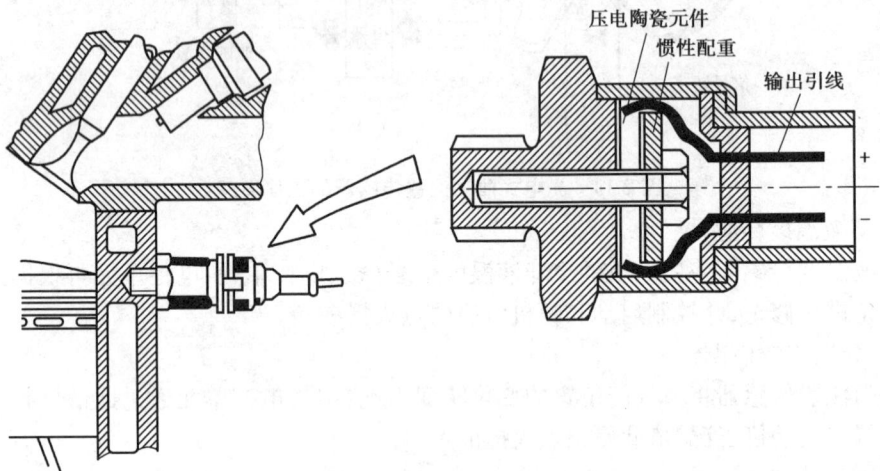

图 2.17　压电式爆震传感器的结构图

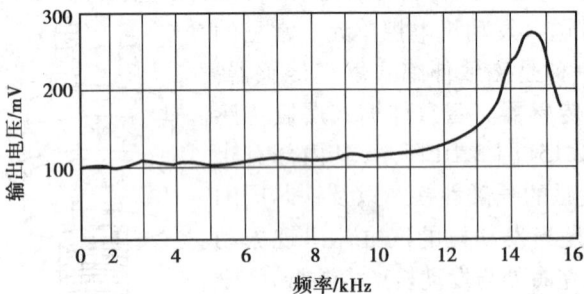

图 2.18　压电式爆震传感器的输出特性图

7)各种开关信号

①启动开关信号。在起动机接通时,将发动机的启动状态通知电控单元,电控单元以此控制启动时的点火提前角。

②空调开关信号。在发动机怠速工况下使用空调时,空调开关将此信号输送到电控单元,电控单元根据此信号在提高发动机转速的同时,也对点火提前角进行修正。

③空挡开关信号。在配置自动变速器的车辆上,空挡开关信号可以使电控单元获得自动变速器位于空挡的信息,并对点火提前角进行必要的修正。

(2)电控单元

电控单元是电控点火系统的核心,在点火系统工作时,接收各种传感器输入的信息,按照特定的程序进行判断、运算后,向点火器输出最佳点火提前角和点火线圈初级电路导通的时间控制信号。

发动机的电控单元主要由中央处理器、存储器、输入/输出接口、总线及电源供给电路等部分组成。在电控单元的存储器中,存储点火控制程序和点火提前角的数据。其中,点火提前角的数据是在各种工况下,通过大量实验获得的,它可使发动机在任何工况下,都能得到最佳的点火时刻。

(3)执行器

执行器的作用是接收电控单元的指令,具体执行某项控制功能。

1)点火器

点火器是微机控制点火系统的功率输出级,它接受电子控制单元输出的指令进行工作,并对点火信号进行放大,驱动点火线圈工作。

不同车型的点火器的内部结构和电路不一定相同,有的点火器单纯起开关的作用,接通、切断点火线圈的初级电路;有的点火器除起开关作用外,还有电流控制、闭合角控制、判别缸位和点火监视等功能;有的发动机不单设点火器,还将大功率三极管组合在电控单元中,由电控单元直接控制点火线圈的初级电流的通断。

2)火花塞

火花塞安装在燃烧室内,其功用是将高压电引入燃烧室,在电极间形成火花,以点燃可燃混合气。由于燃烧室中要承受周期性高温、高压以及燃烧产物的强烈腐蚀,其工作条件恶劣,因而对火花塞提出了较高的要求。

①火花塞的工作条件及要求。混合气燃烧时,火花塞下部将承受高压燃气的冲击,要求火花塞必须有足够的机械强度;火花塞承受着交变的高压电,要求它有足够的绝缘强度,能承受30 kV 高压;混合气燃烧时,燃烧室内温度很高,可达到1 500~2 000 ℃,进气时又突然冷却至50~60 ℃,要求火花塞不但耐高温,而且能承受温度的剧变,不会出现局部过冷或过热;混合气燃烧的产物很复杂,含有多种活性物质,如臭氧、一氧化碳和氧化硫等,极易使电机腐蚀,要求火花塞必须耐腐蚀。

火花塞的电极间隙会影响击穿电压,所以要有合适的电极间隙。火花塞安装位置要合适,以保证有合理的着火点。火花塞气密性必须足够好,以保证燃烧室不漏气。

②火花塞的结构。火花塞主要由触头、瓷绝缘体、中心电极、侧电极和壳体等部分组成,如图 2.19 所示。

在钢制外壳的内部固定有氧化锆陶瓷绝缘体,在绝缘体中心孔的上部有金属杆,杆的上端有接线螺母,

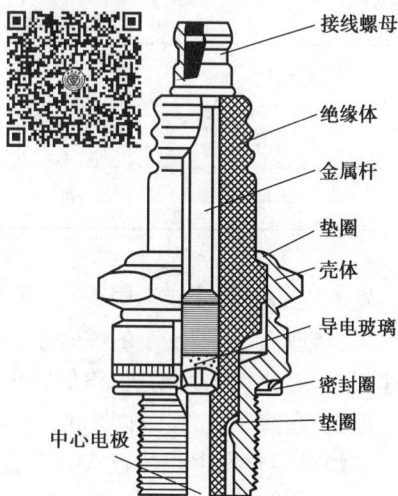

图 2.19　火花塞的结构图

用来接高压导线,下部有中心电极。金属杆和中心电极之间用导体玻璃密封,铜制垫圈起密封和导热作用。钢制外壳的上部有便于拆装的六角平面,下部有螺纹以便旋装在发动机汽缸盖内,外壳下端固定有弯曲的侧电极。

电极一般采用耐高温和耐腐蚀的镍锰合金钢或铬锰氮、钨、镍锰硅等合金制成,也有采用镍包铜材料制成的,以提高散热性能。火花塞电极间隙多为 0.6~0.7 mm,若是电子点火系统,其间隙可增大至 1.0~1.2 mm。

火花塞与汽缸盖座孔之间应保证有良好的密封性。密封方式有平面密封和锥面密封两种。平面密封时,在火花塞与座孔之间应加装铜包石棉垫圈;锥面密封是靠火花塞壳体的锥形面与汽缸盖之间相应的锥形面进行密封。

③火花塞的热特性。若要使火花塞工作性能良好,必须让火花塞保持在适当的温度范围内。火花塞工作过程中,温度过低时,则燃油燃烧不充分所产生的积炭就会沉淀在火花塞的陶瓷绝缘体的表面,导致火花塞漏电;温度过高时,火花塞中心电极的温度过高,超过燃油的自燃温度,火花塞不跳火就能将混合气点燃(即混合气的早燃),从而造成发动机的输出功率下降,甚至会造成活塞顶部烧熔。

实践证明,火花塞裙部温度保持在 500~700 ℃时,落在电极上的油滴就会被立即燃烧掉,既不会形成积炭,也不会产生炽热点火。

火花塞的工作温度不仅与发动机的功率、转速、压缩比有关,还与火花塞本身结构有关。就火花塞本身的结构而言,影响火花塞的工作温度主要是陶瓷绝缘体暴露在燃烧室内的部分,通常将这部分称为火花塞的裙部。在相同的工作条件下,火花塞的裙部越长,内径大,受热面积也越大,其吸收的热量也就越多,因此,工作温度高;反之,火花塞裙部短,内径小,受热面积小,因而工作温度低。

火花塞的热特性通常用热值表示。火花塞热值实际上是受热和散热能力的一个指标,其自身所受热量的散发量称为热值。我国以火花塞绝缘体的长度来标定火花塞的热特性,用阿拉伯数字表示热值的高低,见表 2.1。

表 2.1　火花塞裙部长度与热值

裙部长度/mm	15.5	13.5	11.5	9.5	7.5	5.5	3.5
热值	3	4	5	6	7	8	9
特性	热	中			冷		

发动机的技术性能不同,火花塞的工作温度也不同。为保证火花塞工作在正常温度下,对功率小、转速低、压缩比小的发动机,汽缸的工作温度低,应采用热值高的火花塞;而对功率大、转速高、压缩比大的发动机,汽缸内的工作温度高,则应采用热值低的火花塞。

那么,在汽车正常工作期间,如果经常因火花塞积炭而断火,就可能是所用的火花塞太"冷";如果经常发生炽热点火,则可能是所用的火花塞太"热"。

3)点火线圈

点火线圈的作用是将低压电转变为 15 000~40 000 V 的高压电,以满足火花塞跳火的需要。点火线圈按照磁路和结构的不同,可分为开磁路和闭磁路两种。

①开磁路点火线圈。其基本结构如图 2.20 所示,主要由铁芯、绕组、胶木盖和瓷杯等组成。其铁芯用厚 0.3~0.5 mm 的硅钢片叠成,铁芯上绕有次级绕组和初级绕组。次级绕组居内,通常用直径为 0.06~0.10 mm 的漆包线绕 11 000~26 000 匝;初级绕组居外,通常用直径为 0.5~1.0 mm 的漆包线绕 230~370 匝。次级绕组的一端连接在盖子高压插孔中的弹簧片上,另一端与初级绕组的一端相连;初级绕组的两端则分别连接在盖子的低压接线柱上。绕组与外壳之间装有导磁钢套并填满沥青或变压器油,以减少漏磁、加强绝缘性、防止

潮气侵入。

②闭磁路点火线圈。其结构如图 2.21 所示。闭磁路点火线圈的铁芯是"日"字形或"口"字形,铁芯内绕有初级绕组,在初级绕组外面绕有次级绕组,其铁芯构成闭合磁路,磁路中只设有一个微小的气隙。闭磁路点火线圈具有漏磁小,磁阻小,能量损失小,转换效率高等特点,还可使点火线圈小型化。

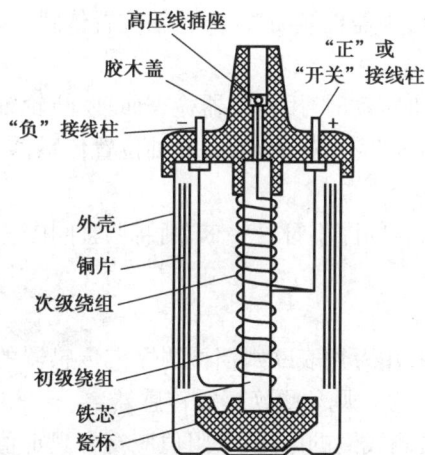

图 2.20　开磁路点火线圈的基本结构示意图

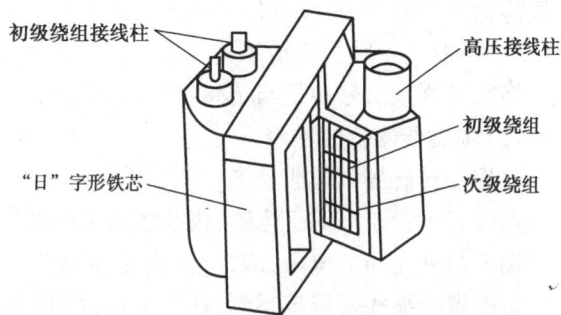

图 2.21　闭磁路点火线圈的基本结构示意图

开磁路点火线圈如图 2.22(a)所示,当点火线圈的初级绕组通过电流时,铁芯磁化后所产生磁场的磁路,闭合的磁力线的上部和下部都是从空气中通过的,铁芯未形成闭合的磁路,因此磁路的磁阻大,磁通损失大,转换效率低。闭磁路点火线圈的磁路如图 2.22(b)所示,点火线圈的磁力线可由铁芯构成闭合磁路,因而漏磁小,能量损失小,能量变化效率高。另外,闭磁路点火线圈的结构紧凑,体积小,可直接安装在分电器中,省去了点火线圈到分电器的高压线。基于上述优点,闭磁路点火线圈已在电子点火系统中广泛应用。

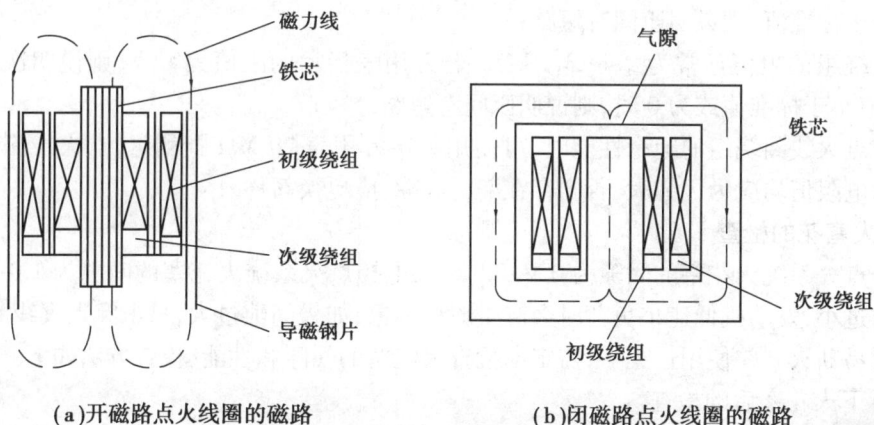

(a)开磁路点火线圈的磁路　　　　(b)闭磁路点火线圈的磁路

图 2.22　开磁路及闭磁路点火线圈的磁路

2.1.3 电控点火系统主要元件的拆检

（1）曲轴/凸轮轴位置传感器的诊断

1）曲轴/凸轮轴位置传感器的电阻检查

拔下曲轴/凸轮轴位置传感器的导线连接器，用万用表的欧姆挡测量曲轴/凸轮轴位置传感器上各个端子间的电阻，其值应符合标准值。如不符合，则需更换曲轴/凸轮轴位置传感器。

2）曲轴/凸轮轴位置传感器输出信号的检查

拔下曲轴/凸轮轴位置传感器的导线连接器，当发动机转动时，用示波器检查曲轴/凸轮轴位置传感器上的端子，应有信号输出。如果没有信号输出，则需更换曲轴/凸轮轴位置传感器。

3）曲轴/凸轮轴位置传感器线圈与信号转子的间隙检查

用塞尺测量信号转子与传感器凸出部分的空气间隙，若间隙不符合要求，则需调整间隙。

（2）爆震传感器的检修

1）爆震传感器的电阻检查

点火开关置于"OFF"位置，拔开爆震传感器导线接头，用万用表欧姆挡检测爆震传感器的接线端子与外壳间的电阻，应为∞（不导通）；若为 0 Ω（导通），则须更换爆震传感器。

对磁致伸缩式爆震传感器，还可应用万用表欧姆挡检测线圈的电阻，其阻值应符合规定值（具体数据见车型维修手册），否则更换爆震传感器。

2）爆震传感器输出信号的检查

拔下爆震传感器连接接头，当发动机在怠速时，用示波器检查爆震传感器的接线端子与搭铁间应有波形输出。如果没有，则说明爆震传感器已损坏，需更换新件。

（3）点火线圈的检查

点火线圈的检查包括绕组阻值的检查和绝缘性能的检查。检查初级绕组的阻值时应用万用表的"R×1 Ω"挡，而检查次级绕组的阻值时应用万用表的"R×1 kΩ"挡。

初级绕组的阻值通常为 1.2~1.7 Ω。若万用表指示的阻值无穷大，则说明初级绕组断路；若阻值小于标准值，则说明匝间有短路。

次级绕组的阻值通常为 2.4~3.7 kΩ。若万用表指示的阻值无穷大，则说明次级绕组断路；若阻值小于标准值或为 0 时，则说明匝间有短路。

检查点火线圈绕组的绝缘性能时，可使用数字万用表 20 MΩ 挡测量，点火线圈任一端与外壳间的电阻值均应为无穷大，否则存在漏电故障，应更换新件。

（4）火塞花的检查

电子点火系统火花塞的间隙为 0.8~0.9 mm，电控点火系统火花塞的间隙为 1.0~1.1 mm。如果间隙过小，发动机低速小负荷时会产生缺火现象；如果间隙过大，易击穿点火线圈，且高速大负荷时易断火。在使用过程中，需定期检查火花塞的间隙和性能，检查方法如下：

1）拆下火花塞后的检查

工作正常的火花塞其绝缘体裙部呈赤褐色，电极无烧损，且电极间隙正常。若火花塞绝缘体顶端起疤、破裂或电极融化、烧蚀，都表明火花塞已经烧坏，应更换新件。

2）未拆下火花塞的检查

就车检查火花塞技术状况的方法有短路法、感温法和吊火法。

短路法检查时,应使发动机低速运转,用螺丝刀在被测火花塞的高压线与缸体之间短路,使该缸火花塞断电不工作。此时若发动机转速明显降低、抖动,说明该火花塞工作状态良好;否则,火花塞工作状态不良。

感温法检查时,应在发动机工作状态达到正常工作温度后,用手逐缸触摸火花塞的瓷体,若某缸火花塞温度比其他缸的温度低,则温度低的火花塞工作状态不良。

吊火法检查时,可将高压线从火花塞上拆下,使其端头与火花塞接线柱保持 5 mm 间隙吊火,若发动机工作状况改善,说明该火花塞有故障。

(5)点火正时的检查

为保证汽缸中的混合气在正确的时间被点燃,在安装分电器或更换燃油品种时,要靠人工确定和调整初始点火提前角,通常将这一工作称为点火正时。点火正时是否正确对发动机的性能影响很大。点火时间过早会造成发动机的爆震燃烧,使发动机局部过热,燃料消耗增加,功率下降;点火时间过晚会使发动机燃烧所产生的最大压力下降,功率降低,经济性下降。因此,在发动机的使用与维修中,要确保点火正时的准确性。

1)就车检查点火正时

就车检查点火正时,应使发动机处于正常工作温度(70~80 ℃)下怠速运转,当突然加速时,如果发动机转速急速升高并伴有短促而轻微的突爆声(轻微爆震),而后很快消失,则为点火正时;如果发动机转速不能随节气门开大而增大,发动机发闷且排气管出现"突突"声,则为点火过迟;如果发动机出现严重的金属敲击声,即爆震,则为点火过早。

2)使用点火正时灯(仪)检查点火正时

查找并验证飞轮或曲轴前段皮带盘上一缸压缩终了上止点标记和点火提前角标记,擦拭使之清晰可见,如标记不清楚,最好用粉笔或油漆将标记描白。

将点火正时灯(仪)正确连接到汽车发动机上,将传感器夹到一缸高压线上。必要时接上转速表和真空表。启动发动机至正常工作温度状态,保持在怠速下稳定运转。打开正时灯标记清晰可见,就如同固定不动一样。此时表头读数即为发动机怠速运转时的点火提前角。用同样的方法可分别测出不同工况、转速的点火提前角,并做好相应记录。

【任务实施】

(一)实施要求

1.每组准备一台完好的发动机台架。

2.每组准备好万用表、正时灯和示波器。

3.每组准备一份该发动机台架相对应的维修手册。

(二)实施步骤

1.曲轴位置传感器的拆检,并记录相关检测数据。

2.凸轮轴位置传感器的拆检,并记录相关检测数据。

3.爆震传感器的拆检,并记录相关检测数据。

4.点火控制器的拆检,并记录相关检测数据。

5.火花塞的拆检,并记录相关检测数据。

任务 2.2 电控点火波形和点火正时的检测与分析

【任务引入】

2016 年 6 月 28 日,车主李先生把他的桑塔纳时代超人轿车拖到 4S 店,试车故障现象为冷车不易启动,怠速不稳,热车加速犯闷,车速超过 120 km/h 后提速困难。

故障分析过程如下:

①了解汽车维修情况。该车辆行驶里程为 110 000 km,不久前进行过正常保养,并更换了火花塞。

②用检测仪进入发动机的控制系统诊断。怠速工况下,输入功能码 08,进入 007 显示组,观察氧传感器信号电压,在 0.1～1.0 V 波动,但变化频率低。

③检查油路。测试油压,怠速状态油压表显示为 0.25 MPa;踩下加速踏板,油压在 0.28～0.30 MPa 波动;关闭点火开关 10 min 后,油压表显示为 0.16 MPa。油压值均符合标准。

④检测气路。清洗节流阀后进行基本设置;检测并更换空气流量传感器和氧传感器,发现故障依旧。

通过以上诊断,可初步判断故障出在点火控制系统。针对发动机点火系统存在的故障,要求维修人员必须了解电控点火系统的控制原理,并掌握各种类型电控点火系统电路的分析和检测方法。

【理论知识】

2.2.1 电控点火系统控制原理

根据汽油机对点火系统的要求,在电控点火系统中,电控单元对点火的控制包括点火提前角控制、闭合角控制和爆震控制 3 个方面。

(1)点火提前角控制

对现代汽车而言,最佳点火提前角不仅要保证发动机的动力性、经济性达到最佳值,还要使排气中有害物质的排放达到最小。

1)最佳点火提前角的确定

所谓点火提前角是指火花塞电极间开始跳火时距上止点间的曲轴转角。点火提前角对发动机性能的影响:点火过早,导致功率下降,易爆燃;点火过迟,导致功率、热效率降低。因此,计算机需要将点火提前角控制在最佳角度,即发动机发出功率最大和油耗最少的点火提前角。

最佳点火提前角应随发动机转速升高而增大,随负荷增大而减小。同时还受燃料性质、温度、空燃比、大气压力等因素的影响。

计算机控制的电控点火系统所控制的最佳点火提前角通常由初始点火提前角、基本点火提前角和修正点火提前角 3 部分组成,如图 2.23 所示。

实际点火提前角 = 初始点火提前角 + 基本点火提前角 + 修正点火提前角

初始点火提前角由发动机的结构和曲轴位置传感器的安装位置决定,是未经电子控制单元修正的点火提前角,通常为固定值。初始点火提前角的大小随车型或发动机形式而异。

有些发动机的电控单元将 G_1 信号或 G_2 信号出现后的第一个 Ne 信号过零点定位在压缩行程上止点前 10°，并以这个角度作为点火正时计算的基准点。

基本点火提前角是电控单元根据发动机的转速和负荷所确定的点火提前角，是发动机运转过程中最为主要的点火提前角。

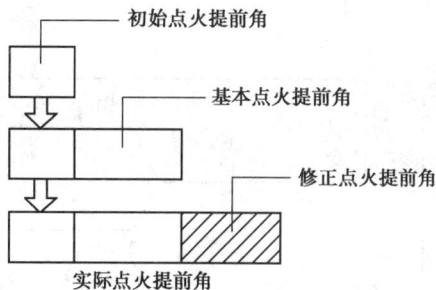

图 2.23　最佳点火提前角示意图

当节气门位置传感器中的怠速触点闭合时，发动机处于怠速运行工况，电控单元根据发动机转速和空调开关是否接通确定基本点火提前角；当节气门位置传感器中的怠速触点开关断开时，发动机处于正常运行工况，电控单元通过发动机转速和负荷传感器获得发动机的工况信息，根据发动机所处的工况，从存储器的数据中得出最佳的基本点火提前角。

发动机在各种工况下的最佳基本点火提前角是通过大量的台架试验得出的，将试验数据优化后作出了如图 2.24 所示的点火提前角控制脉谱图，并将其存储在电控单元的存储器中。

除了转速和负荷以外，其他对点火提前角有重要影响的因素均归入修正点火提前角中。电控单元根据有关传感器的信号，分别示出对应的修正值，它们的代数和即为修正点火提前角。修正点火提前角包含的修正值有暖机修正、过热修正、空燃比反馈修正和怠速稳定性修正等。

①暖机修正。为了改善发动机的低温启动性能，在冷却液温度较低时，应适当增大点火提前角。在暖机过程中，随着冷却液温度的升高，点火提前角修正值逐渐减小，如图 2.25 所示。

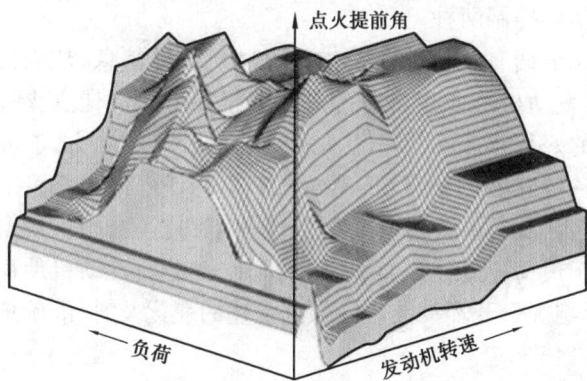

图 2.24　点火提前角控制脉谱图

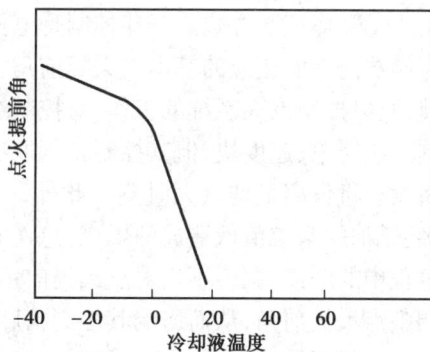

图 2.25　暖机修正曲线

②过热修正。发动机处于正常运行工况时，若冷却液温度过高，则可能引起爆震。为避免产生爆震，应适当减小点火提前角。发动机处于怠速工况时，若发动机冷却液温度过高，为避免发动机长时间过热，应适当增大点火提前角，过热修正值的变化规律如图 2.26 所示。

③空燃比反馈修正。安装有氧传感器的电控发动机，电控单元可根据氧传感器的信号增减喷油量，使空燃比保持在 14.7∶1 左右。随着修正喷油量的增加和减少，发动机转速也会发生变化。为了提高发动机转速的稳定性，在减少喷油量的同时，应适当增大点火提前角，如图 2.27 所示。

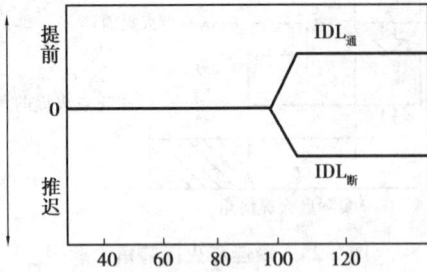

图 2.26 过热修正曲线

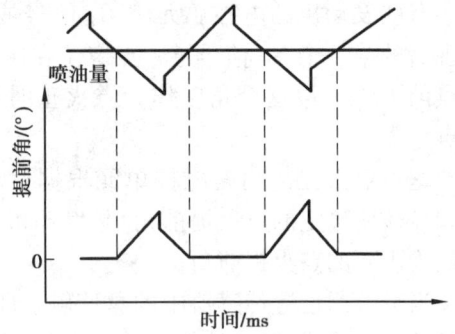

图 2.27 空燃比反馈修正曲线

④急速稳定性修正。发动机在急速工况下运行时,由于负荷不稳定,可能会造成转速的变化。为了维持稳定的急速转速,电控单元应适当调整点火提前角。

发动机处于急速工况时,当发动机的转速低于规定的急速时,电控单元根据实际转速与目标转速差值的大小相应地增大点火提前角;当发动机的转速高于目标转速时,则相应地减小点火提前角,如图 2.28 所示。

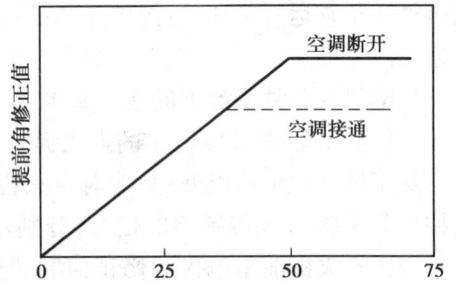

图 2.28 急速稳定性修正曲线

2)最佳点火提前角的控制方式

点火提前角的控制方式有开环控制和闭环控制两种。

①开环控制方式。开环控制是电控单元根据有关传感器提供的发动机工况信息,从内部存储器内提取相应的基本点火提前角,再对发动机的非正常工况进行修正而得出最佳点火提前角,以控制点火系统的工作,对控制结果的好坏不予考虑。点火提前角的开环控制方式,控制系统简单、速度快,但其控制精度取决于各传感器的精度,传感器所产生的任何偏差都可能使发动机偏离最佳点火时刻。此外,一些使用因素也会对发动机造成一定的影响,如积炭增多、燃油的辛烷值低造成的爆燃;急速时由于负荷不稳定造成的发动机转速波动;发动机使用过程中的磨损、调整不当对点火提前角的影响等。开环控制不能根据上述的变化及时、准确地调整点火提前角,从而影响其控制精度。

②闭环控制方式。闭环控制可以在控制点火提前角的同时,检测发动机的有关工作情况,如发动机是否爆震、急速是否稳定等,然后根据检测结果,及时对点火提前角作进一步的修正,使发动机始终处于最佳点火工作状态,基本不受使用因素的影响,控制精度高。目前实行的闭环控制主要有爆震控制和急速稳定控制。

(2)闭合角控制

闭合角控制也称为通电时间控制。电感储能式点火系统,当点火线圈的初级线圈被接通后,通过线圈的电流是按指数规律增大的。初级线圈被断开的瞬间,所能达到的电流值与初级线圈通电时间的长短有关。只有通电时间达到一定值时,初级线圈的电流才能达到饱和,而次级线圈所能产生的电压最大值与初级线圈断开时的电流大小成正比,为了获得足够高的次级电压,必须使初级线圈的电流达到饱和。

影响初级线圈通过电流大小的主要因素有发动机转速和蓄电池电压。为了保证在不同的蓄电池电压和不同的转速下,初级线圈均具有相同的初级断开电流,电控单元根据蓄电池电压和发动机的转速信号,从预置的闭合角数据库中查出相应的数值,对闭合角进行控制,如图2.29所示。

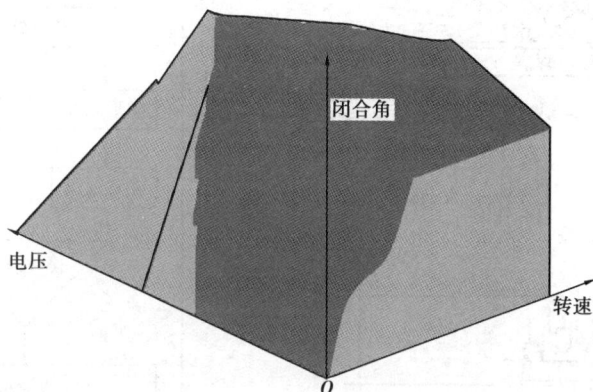

图 2.29　闭合角三维脉谱图

当发动机转速高时,适当地增大闭合角,以防止初级线圈中通过的电流下降,造成次级电压下降,点火困难;当蓄电池电压下降时,也适当地增大闭合角;反之,则适当地减小闭合角,以防止初级线圈发热和电能的无效消耗。

(3)爆震控制

为了最大限度地发挥汽油机的潜能,应将点火提前角控制在接近临界爆震点,同时又不能使发动机发生爆震的状态。若让发动机的点火系统达到这样的性能要求,对发动机的点火提前角必须采用爆震反馈控制。

爆震反馈控制即对发动机的汽缸压力或其他能对发动机爆震作出判断的相关参数进行检测,电控单元根据检测传感器的输入信号,对发动机是否发生爆震作出判断,然后发出相应的执行指令,对点火提前角进行必要的修正。爆震控制系统的组成如图2.30所示。

1)爆震的检测方法

对发动机爆震的检测方法有汽缸压力检测、燃烧噪声检测和发动机机体震动检测等。燃烧噪声检测是一种非接触式检测方法,其耐久性好,但精度和灵敏度偏低。汽缸压力检测方法精度较高,但传感器的耐久性较差,安装困难。发动机机体震动检测具有较高的检测精度,传感器安装灵活,耐久性也较好,是目前最常用的爆震检测方法。

2)爆震的控制方法

爆震与点火时刻有密切的关系。一般而言,点火提前角越大,就越易产生爆震,推迟点火时刻对消除爆震有明显的作用。

电控单元对爆震进行反馈控制时,首先将来自爆震传感器的输入信号进行滤波处理,滤波电路只允许特定范围频率的爆震信号通过,由此达到将爆震信号与其他震动信号分离的作用。此后,电控单元将此信号的最大值与爆震强度基准值进行比较,对是否发生爆震和爆震强弱程度作出判断,如信号最大值大于基准值,则表示发生爆震,电控单元推迟点火时刻。由于发动

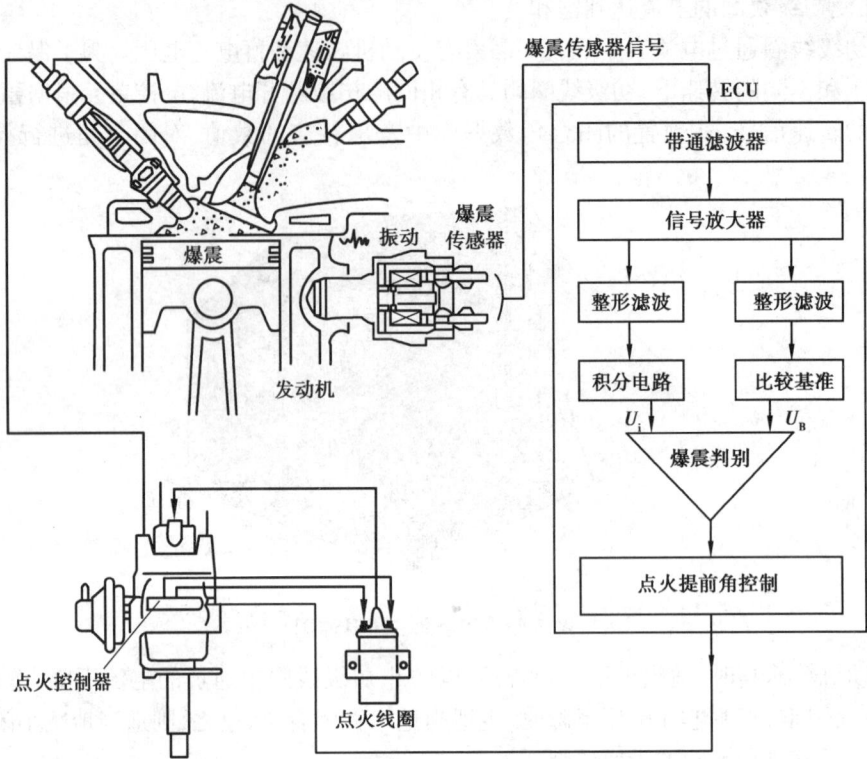

图 2.30　爆震控制系统的组成

机工作时震动比较剧烈,为了防止产生错误的爆震判别,电控单元对爆震信号的判断不是连续的,只限于发动机点火后可能发生爆震时段的震动信号,如图 2.31 所示。

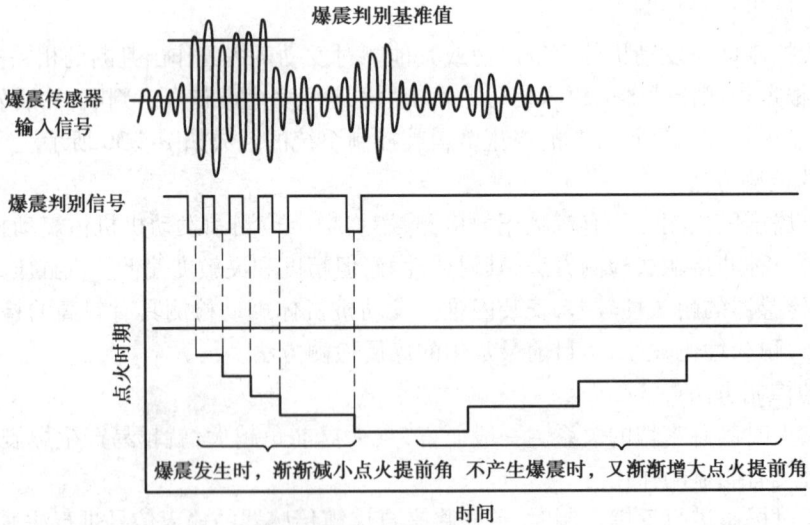

图 2.31　爆震的判断范围

电控单元通过对反映发动机负荷状况传感器的输入信号的分析,判断是否对点火提前角进行开、闭环控制。当发动机的负荷低于一定值时,一般不会发生爆震,此时电控单元对点火提前角实行开环控制,电控单元只按预置数据及相关传感器的输入信号控制点火提前角的大小。当发动机的负荷达到一定程度时,电控单元对点火提前角进行闭环控制。若发动机产生爆震,电控单元根据爆震信号的强弱控制推迟角度的大小。爆震程度强,推迟的角度大;爆震程度弱,推迟的角度小。每一次的反馈控制调整都以固定的角度递减,直到爆震消失为止。当爆震消失后,电控单元又以固定的提前角度逐渐增大点火提前角;当再次出现爆震时,电控单元再次逐渐减小点火提前角。在闭环控制点火提前角的过程中,此过程是反复进行的。

2.2.2　点火电路分析与检测

由微机控制的电子点火系统根据高压电分配方式的不同可分为两大类:有分电器的点火控制系统和无分电器的点火控制系统。

(1)有分电器的点火控制系统

有分电器的点火控制系统是采用传统的配电方式,即 ECU 根据各输入信号确定点火时间,并将点火正时信号送至点火控制器,当点火正时信号变为低电平时,点火线圈初级电流被切断,次级线圈中感应出高压,再由分电器送至相应缸的火花塞,产生电火花。例如,丰田皇冠 3.02JZ-GE、桑塔纳 2000GLi AFE 等发动机都采用了这种控制方式。

1)典型电路分析

丰田皇冠 3.02JZ-GE 发动机点火系统电路如图 2.32 所示,其曲轴位置传感器和凸轮轴位置传感器都为磁感应式,并制作成一体,安装在分电器内。曲轴位置传感器分为上下两个部分,上部分产生 G 信号,下部分产生 Ne 信号,分别送入 ECU。凸轮轴位置传感器有两个信号线圈分别检测 1 缸和 6 缸上止点,当 1 缸上止点线圈先发出信号时,点火顺序为 1—5—3—6—2—4;当 6 缸上止点线圈先发出信号时,点火顺序为 6—2—4—1—5—3。当起动机带动发动机旋转时,分电器内双层线圈会产生交流脉冲信号。其中,上层线圈所对应的信号齿为 24 个,曲轴转两圈(720°),分电器轴转一圈,它将产生 24 个完整的交流脉冲信号,此信号输送至 ECU 作为曲轴转角信号。下组线圈所对应的信号齿只有一个,但相对有两组线圈,分别为 G_1 和 G_2,用于检测 1 缸和 6 缸上止点。当信号齿经过 G_1 线圈时,将产生一次完整的交流脉冲信号,此信号至 ECU,当为正半周时,ECU 将发出第一次 IGT 信号,点火模块内大功率晶体管导通,点火线圈初级线圈充磁;当为负半周时,IGT 信号高电位变为低电位,点火模块内晶体管截止,点火线圈次级线圈产生高压电。

点火线圈次级线圈高压电经高压线分火头→1 缸旁电极→1 缸高压线→1 缸火花塞点火。初级线圈自感电动势被 IGF 信号发生器识别捕捉产生电信号,IGF 信号发生器控制晶体管导通,IGF 信号电压由 5 V 变为 0 V,产生 IGF 信号,表示点火成功信号。ECU 根据 IGF 信号,将继续发出喷油指令。当 IGF 信号开路或接地时,ECU 将会切断喷油器接地回路,停止喷油,以防止排放污染。当第一缸点火信号产生后,ECU 将以 G_1 信号为基准记数,当记录 4 个 Ne 信号(相当于曲轴转 120°)后发出第二个 IGT 信号使第五缸点火,再记录 4 个 Ne 信号后,发出第三个 IGT 信号使第三缸点火,以此类推,完成六缸发动机(1—5—3—6—2—4)点火。

2)电路检修

①点火线圈的检测。拔下点火线圈线束连接器,用万用表欧姆挡检测点火线圈各线圈的电阻值,其值应符合表 2.2 的规定;如不符合,则必须更换点火线圈。

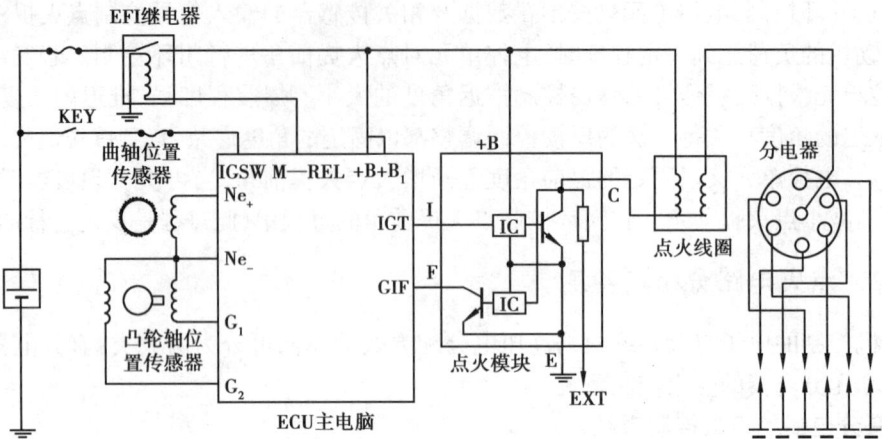

图 2.32　丰田皇冠 3.02JZ-GE 发动机点火系统电路

表 2.2　点火线圈电阻值

点火线圈绕组	检测条件	电阻值/Ω
初级线圈	冷态	0.36~0.55
	热态	0.45~0.65
次级线圈	冷态	9 000~15 400
	热态	11 400~13 800

②点火控制器的检测。启动发动机,用万用表电压挡或示波器检查点火控制器上各端子间的电压,其电压值应符合表 2.3 的规定;如不符合,则必须更换点火控制器或 ECU。

表 2.3　点火控制器上各端子间的电压

端　子	标准电压值/V	检测条件
+B_接地	9~14	点火开关 ON
IGT_接地	有电压脉冲(0.5~0.1)	发动机启动或怠速运转
IGF_接地	有电压脉冲(0.5~0.1)	发动机启动或怠速运转

③点火系统其他部件的检测。

a.高压线:通过测量高压线的电阻值来判断高压线是否良好,其最大电阻值为 25 kΩ。如电阻值不符合规定,应更换高压线。

b.火花塞:用万用表欧姆挡测量火花塞绝缘电阻的方法来判断火花塞能否继续使用,其绝缘电阻值应大于 10 MΩ。另外,也可连续 5 次将发动机转速迅速提高到 4 000 r/min,然后熄火,拆下火花塞,检查其电极状况。若电极干燥,火花塞可用;若电极潮湿,则需要更换火花塞。

(2)无分电器的点火控制系统

无分电器的点火控制系统是一种全电子化的点火控制系统,其结构组成如图 2.33 所示。

它的主要特点是完全取消了传统的分电器总成(包括分火头和分电器盖等),由 ECU 中附加的点火控制电路和分电电路控制点火控制模块,实现对点火的控制。点火线圈次级绕组与火花塞直接相连,即点火线圈产生的高压电直接送给火花塞进行点火。由于没有机械传动,减少了分火头与旁电极这一中间跳火间隙的能量损耗和干扰;由于无分电器,也使得发动机各部件的布局更为合理和简单。

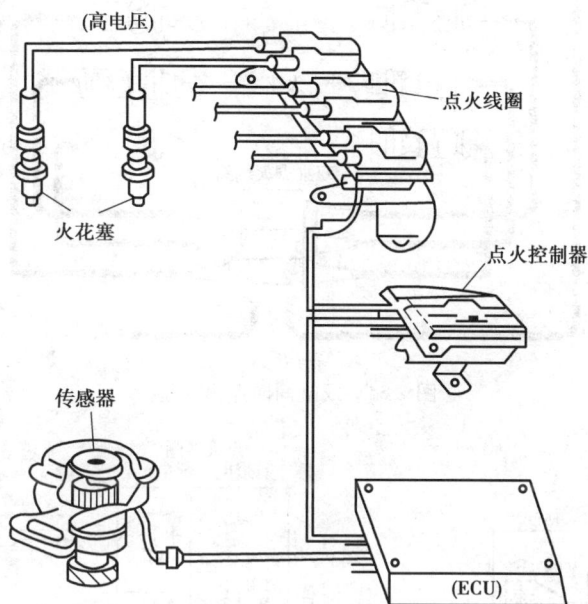

图 2.33 无分电器的点火控制系统

无分电器的点火控制系统可分为两个活塞位置同步缸共用一个点火线圈的同时点火方式和每缸一个点火线圈的独立点火方式。

1)同时点火方式

同时点火是指点火线圈每产生一次高压电,都使两个缸的火花塞同时跳火,即双缸同时点火。次级绕组产生的高压电将直接加在四缸发动机的同步缸:1、4 缸或 2、3 缸(六缸发动机的1、6 缸,2、5 缸或 3、4 缸)火花塞电极上跳火,如图 2.34 所示。

双缸同时点火时,一个汽缸处于压缩行程末期,属有效点火;另一个汽缸处于排气行程末期,缸内温度较高而压力很低,火花塞电极间隙的击穿电压很低,对有效点火汽缸火花塞的击穿电压和火花放电能量影响很小,属无效点火。曲轴旋转一周后,两缸所处行程恰好相反。双缸同时点火时,高压电的分配有二极管分配和点火线圈分配两种形式。

①二极管分配式。利用二极管分配式高压电的双缸同时点火电路原理,如图 2.35 所示。

点火线圈由 2 个初级绕组和 1 个次级绕组构成。次级绕组的两端通过 4 只高压二极管与火花塞构成回路。4 只二极管有内装式(安装在点火线圈内部)和外装式两种。对点火顺序为1—3—4—2 的发动机,1、4 缸为一组,2、3 缸为另一组。点火控制器中的两只功率晶体管分别控制一个初级绕组,两只功率晶体管由 ECU 按点火顺序交替控制其导通与截止。

当 ECU 将 1、4 缸的点火触发信号输入点火控制器时,功率晶体管 VT_1 截止,初级绕组 A

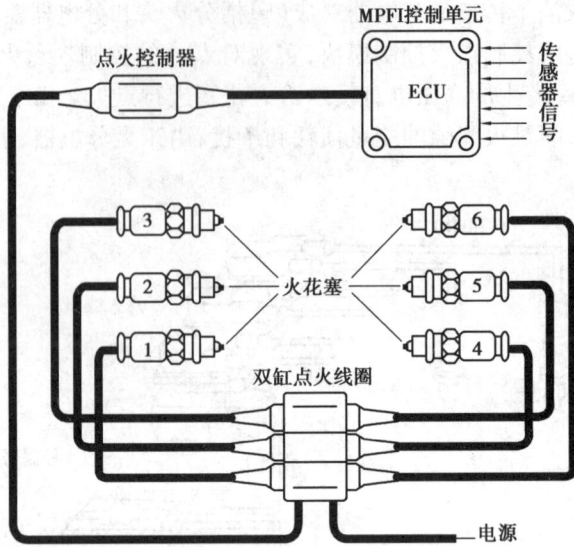

图 2.34　双缸同时点火系统

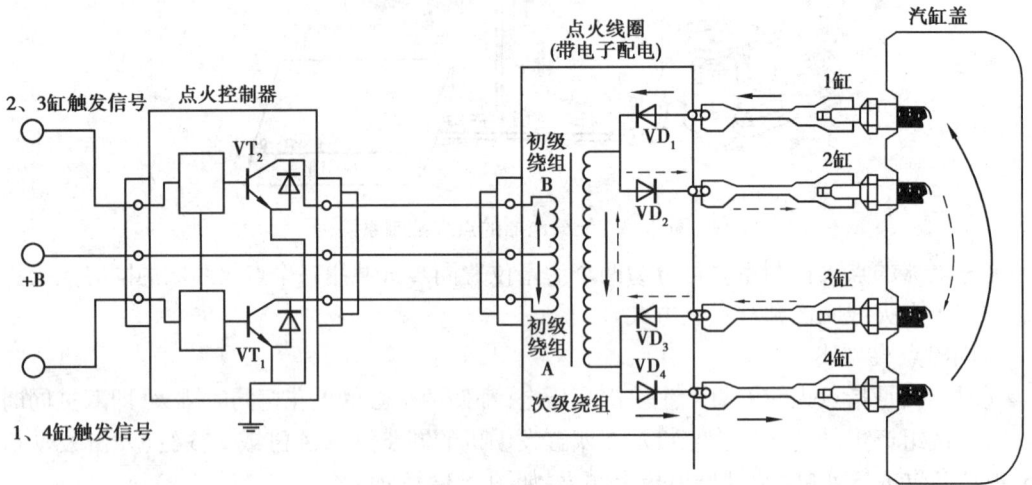

图 2.35　二极管分配式双缸同时点火电路原理图

中的电流切断,次级绕组中就会产生高压电动势,方向如图 2.35 中的实线箭头所示。在该电动势的作用下,二极管 VD_1、VD_4 正向导通,1、4 缸火花塞电极上的电压迅速升高直至跳火,高压放电电流经图中实线箭头所指方向构成回路;VD_2、VD_3 反向截止,不能构成放电回路,因此,2、3 缸火花塞电极上无高压火花放电电流而不能跳火。

当 ECU 将 2、3 缸的点火触发信号输入点火控制器时,功率晶体管 VT_2 截止,初级绕组 B 中的电流被切断,次级绕组产生高压电动势,方向如图 2.35 中的虚线箭头所示。此时,二极管 VD_1、VD_4 反向截止,VD_2、VD_3 正向导通,因此,2、3 缸火花塞电极上的电压迅速升高直至跳火,高压放电电流经图中虚线箭头所指方向构成回路。

②点火线圈分配式。利用点火线圈分配式高压同时点火电路原理如图 2.36 所示。桑塔纳 2000GSi AJR 发动机点火系统采用了这种配电方式。

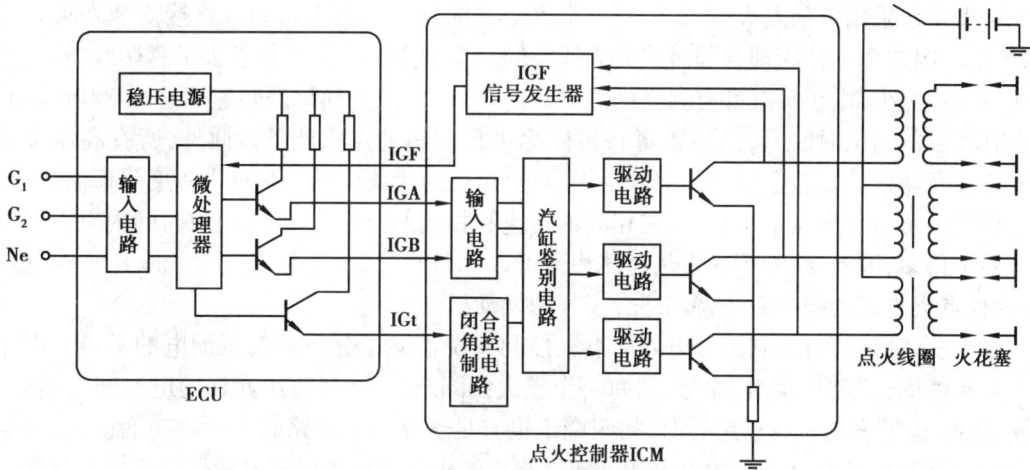

图 2.36　点火线圈分配式高压同时点火电路原理图

　　点火线圈组件由 2 个(四缸发动机)或 3 个(六缸发动机)独立的点火线圈组成,每个点火线圈供给成对的两个火花塞工作(四缸发动机的 1、4 缸和 2、3 缸分别共用一个点火线圈;六缸发动机的 1、6 缸、2、5 缸和 3、4 缸分别共用 1 个点火线圈)。电子点火控制器中配有与点火线圈数量相等的功率晶体管,分别控制一个点火线圈工作。点火控制器根据电控单元输出的点火控制信号,按点火顺序轮流触发功率晶体管导通或截止,从而控制每个点火线圈轮流产生高压电,再通过高压线直接输送到成对的两缸火花塞电极间隙上跳火点着可燃混合气。

　　在部分点火线圈分配式高压同时点火系统中,点火线圈次级回路中连接 1 只高压二极管,该高压二极管的作用:防止次级绕组在初级电流接通瞬间产生的感应电压(约为 1 000 V)在进气行程末期或压缩行程初期加到火花塞电极上而导致误跳火。

　　2)独立点火方式

　　无分电器的独立点火方式电路组成如图 2.37 所示。

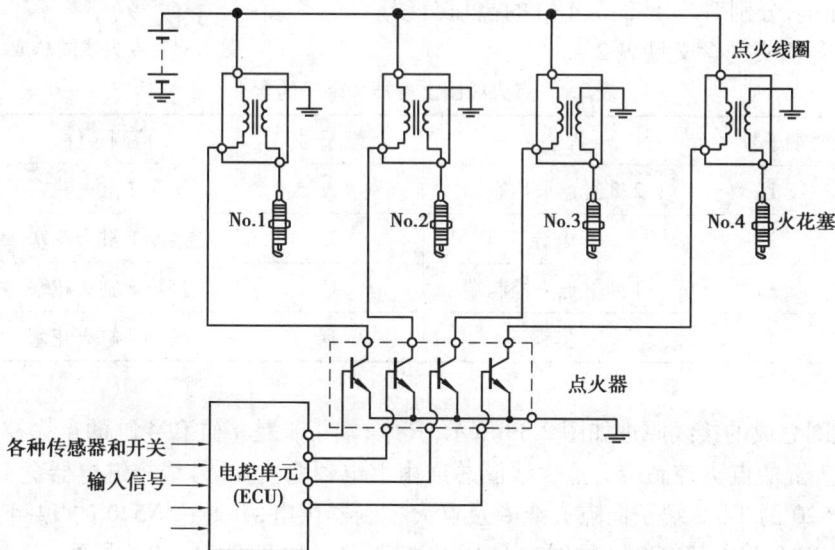

图 2.37　无分电器的独立点火方式电路组成图

点火系统采用单独点火方式时,每一个汽缸都配有 1 个点火线圈且直接安装在火花塞上方,其基本组成和工作原理与同时点火方式相同。单独点火的优点是省去了高压线,点火能量损耗进一步减少;由于每缸都有独立的点火线圈,所以即使发动机的转速高达 9 000 r/min,线圈也有较长的通电时间(大的闭合角),可以提供足够高的点火能量。此外,所有高压部件都可安装在发动机汽缸盖上的金属屏蔽罩内,点火系统对无线电的干扰可大幅度降低。

点火系统与分电器系统相比,在相同的转速和相同的点火能量下,单位时间内点火线圈的电流要小得多,因此,线圈不易发热而体积又可以非常小巧,一般是将点火线圈压装在火花塞上,这种点火方式的控制系统特别适合多气门发动机。

综上所述,计算机控制无分电器的点火控制系统消除了分电器高压配电的不足。由于增加了点火线圈(或初级绕组)个数,对每一个点火线圈来说,初级绕组允许通电时间可增加 2~6 倍,因此,即使发动机高速运转时,初级绕组也有足够充裕的通路时间。换句话说,无分电器的点火控制系统具有足够大的点火能量和足够高的次级电压来保证发动机在任何工况都能可靠点火。

3)电路检修

桑塔纳 2000GSi AJR 发动机和捷达 5 气门 EA113 发动机采用的是同时点火的无分电器的点火控制系统,下面以桑塔纳 2000GSi AJR 发动机为例介绍无分电器的点火控制系统的检修方法。

桑塔纳 2000GSi AJR 发动机无分电器的点火控制系统主要包括点火线圈、火花塞和发动机控制单元。两个点火线圈(N 和 N128,N 为 2、3 缸点火线圈,N128 为 1、4 缸点火线圈)和点火控制器 N122 组成点火线圈总成 N520,如图 2.38 所示,固定在进气歧管内侧,点火线圈总成的高压线插孔旁印有 A、B、C、D 标记,分别对应 1、2、3、4 缸的高压分线。点火线圈上各插头的含义见表 2.4。

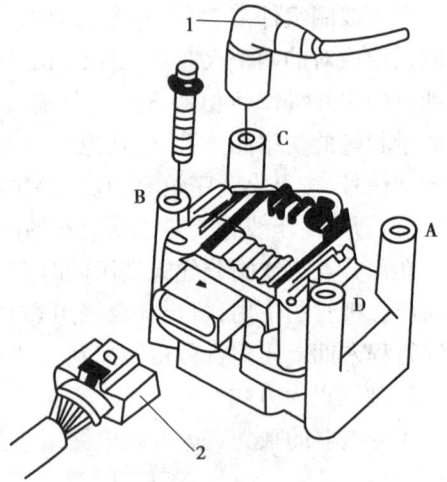

图 2.38　点火线圈总成

表 2.4　点火线圈上各插头端子的含义

端子号	含　义	端子号	检测条件
1	2、3 缸点火控制端	A	接第 1 缸火花塞
2	电源	B	接第 2 缸火花塞
3	1、4 缸点火控制端	C	接第 3 缸火花塞
4	搭铁	D	接第 4 缸火花塞

点火线圈总成的接线原理如图 2.39 所示,其中,端子 1 是 1 缸和 4 缸的点火控制端,端子 3 是 2 缸和 3 缸的点火控制端。点火线圈总成由继电器盒内 15 号线→继电器盒 D23 接柱→2.5 导线→N520 的 T4/2 端子向点火线圈及点火控制器供电,并通过 N520 的 T4/4 端子搭铁。双缸同时点火时,发动机第 2、3 缸同时点火,由控制单元的 T80/71→0.5 导线→N520 的 T4/1

端子输入点火控制器控制信号;发动机第 1、4 缸同时点火,由控制单元的 T80/78→0.5 导线→N520 的 T4/3 端子向点火控制器输入控制信号。点火线圈初级和次级分为两组,分别为第 2、3 缸和第 1、4 缸提供高压电,高压电路中无分电器,点火线圈高压接线直接与火花塞相连。

①检查点火线圈。拔下点火线圈的插头,并从火花塞上拔下点火线。用万用表测量点火线圈的次级电阻,A、D 端子电阻表示 1、4 缸线圈次级电阻,B、C 端子电阻表示 2、3 缸线圈次级电阻,1、4 缸和 2、3 缸电阻规定值均为 4~6 kΩ。若电阻值不符合规定,需更换点火线圈总成。

点火线圈和点火控制器是结合成一体的零部件,不能单独更换;测量点火线圈的次级电阻时,可先将点火线插到点火线圈上,通过相应汽缸的火花塞插头来测量,测量的同时,也测量了点火线圈的抗干扰电阻。

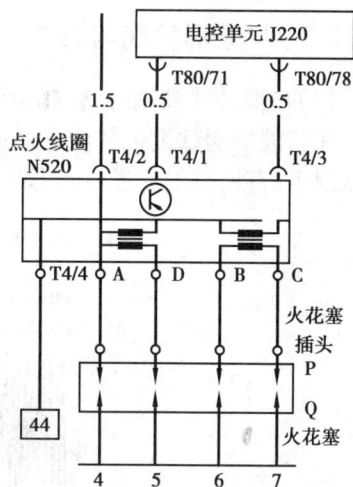

图 2.39　点火线圈总成的接线原理图

②检查点火线圈与点火控制器的供电与搭铁情况。将点火线圈总成的 4 个端子的插头拔下,用万用表测量线束端插头端子 2(电源端)和端子 4(搭铁端)之间的电压。打开点火开关,其电压值应为蓄电池电压,大于或等于 11.5 V。然后关闭点火开关。如果没有电压,按照电路图分别检查端子 2 和中央继电器盒 D 插头端子 23、端子 4 与搭铁之间有无断路,导线电阻值最大为 1.5 Ω。若电压正常,则按照电路图检查点火控制器线束端插头至发动机控制单元对应连接端子之间的导线是否导通,其导线电阻值最大为 1.5 Ω。若线路正常,检查点火控制器的动作。

③检查点火控制器的动作。拔下所有喷油器和点火线圈的插头,用辅助导线 V.A.61554 连接二极管检测灯 V.A.61527(或发光二极管与 300 Ω 电阻串联)于点火控制器插头端子 1(点火输出)和端子 4(搭铁端)、端子 3(点火输出)和端子 4(搭铁端),以检查控制单元 1、4 缸和 2、3 缸点火线圈的控制信号。

短时启动发动机,二极管必须闪烁。若发光二极管不闪烁,则说明电子控制单元 J220 至点火控制组件之间的导线存在故障或电子控制单元存在故障。这时应使用数字式万用表检查连接器插头 1 端子与电控单元 71 端子、3 端子与电控单元 78 端子之间的电阻,标准值应为 1.5 Ω 以下。如果电阻为无穷大,说明导线存在断路,应进行检修。接着再检查 1 端子与电子控制单元 78 端子、3 端子与电控单元 71 端子之间的导线是否存在短路,电阻值为无穷大时说明导线不存在故障,电阻值若为零则说明导线存在短路。

检查后若发光二极管不亮,再检查连接导线也不存在断路或短路,则说明电子控制单元 J220 存在故障,应进行更换。

需要特别说明的是,发动机 ECU 自诊断功能不能识别点火线圈的故障。如果一个火花塞由于断路使整个点火线路断路,相应的另一个火花塞也不跳火;如果一个火花塞由于短路而不跳火,但整个点火线路没有断路,那么相应的另一个火花塞仍可以跳火。

2.2.3 波形检测与分析

(1)磁脉冲式曲轴/凸轮轴位置传感器波形

先将波形测试设备与传感器连接,启动发动机,怠速运转,然后加速或让汽车在发生故障的状况下行驶,获取波形。磁脉冲式曲轴/凸轮轴位置传感器的典型波形如图2.40所示。

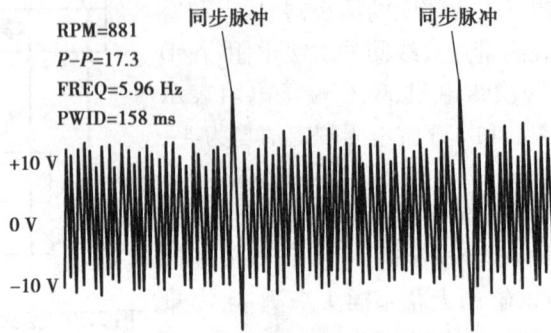

图2.40 磁脉冲式曲轴/凸轮轴位置传感器的典型波形(单通道)

由图2.40可知,良好的波形在0 V电平上下的幅值应基本接近,幅值会随发动机转速增加而增大,幅值、频率和形状在确定的条件下是有规律的和可预测的,两脉冲时间间隔应一致(除同步脉冲外),占空比一般不改变,只有在同步脉冲出现才改变。除此之外,如占空比改变有故障,若某一个最大峰值低于其他峰值,或某一个最小峰值低于其他峰值,则应检查信号转子是否有缺角或发生弯曲。如果波形峰值变小或变形,将会同时出现发动机失速、断火或熄火。

用双通道示波器可在显示屏上同时显示被检测的曲轴位置传感器和凸轮轴位置传感器的两个波形,从而可检测凸轮轴与曲轴之间的正时关系,如图2.41所示。

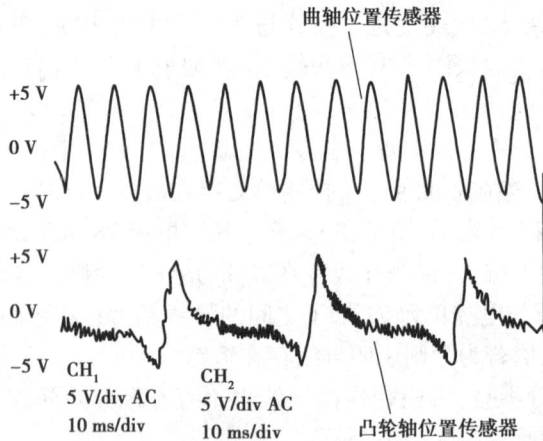

图2.41 磁脉冲式曲轴/凸轮轴位置传感器标准波形(双通道)

如果示波器显示在零电位时是一条直线,则说明传感器信号系统中有故障。在确认示波器到传感器的连接正常之后,需进一步检查相关元件(分电器轴、曲轴、凸轮轴)是否旋转,传感器的气隙是否适当,以及传感器头有无故障;也有可能是点火模块或发动机ECU中的传感器内部搭铁有问题,此时可先拔下传感器导线连接器,再用波形测试设备来判断。

（2）霍尔式曲轴/凸轮轴位置传感器波形

先将波形测试设备与传感器连接,启动发动机,怠速运转,然后加速或让汽车在发生故障的状况下行驶,获取波形。霍尔式曲轴/凸轮轴位置传感器的典型波形如图 2.42 所示。

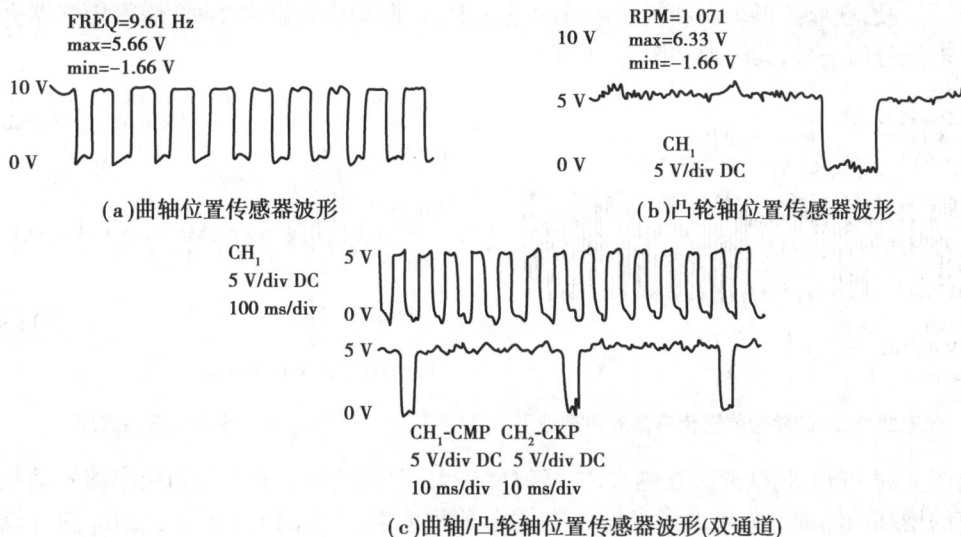

（a）曲轴位置传感器波形　　　　（b）凸轮轴位置传感器波形

（c）曲轴/凸轮轴位置传感器波形（双通道）

图 2.42　霍尔式曲轴/凸轮轴位置传感器的典型波形

由图 2.42 可知,良好的波形在 0 V 电平上下的幅值应基本接近,幅值会随发动机转速变化而变化,幅值、频率和形状在确定的条件下是有规律的和可预测的。当同步脉冲出现时占空比才变化,否则表示有故障。

如果示波器显示在零电位时是一条直线,则说明传感器信号系统中有故障,应检查示波器和传感器的连接;分电器、曲轴、凸轮轴旋转是否正常;传感器电源电路与 ECU 的电源接地是否良好。若以上良好则说明传感器损坏,需予以更换。

如果幅值过高,说明电阻太大或接地不良。

如果波形显示不正常,检查导线、插接件、测试线,可通过摇动线束来判断故障位置。

（3）光电式曲轴/凸轮轴位置传感器波形

先将波形测试设备与传感器连接,启动发动机,怠速运转,然后加速或让汽车在发生故障的状况下行驶,获取波形。光电式曲轴/凸轮轴位置传感器的典型波形如图 2.43 所示。

对光电式曲轴/凸轮轴位置传感器波形分析与霍尔式传感器基本相同,幅值会随发动机转速变化而变化,幅值、频率和形状在确定的条件下是有规律并且可预测的。当同步脉冲出现时占空比才变化,否则表示有故障。

观察波形形状的一致性,看波形上下端的尖角,一些高频光电式分电器,其波形的上角可能出现圆角。

如果示波器显示在零电位时是一条直线,则说明传感器信号系统中有故障,应检查示波器和传感器的连接是否正确;分电器、曲轴、凸轮轴旋转是否正常;传感器电源电路与 ECU 的电源接地是否良好。若以上良好则说明传感器损坏,需予以更换。

如果有脉冲信号存在,应确认从一个脉冲到另一个脉冲的幅度、频率和形状等判定依据。数字脉冲的幅值必须足够高(在启动时等于传感器供给电压)。两个脉冲间的时间不变(同步脉冲除外),并且形状是重复的、可预测的。

(4)爆震传感器波形

先将波形测试设备与传感器连接,启动发动机,怠速运转,然后加速或让汽车在发生故障的状况下行驶,获取波形。发动机在运行的过程中,当振动或敲缸发生时,爆震传感器会产生一个小电压峰值信号,其波形如图 2.44 所示。

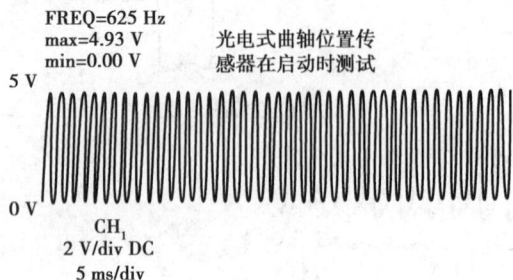

图 2.43 光电式曲轴/凸轮轴位置传感器的典型波形

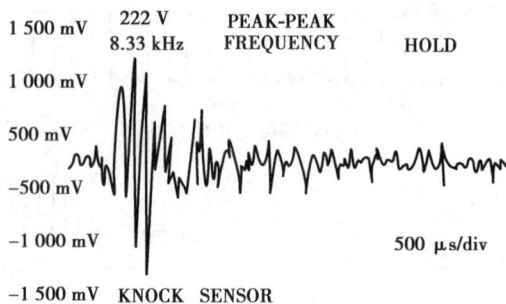

图 2.44 爆震传感器波形

由图 2.44 可知,振动或敲缸越大,主峰值就越大,即波形的峰值电压和频率随发动机负载和转速的增加而增加。如果波形只是一条直线,则说明爆震传感器没有信号输出,应检查导线和传感器本身。

如果发动机因点火过早、燃烧温度不正常、废气再循环流动不正常等原因产生爆震或敲击声,其幅值和频率也会增加。

爆震传感器是极其耐用的,最常见的失效形式是该传感器根本不产生信号,而造成的原因是意外碰撞导致的物理损坏,此时传感器波形为一条直线,需更换爆震传感器。

【任务实施】

(一)实施要求

1.每组准备一台完好的发动机台架;

2.每组准备好万用表、正时灯和示波器;

3.每组准备一份该发动机台架相对应的维修手册。

(二)实施步骤

1.有分电器式点火电路分析及检测,并记录相关检测数据;

2.同时点火式电路分析及检测,并记录相关检测数据;

3.独立点火式电路分析及检测,并记录相关检测数据。

任务2.3 电控点火系统故障的检测与诊断

【任务引入】

一辆丰田子弹头旅行车(2TZ-FE 型发动机),行驶里程为 150 000 km,当汽车以 80 km/h 行驶一段时间后,发动机熄火,在爬坡时该现象更明显,停车 10 min 左右可恢复正常运行。

经诊断:该车冷车时发动机工作正常,热车时发动机出现熄火。经检查,热车状态时无高压电火花,判断为点火系统故障。

　　为此维修人员必须了解发动机电控点火系统的组成及各组成部分的工作原理;能够区分汽油发动机电子控制点火系统的主要传感器和执行器;能够指出各传感器和执行器等元件在发动机中所处的位置;能够学会常用工具、设备、资料的使用方法。

【理论知识】

2.3.1　电控点火系统使用维修注意事项

(1)检查电控点火系统

电控点火系统与传统的触点式点火系统相比,性能优良,故障率低,无须经常维修与保养,但必须注意以下几点:

　　①在检查点火系统电路故障时,不能用试火的方式来检查电路的通断,否则容易损坏电子元器件。电路通断与否应该用万用表的直流电压挡测量电压(点火开关接通)或用电阻挡测量电阻(点火开关断开)来进行检查判断。

　　②在点火开关接通的状态下,不要做连接或切断线路的操作。

　　③在拆卸蓄电池时,必须确认点火开关和其他所有的用电设备都已关闭。

　　④安装蓄电池时,一定要辨清正负极,千万不要接错,蓄电池极桩与线夹的连接一定要牢固,否则容易损坏电子设备。

　　⑤在清洗车辆时,不要让水洒到电子点火器等电气系统的元器件上,以免造成锈蚀、漏电和短路等故障。

　　⑥在发动机启动和运行时,不要用手触摸点火系统高压线路和元器件,以免被高压电击伤。

　　⑦在做高压跳火实验时,最好用绝缘的橡胶夹夹住高压导线进行跳火实验。直接用手接触高压导线容易造成电击。避免电击的方法:将高压导线插入一放电器或一备用火花塞,再将放电器或火花塞搭铁,从放电器或火花塞的电极间隙观察是否跳火。

(2)检查点火信号发生器(曲轴位置传感器)时的注意事项

1)磁感应式曲轴位置传感器

　　在打开分电器盖(传感器罩)时,注意不要让垫圈、螺钉之类的金属物掉入其中,以免影响正常信号的产生;在检查导磁转子与定子之间的间隙时,要用无磁性塞规,并注意不要强塞硬拉。

2)光电式曲轴位置传感器

　　不要轻易打开传感器的防尘罩,在确需打开检查时,要注意避免尘土对发光和光敏元件及转子的污损。

3)其他注意事项

　　在用干电池模拟点火信号检查电子点火器时,测量动作要迅速,干电池的持续连接时间一般不超过5 s。

　　一些电子点火系统接有防无线电干扰的电容,在维修时,切勿将此电容误接在点火线圈的负极。

　　用逐缸断火法来检验各缸工作情况时,应采用短路法将断火缸高压线搭铁,不能用开路法断火。

点火正时对发动机工作正常与否影响很大,因此,发动机工作不良或发动机拆修后,不要忽视对点火正时的检查。

2.3.2 电控点火系统故障的检测

(1)故障诊断的基本方法

①询问用户:故障产生的时间、现象、当时的情况,发生故障时的原因以及是否经过检修、拆卸等。

②初步确定出故障范围及部位。

③调出故障码,并查出故障的内容。

④按故障码显示的故障范围进行检修,尤其注意接头是否松动、脱落,导线连接是否正确。

⑤检修完毕,应验证故障是否已排除。

⑥如调不出故障码,或者调出后查不出故障内容,则根据故障现象,大致判断出故障范围,采用逐个检查元件工作性能的方法加以排除。

(2)点火系统主要部件的检测

1)点火传感器(信号发生器)的故障检查

点火传感器发生故障时,会使点火信号发生器输出的信号过弱或无信号而不能触发电子点火器工作,造成整个点火系统不起作用。磁电式传感器的静态检查主要是气隙和传感器线圈的检查。

①气隙的检查。检查方法:将信号转子的凸齿与传感器线圈的铁芯对齐,用塞尺检查之间的气隙;一般为 0.2~0.4 mm,若不合适应进行调整。对有的无触点分电器,此气隙是不可调的,有问题时只能更换。

②传感器线圈的检查。检查方法:用万用表的电阻挡测量分电器信号输出端(感应线圈)的电阻,其阻值一般为 250~1 500 Ω,但也有 130~190 Ω 的。若电阻无穷大,则说明线圈断路。感应线圈电阻过大、过小,都需更换点火传感器总成。感应线圈输出的交流电压,可用高灵敏万用表的交流电压挡进行测量,其值应为 1.0~1.5 V。

2)点火器(点火电子模块)的故障检查

电子点火器故障将使点火线圈初级电流减小或断流不彻底,造成火花弱不能点火,导致热车时失速,发动机不能启动,高速或低速时熄火。其故障检查方法如下:

①高压试火法。如果已确定点火传感器良好,可直接用高压试火的方法来检查。将分电器中央高压线拔出,使高压线端距发动机缸体 5 mm 左右看打火情况。或将高压线插在一个火花塞上,并使火花塞搭铁,然后启动发动机,看其是否跳火。如果火花强,说明电子点火器良好;否则,说明电子点火器有故障。

对磁电式传感器,可打开分电器盖,用螺钉旋具将导磁转子与铁芯间做瞬间短路,看高压线端是否有跳火;否则,说明电子点火器有故障。

对光电式或霍尔效应式点火传感器,可在拆下分电器后,用手转动分电器轴,看有无跳火来判断点火器是否良好。

②模拟点火信号检查。可利用一只 1.5 V 的干电池,将正极的探针触及点火器信号输入接点,然后提高触点,这时点火线圈应产生高压跳火。如果点火开关和有关电路都已接通,但

仍无高压跳火,则表明点火器有故障,应予以更换。

3)点火线圈的故障检查

点火线圈的故障检查方法有直观检查和用万用表检查两种方法。

①直观检查。该方法主要检查点火线圈的绝缘盖有无脏污、破裂,接线柱是否松动、锈蚀。若有脏污、锈蚀,需清洁后再做检查;若绝缘盖有破损,则应更换点火线圈。

②用万用表检查。一般测量其初级绕组和次级绕组的电阻,其值应符合标准值,否则说明点火线圈有故障,应更换点火线圈。绝缘电阻的测量方法:用万用表的电阻挡测量点火线圈的绕组接柱(任何一个)与外壳之间的电阻,其值应不小于 50 MΩ。

(3)有分电器的微机控制点火系统的检测

如果没有高压火花,检修点火系统诊断故障的步骤(图 2.45)如下:

1)中央高压线是否跳火的检查

①从分电器上拔下中央高压线(捏住高压线橡胶套沿分电器轴线方向拔出)。

②将高压线端接在备用火花塞上,再将火花塞抵在缸体上,或者将高压线插好用正时灯夹子夹在高压线上。

③启动发动机,看是否跳火(注意:每次用起动机转动发动机不要超过 2 s,以防止喷油器喷油,或者可以将喷油器线束拔下)。

2)分缸高压线跳火和中央高压导线的检查

①若分缸高压线不跳火,而中央高压线跳火,则需检查分电器和分缸高压线:拆下高压线罩和节气门体;捏住高压线橡胶套,小心地将高压线从火花塞上拔出。

②从分电器和点火线圈上拆下高压导线。

③用欧姆表测量每根高压导线的电阻,如果电阻过大,应检查高压线接头和线本身,必要时更换。

④检查分电器盖、分火头及分电器接触情况。

3)ECU 给点火器的触发脉冲信号的检查

①拔下点火器的电器插头。

②用万用表测量信号电压。

③启动发动机时,电压表读数应为 0.5~1 V。

④如果有脉冲信号,则说明计算机和传感器是完好的,故障出现在点火器和点火线圈处。如果无脉冲信号,说明可能是传感器或计算机故障。

4)点火器和点火线圈的检查

按照上面所述进行检测。

5)传感器及计算机的检查

①检查影响点火的主要传感器:曲轴转角传感器和凸轮轴位置传感器的信号,用示波器读取,看传感器是否发出信号。

②检查齿盘。

③如果其他部分没问题,可以更换计算机,用换件法修理。

(4)无分电器的微机控制点火系检测

1)火花塞无火

①故障现象。汽缸不工作,发动机不启动。

检查电火花:从分电器上脱开高压线,使其端部离搭铁点约为12.5 mm,观察发动机转动时是否跳火(为防止在试验中有太多的燃油从喷油器喷出,发动机每次转动不超过2 s)

不正常 | 正常

检查点火线圈、点火器的分电器的连接器 —不正常→ 更换连接器

检查点火器与ECU之间IGT信号电路是否断路或短路 —不正常→ 修理配线

正常

检查高压线的电阻值(最大为25 kΩ) —不正常→ 更换高压线

检查点火器的IGF端子的接地电压:将点火开关置于"ON"位,用万用表电压挡检查点火器的IGF端子与接地端之间的电压(标准电压值为1.5 V或更小) —不正常→ 更换点火器

正常

检查IGT电压脉冲:脱开点火器线束连接器,当用起动机转动发动机时,用万用表电压挡检查发动机ECU的IGT端子与接地间是否有脉冲电压 —正常→ 检查点火器的电源电压为9~14 V —不正常→ 检修点火器的电源电路

不正常 | 正常

检查点火器的ECU之间IGT信号电路有无断路或短路 —不正常→ 检修配线或连接器

检查点火线圈一次侧线路中是否有断路或短路 —不正常→ 检修配线及连接器

正常

检查曲轴位置传感器 —不正常→ 更换曲轴位置传感器

检查点火线圈 —不正常→ 更换点火线圈

正常

更换点火器

检查或更换ECU

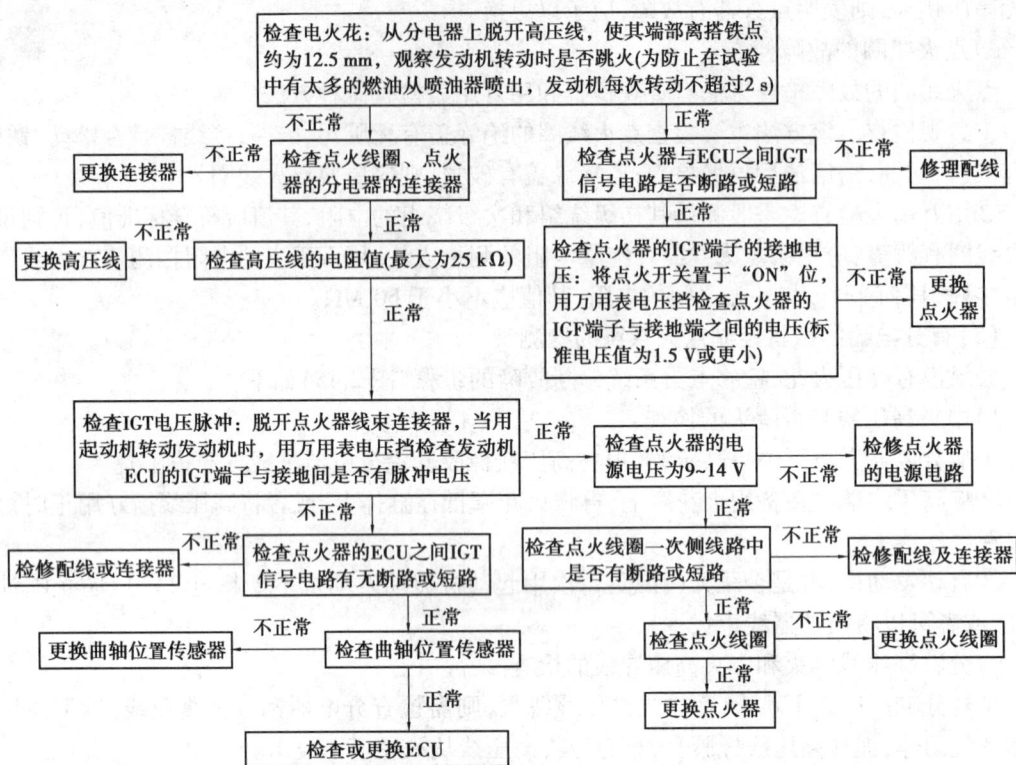

图2.45　有分电器的电子控制点火系统电路检测诊断步骤

②故障主要原因及处理方法。

a.低压电路无 IGT 信号:曲轴位置传感器、ECU、点火器。

b.高压电路电阻过大和漏电。

③故障诊断方法。

a.观察点火系统各个零部件,看是否有松动或击穿现象。

b.读取故障代码,如果有故障代码,根据故障代码进行诊断。

c.跳火试验,判断是高压线路还是低压线路故障。

d.点火线圈供电线路检测和初级点火线路检测。

e.检测点火线圈、分缸线及火花塞。

f.输入信号检测(检测位置传感器信号是否正常)及计算机自身检测。

2)火花塞火弱

①故障现象。高压火花弱,发动机启动困难,怠速不稳,排气冒黑烟,加速性差。

②故障主要原因及处理方法。

a.高压电路电阻过大和漏电。

b.点火线圈初级绕组能量不足。

③故障诊断方法。

a.观察点火系统各零部件,看是否有松动及击穿现象。

b.读取故障代码,如果有故障代码,根据故障代码进行诊断。

c.检测点火线圈、分缸线及火花塞。

d.检测点火线圈供电线路。

3)点火性能不稳定

①故障现象。发动机在不同状态时,工作性能不同,常表现为:发动机低速正常,高速失速;低温正常,高温不正常;启动时正常,工作一段时间后不正常等。

②故障主要原因及处理方法。

a.低压电路信号不稳定:传感器松动、线路连接不良、点火器热稳定性差等。

b.高压电路电阻过大和漏电。

③故障诊断方法。

a.观察点火系统各零部件,看是否有松动及击穿现象。

b.读取故障代码,如果有故障代码,根据故障代码进行诊断。

c.检测点火线圈、分缸线及火花塞。

d.点火线圈供电线路检测、初级点火线路检测。

e.输入信号检测(检测位置传感器信号是否正常)及计算机自身检测。

【任务实施】

(一)实施要求

1.会用万用表、故障诊断仪、示波器对电控点火系统常见故障进行诊断检修。

2.会用故障检测仪进行数据流分析。

3.帕萨特 B5 轿车 6 台,每台 6~8 人,若干万用表、示波器、故障诊断仪、教材、仪器说明书、汽车维修手册及多媒体课件。

(二)实施步骤

1.在实训台架上分析电控点火系常见故障现象、常见故障及常见故障部位。

2.用故障诊断仪、数字万用表或示波器对照汽车维修手册对常见故障进行排查。

3.对电控点火系统排查的故障部位进行检修。

4.用故障检测仪对点火系统的数据流进行分析。

【项目小结】

(1)电控点火系统主要由监测发动机的传感器、处理信号和发出点火指令的电控单元、对点火指令作出响应的执行器等组成,其中传感器大多与燃油喷射系统、怠速控制系统等电子控制系统共用,而且都由一个电控单元集中控制。

(2)在电控点火系统中,传感器的作用是检测与点火提前角有关的发动机工况信息,并将信息输入电控单元,作为计算和控制点火时刻的依据。电控点火系统常用的传感器有曲轴位置传感器、空气流量传感器、进气温度传感器、冷却液温度传感器、节气门位置传感器和爆震传感器等。

(3)爆震传感器是发动机电子控制点火系统的专用传感器,其功能是检测发动机有无爆震现象,并将信号送入发动机 ECU。常见的爆震传感器有两种:一种是磁致伸缩式爆震传感器;另一种是压电式爆震传感器。

(4)电控单元是电控点火系统的核心,在点火系统工作时,接收各种传感器输入的信息,按特定程序进行判断、运算后,向点火器输出最佳点火提前角和点火线圈初级电路导通的时间控制信号。发动机的电控单元主要由中央处理器、存储器、输入/输出接口、总线及电源供给电路等部分组成。

（5）执行器的作用是接收电控单元的指令，具体执行某项控制功能。电控点火系统的执行器有点火器、火花塞和点火线圈等。

点火器的常用检查方法有用干电池电压作为点火信号进行检查、跳火试验法和替换法。点火线圈检查方法有直观检查法、阻值测量法和性能试验法。计算机是最可靠的部件，可用排除法检查，也可用替换法检查。

电控发动机是比较复杂的系统，其故障远比普通发动机复杂得多，在诊断故障时需要掌握系统的检修步骤和方法。从原则上讲，在对电控发动机进行故障诊断时，需要系统、全面地掌握电子控制系统的结构、原理和线路连接方法，明确电控系统中各部分可能产生的故障以及对整个系统的影响；运用科学的故障诊断方法对系统故障现象进行综合分析、判断，确定故障的性质和可能产生此类故障的原因及范围；制订合理的诊断程序进行深入诊断和检查，直到给予圆满的解决，使汽车恢复应有的性能和技术指标。

①电子控制点火系统能够对点火全过程进行控制，包括点火提前角控制、闭合角（通电时间）控制和爆震控制。

②微机控制的电子点火系统所控制的最佳点火提前角通常由初始点火提前角、基本点火提前角和修正点火提前角3个部分组成。最佳点火提前角应随发动机转速升高而增大；随负荷增大而减小。同时还受到燃料性质、温度、空燃比、大气压力等因素的影响。初始点火提前角由发动机的结构和曲轴位置传感器的安装位置决定，是未经电控单元修正的点火提前角，通常为固定值，其大小随车型或发动机形式而异。基本点火提前角是电子控制单元根据发动机的转速和负荷所确定的点火提前角，是发动机运转过程中最为主要的点火提前角。修正点火提前角包含的修正值有暖机修正、过热修正、空燃比反馈修正、怠速稳定性修正和爆震修正等。

③当发动机转速高时，适当地增大闭合角，以防止初级线圈中通过的电流下降，造成次级电压下降，点火困难；当蓄电池电压下降时，也适当地增大闭合角。反之，应适当地减小闭合角，以防止初级线圈发热和电能的无效消耗。

④若发动机产生爆震，电控单元根据爆震信号的强弱控制推迟角度的大小。爆震强度大，推迟的角度大；爆震强度弱，推迟的角度小。每一次的反馈控制调整都以固定的角度递减，直到爆震消失为止。当爆震消失后，电控单元又以固定的提前角度逐渐增大点火提前角。当再次出现爆震时，电控单元再次逐渐减小点火提前角。

⑤由计算机控制的电子点火系统根据高压电分配方式的不同可分为两大类：有分电器的点火控制系统和无分电器的点火控制系统。

【知识拓展】

现代点火系统的特点及检测方式

随着汽车电子化和集成化的发展，发动机电子控制已成为必然趋势，汽车发动机电控技术在给发动机带来了控制的精确性、系统的稳定性、燃油消耗的经济性和排放的环保性优点的同时，也给发动机故障诊断带来了复杂性，从而使汽车发动机故障检测诊断和维修逐渐成为人们生活中的难题和焦点，本文正是针对这一问题，分析和研究了汽油发动机电子控制系统的检测和诊断方法。

（1）发动机电控系统由电控单元、传感器和执行器 3 个部分组成。发动机电控系统的工作状况对发动机的运转性能有很大影响，不论是该系统的控制电脑、控制线路还是其他任何一个传感器、执行器出现故障，都会在一定程度上影响发动机的启动性、运转稳定性、动力性、排放性等，因此，当电控发动机出现故障或性能下降时，应检查该发动机的电控系统有无故障。

（2）发动机电控系统出现故障后，可使用人工方法（即看、问、听、试、嗅等）进行检测诊断。人工检测诊断方法的基础是必须掌握被诊断系统的结构和工作原理。掌握故障征兆模拟检测方法。对电控发动机，当发动机工作不正常，而自诊断系统又无故障码输出时，人工检测诊断尤为重要。

（3）发动机电控系统具有故障自诊断功能，能够记录故障代码，通过仪器读取故障代码，大多数情况下，能正确地判断故障可能发生的原因和部位，但有时也会因工况信号失误出现假故障代码，造成误导，因此故障代码只能作为检测诊断的一个参考。

（4）万用表检测方法即使用万用表测量微机线束或插头内各端子的工作电压或电阻。如果在检测中发现某一端子的实际工作电压或电阻与标准值不相符，即表明微机或控制线路有故障，与执行器连接的端子工作电压不正常，则表明微机有故障；与传感器连接的端子工作电压不正常，则表明传感器或线路故障。

（5）数据流检测，即检测发动机工作过程中，电控系统各种数据的变化情况，通过数据的变化频率或范围来判断故障，在实际中数据对比法和动态数据法最为重要。

（6）发动机电控系统中的传感器、执行器及电控单元通过 5 种信号（直流、交流、频率调制、脉冲调制、串行数据）进行工作，可用示波器观测这 5 种信号的幅值、频率、形状、脉宽、阵列等参数来判断电控系统的好坏。

本田 I-DSI（Intellective Double Spark Plug Ignition）点火系统，中文名为智能双火花塞顺序式点火系统，其结构特点是每个缸采用两个火花塞，它们分别位于进气门侧和排气门侧，两个火花塞呈对角布置，如图 2.46 所示。

图 2.46　智能双火花塞顺序式点火系统

（1）I-DSI 点火系统的特点

①双火花塞点火，将火花塞设在进气门和排气门的两侧，火花塞的布置合理（进气门侧混合气新鲜、排气门侧混合气温度高），能改善燃烧条件，从而提高可燃混合气的燃烧速度，实现全区域急速燃烧的可能性。

②双火花塞点火能缩短火焰传播的行程和时间，消除爆震的危害，延长了相关部件的使用寿命，进而可使压缩比增大到 10.4∶1，改善动力性，降低油耗。必须使用 95 号汽油，以防止爆震的发生。

③双火花塞点火有时间差，有多种点火组合，可适应多种工况的需要，实现分层燃烧，降低油耗，有利于排气净化。

④双火花塞点火，可提高点火系统的可靠性，不易出现"缺缸"的故障。

⑤双火花塞点火，可简化硬件结构，变四缸 16 气门为 8 气门，可取消复杂的本田车系可变气门正时与升程电控系统 VTEC 机构。

⑥双火花塞和双点火线圈的使用，同样转速下，在单位时间内，通过线圈的电流小，线圈不

易发热,可适当加大初级线圈的电流和导通率(闭合角),能在9 000 r/min的宽转速范围内提供足够的点火能量。

（2）I-DSI 双火花塞点火系统的原理

①I-DSI 为单缸双火花塞直接点火方式(相当于两套直接点火的组合),把点火器和点火线圈组合为一体,直接安装在前后火花塞上,无高压漏电损失,点火能量大,电磁波干扰小。

②计算机内部的大功率三极管用来控制其初级线圈的通断(每缸两根控制线,分别控制前、后火花塞),次级即产生30~40 kV的高压电。计算机和点火器相互配合,编程处理各种信号,完成判缸顺序点火的控制、点火反馈控制、点火提前角及闭合角修正控制和过载保护控制。

③自感电动势不仅在切断初级线圈时产生,初级线圈导通时也会产生自感电动势,此时次级线圈会产生1 000 V左右的反电动势。因此,在次级线圈与火花塞之间反向串联一个高压二极管VD,这样可以有效地防止由于初级线圈导通引起的次级线圈误点火。

④计算机根据发动机的各种工况和燃烧条件的变化,利用转速信号(SP)、节气门开度信号(VTA、IDL)、进气压力信号(MAP)、车速信号(VSS)综合判断最佳控制条件,自动调节前后两个火花塞的点火提前角的大小和时间差,实现动力性、经济性、净化性的最优控制。

⑤点火提前角总的修正原则如下:

a.怠速工况:对少而浓的可燃混合气进行点火修正,以平稳性和净化性为主。

b.中等负荷工况:对稀而多的可燃混合气进行点火修正,以经济性和净化性为主。

c.大负荷工况:对浓而多的可燃混合气进行点火修正,以最大转矩为主(动力性),同时防止爆震的发生。

I-DSI 双火花塞点火系统自动调节功能的具体实施:当发动机处于怠速工况时,前后火花塞同时点火,没有时间差,目的是加快燃烧速度,提高净化指标。当发动机处于低速小负荷工况时,前火花塞(靠近进气门)提前点火,后火花塞(靠近排气门)正时点火,目的是改善燃烧条件,降低油耗,提高净化指标。当发动机处于低速大负荷工况时,前火花塞提前点火,后火花塞推迟点火,目的是提高平均有效压力和转矩,减小爆震的产生。当发动机处于高速工况时,前后火花塞也同时点火,目的是加快燃烧速度,改善动力指标。

【思考与练习】

一、填空题

1.点火系统必须满足以下要求:_____、_____和_____。

2.电控点火系统基本组成有_____、_____和_____。

3.电控点火系统能够对点火全过程进行控制,包括_____、_____和_____。

4._____是爆震控制系统的主要元件,其功能是_____。

5.压电式爆震传感器利用_____原理检测发动机爆燃。

6.最佳点火提前角应使发动机汽缸内的最高压力出现在上止点后_____。

7.发动机启动时,按_____对点火提前角进行控制。

8.实际的点火提前角等于_____、_____和_____之和。

9.随着发动机转速的提高和电源电压下降,初级电流通电时间需_____。

10.电控点火系统根据高压电分配方式可分为_____和_____两种类型。

二、判断题

1.发动机启动时,按ECU内存储的初始点火提前角对点火提前角进行控制。　　（　　）

2.发动机工作时,随冷却液温度的提高,爆燃倾向逐渐增大。　　（　　）

3.增大点火提前角是消除爆燃最有效的措施。　　（　　）

4.冷却液温度过高后必须修正点火提前角。　　（　　）

5.对初级电流通电时间的修正与蓄电池的电压无关。　　（　　）

6.点火正时必须随发动机的转速和负荷变化而变化。　　（　　）

7.无分电器点火系统采用小型闭磁路的点火线圈是自感式线圈。　　（　　）

8.一般来说,缺少转速信号,电子点火关系将不能点火。　　（　　）

9.在无分电器点火系统(一个点火线圈驱动两个火花塞)中,如果其中一个汽缸的火花塞无间隙短路,那么相应的另一个汽缸的火花塞也将无法跳火。　　（　　）

10.初始点火提前角一般为10°~15°。　　（　　）

11.通电时间和闭合角是完全不同的两个概念,不可混为一谈。　　（　　）

12.汽油的辛烷值越高,抗爆性越好,点火提前角可适当减小。　　（　　）

13.ECU根据计算出的曲轴每转10°所用时间,确定G信号后点火线圈初级电路通电与断电时刻。　　（　　）

14.在电控点火系统中,Ne信号主要用来计量点火提前角的通电时间。　　（　　）

15.进气温度信号和发动机转速信号是ECU确定基本点火提前角的主要依据。　　（　　）

16.分电器单独点火系统每个汽缸的火花塞配用两个点火线圈。　　（　　）

17.最佳点火提前角可以大大提高发动机的动力性、燃油经济性和排放性。　　（　　）

18.在双缸同时点火系统中,其中一个为有效点火,另一个为无效点火。　　（　　）

19.有些爆震传感器可通过检测发动机的燃烧噪声来检测发动机是否有无爆震。　　（　　）

20.爆震传感器通常比较可靠,耐久性好,除非物理损坏,否则不会失效。　　（　　）

三、选择题

1.传统点火系统与电子点火系统的最大区别是(　　　)。

A.点火能量的提高　　　　　　　　　B.断电器触点被点火控制器取代

C.曲轴位置传感器的应用　　　　　　D.点火线圈的改进

2.电控点火系统由(　　　)直接驱动点火线圈进行点火。

A.ECU　　　　　B.点火控制器　　　　C.分电器　　　　D.转速信号

3.一般来说,缺少了(　　　)信号,电子点火系统将不能点火。

A.进气量　　　　B.水温　　　　　　C.转速　　　　　D.上止点

4.点火闭合角主要是通过(　　　)加以控制的。

A.通电电流　　　B.通电时间　　　　C.通电电压　　　D.通电速度

5.发动机工作时,随冷却液温度提高,爆燃倾向(　　　)。

A.不变　　　　　B.增大　　　　　　C.减小　　　　　D.与温度无关

6.下列信号不是怠速稳定修正控制信号的是(　　　)。

A.车速传感器信号　　　　　　　　　B.空调开关信号

C.冷却水温度信号　　　　　　　　　D.节气门位置传感器信号

7.ECU根据(　　　)信号对点火提前角实行反馈控制。

A.水温传感器　　　　B.曲轴位置传感器　　　C.爆燃传感器　　　　　D.车速传感器

8.Ne 信号指发动机(　　　)信号。

A.凸轮轴转角　　　　B.车速传感器　　　　　C.曲轴转角　　　　　　D.空调开关

9.启动时点火提前角是固定的,一般为(　　　)左右。

A.15°　　　　　　　　B.10°　　　　　　　　　C.30°　　　　　　　　　D.20°

10.点火线圈初级电路的接通时间取决于(　　　　)。

A.断电器触电的闭合角　　　　　　　　　　　B.发动机转速

C.A 和 B 都正确　　　　　　　　　　　　　　D.A 和 B 都不正确

四、简答题

1.电控点火系统由哪些部件组成?

2.影响发动机点火提前角的因素有哪些?

3.发动机电控单元是如何对爆震进行反馈控制的?

4.如何检查发动机点火正时是否正确?

5.如何使用示波器对曲轴位置传感器进行诊断?

6.如何使用示波器检查爆震传感器?

7.电控点火系统检修注意事项有哪些?

8.ECU 是如何对爆震进行反馈控制的?

9.启动后基本点火提前角是如何确定的?

10.试述有分电器电控点火系统的工作原理。

项目 **3**
电控燃油喷射系统的故障诊断与检修

【项目目标】

1.熟悉燃油供给系统的结构组成及主要部件的工作原理；

2.了解喷油正时的控制原理；

3.了解喷油量的控制原理；

4.了解燃油混合气浓度的概念及对发动机的影响；

5.能说出燃油供给系统的结构组成,并在电控实训台上结合实物叙述燃油供给系统的工作原理；

6.能说出燃油供给系统各部件的安装位置；

7.能拆装、更换燃油供给系统各组成部件；

8.能正确使用故障诊断仪、汽车专用示波器、万用表等对燃油供给系统进行检修。

【知识脉络图】

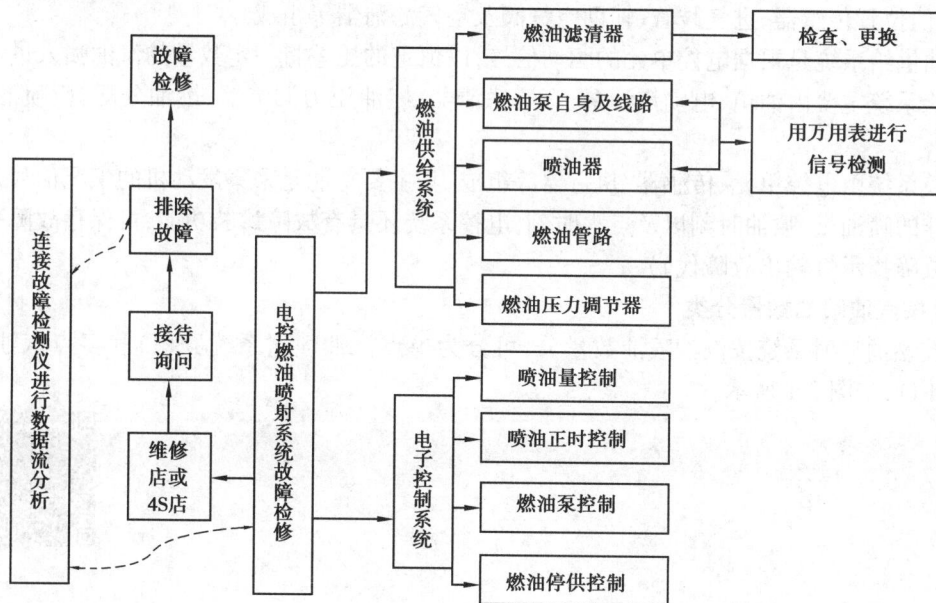

任务 3.1　电控燃油供给系统主要元件的拆检

【任务引入】

2016 年 3 月 6 日,车主王先生把一辆行驶里程约 15.1 万 km 的 2010 年广本雅阁 2.4 L 手动挡轿车开到 4S 店。车主反映,最近车子踩加速踏板时动力不足,感觉到油耗偏高,并且加速时有"突突"声。

维修技师通过解码器读取数据流显示 1 缸有失火现象,造成此现象可能是点火系或燃油喷射系统,初步诊断后排除了点火系故障,判断为电控燃油喷射系统故障。

为此,维修人员必须了解燃油喷射系统组成及各组成部分的工作原理;能够看懂燃油泵及喷油器控制电路,并会对其进行检修;能够对燃油喷射系统常出现的怠速抖动、加速不良、油耗偏高等故障现象进行检修。

【理论知识】

电控燃油喷射系统是以电控单元控制为中心,利用安装在发动机不同位置上的各种传感器,测出发动机在不同工况下的工作参数,按照汽车制造厂在电控单元储存器中设定的控制程序,通过控制喷油器,精确地控制喷油量,使发动机在各种工况下都能获得最佳浓度的混合气,使发动机获得良好的经济性和排放性,从而提高汽车的使用性能。

3.1.1　汽油电控燃油喷射系统的组成及类型

电控燃油喷射系统一般由空气供给系统、燃油供给系统和电子控制系统 3 个部分组成。

空气供给系统的功用是根据发动机的工况提供适量的空气,并根据电控单元的指令完成空气量的调节。空气供给系统主要由空气流量计或进气歧管绝对压力传感器、进气温度传感器、节气门位置传感器、进气歧管、辅助空气阀及空气滤清器等组成。

燃油供给系统是根据电控单元的驱动信号,以恒定的压差将一定数量的汽油喷入进气管。燃油供给系统主要由油箱、电动汽油泵、汽油滤清器、燃油压力调节器、燃油分配管、喷油器等组成。

电控系统由电控单元、传感器、执行器等组成,其主要功能是采集发动机的工况信号,计算确定最佳的喷油量、喷油时刻以及点火时刻,电控系统还具有故障诊断功能,可保存故障代码,并通过故障指示灯输出故障代码。

(1)按汽油喷油数量分类

电控燃油喷射系统按汽油喷油数量分,可分为单点汽油喷射系统(SPI)和多点汽油喷射系统(MPI),如图 3.1 所示。

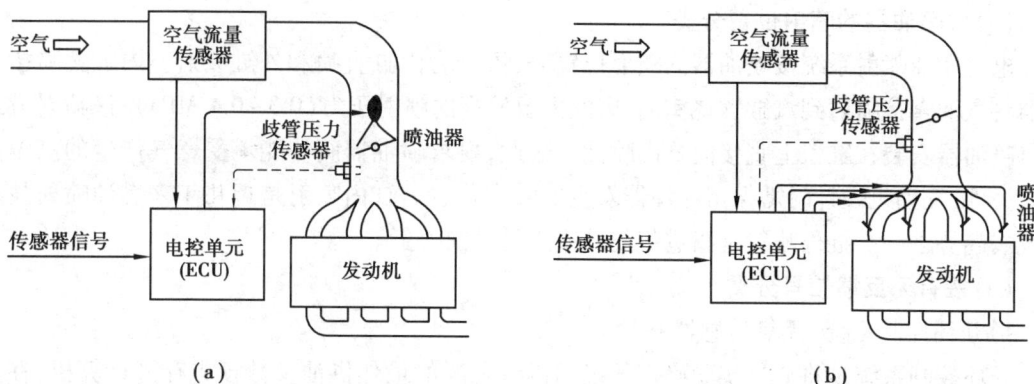

图 3.1　单点汽油喷射和多点汽油喷射示意图

1）单点汽油喷射系统

在节气门体上安装一个或两个喷油器，向进气管中喷油，汽油和空气在进气管中形成可燃混合气，在进气行程时混合气被吸入汽缸。该系统虽然能够提高空燃比的控制精度，但各缸混合气分配不均匀的问题仍然没有解决，因此已逐步被淘汰。

2）多点汽油喷射系统

在每一个汽缸的进气门附近装有一个喷油器，多点喷射系统（Multi Point Injection，MPI）是在每缸进气口处装有一个喷油器，由电控单元（ECU）控制进行分缸单独喷射或分组喷射，汽油直接喷射到各缸的进气门前方，再与空气一起进入汽缸形成混合气。多点喷射又称为多气门喷射（MPI）或顺序燃油喷射（SFI）或单独燃油喷射（IFI）。由于多点喷射系统是直接向进气门前方喷射，因此，多点喷射属于在气流的后段将燃油喷入气流，属于后段喷射。多点喷射是目前最普遍的喷射系统。

（2）按汽油喷射方式分类

电控燃油喷射系统按汽油喷射方式分，可分为连续喷射系统和间歇喷射系统。

1）连续喷射系统

在发动机运转期间连续不断地喷油，这种方式多用于机械控制式和机电结合式汽油喷射系统中。

2）间歇喷射系统

在发动机运转期间间断喷油，喷油量的多少取决于喷油器开启时间的长短。

（3）按喷射装置的控制方式分类

电控燃油喷射系统按喷射装置的控制方式分，可分为机械控制式（K型）和电子控制式（EFI）喷射系统。其中，电子控制式空气流量计和各种传感器，检测发动机的运行状态，控制单元对这些信号进行分析、计算、比较、判断后发出喷油脉冲和点火正时指令。

（4）按空气量的检测方式分类

电控燃油喷射系统按空气量的检测方式分，可分为两大类：进气管绝对压力传感器式和空气流量传感器式。空气流量传感器式又可分为体积流量型和质量流量型两类。体积流量型有叶片式和卡门旋涡式两种，质量流量型包括热线式和热膜式空气质量流量计。

（5）按喷油器的喷射位置分类

电控燃油喷射系统按喷油器的喷射位置分,可分为内缸直喷和外缸喷射。内缸直喷指喷油器将汽油直接喷射到汽缸燃烧室内,因此需要较高的喷射压力(0.3～0.4 MPa);该喷射方式是将喷油器安装在缸盖上直接向缸内喷油。因此,要求喷油器阀体能承受燃气产生的高温高压。另外,发动机设计时需保留喷油器发生的安全位置。缸内喷射是近几年来燃油喷射技术的发展趋势之一。缸外喷射是指进气支管或进气门前喷射。

（6）按有无反馈信号分类

1)开环控制系统(无氧传感器)

开环控制系统是将通过实验确定的发动机各工况的最佳供油参数预先存入计算机,在发动机工作时。计算机根据系统中各传感器的输入信号,判断自身所处的运行工况,并计算出最佳喷油量。通过对喷油器喷射时间的控制,来控制混合气的浓度,使发动机优化运行。

开环控制系统按预先设定在计算机中的控制规律工作,只受发动机运行工况参数变化的控制,简单易行,但其精度直接依赖所设定的基准数据和喷油器调整标定的精度。喷油器及发动机的产品性能存在差异,或由于磨损等引起性能参数变化时,就不能使混合气准确地保持在预定的浓度(空燃比)上。因此,开环控制系统对发动机及控制系统各组成部分的精度要求高,抗干扰能力差,当使用工况超出预定范围时,不能实现最佳控制。

2)闭环控制系统(有氧传感器)

在闭环控制系统中,发动机排气管上加装了氧传感器,根据排气中含氧量的变化,判断实际进入汽缸的混合气空燃比,再通过计算机与设定的目标空燃比值进行比较,并根据误差修正喷油器喷油量,使空燃比保持在设定的目标值附近。

闭环控制系统可达到较高的空燃比控制精度,并可消除产品差异和磨损等引起的性能 变化,工作稳定性好,抗干扰能力强,但是,为了使排气净化达到最佳效果,只能运行在理论空燃比 14.7∶1 附近。对启动、暖机、加速、急速、满负荷等特殊工况,仍须采用开环控制,使喷油器按预先设定的加浓混合气配比工作,以满足发动机特殊工况的工作要求。因此,目前普遍采用开环和闭环相结合的控制方案。缸内喷射示意图如图 3.2 所示。

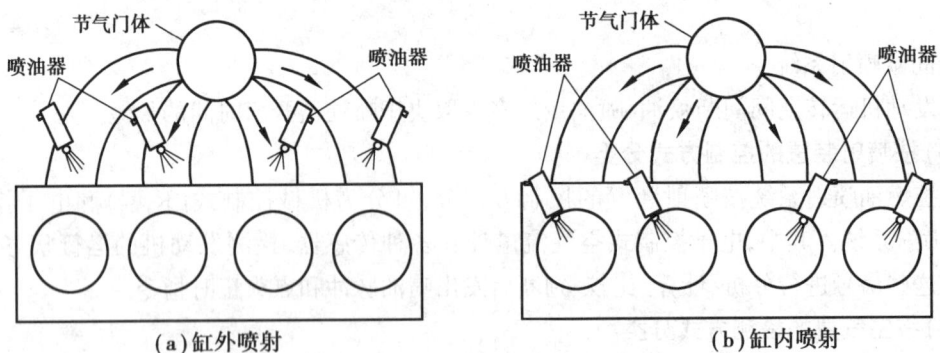

（a）缸外喷射 （b）缸内喷射

图 3.2　缸内喷射示意图

燃油喷射系统分类图,如图 3.3 所示。

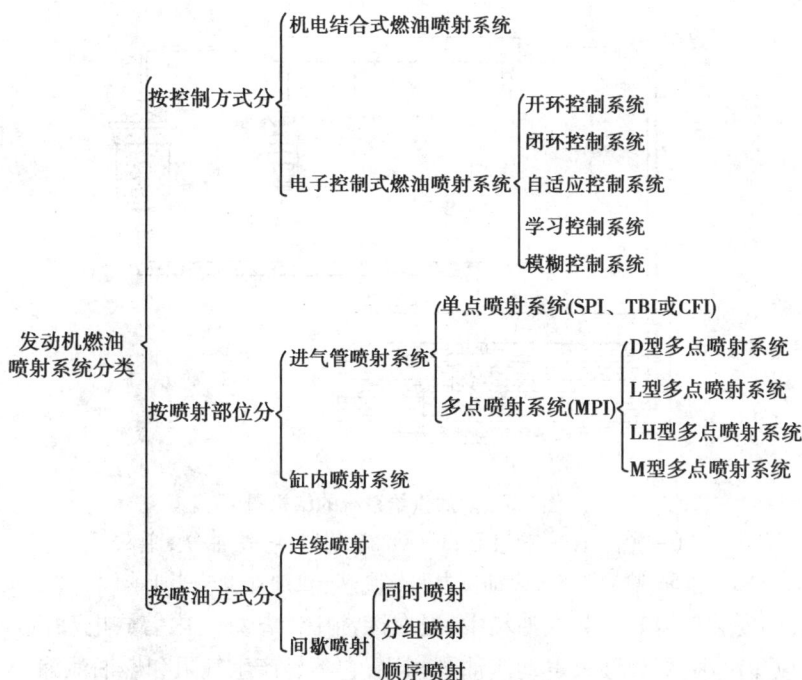

图 3.3　燃油喷射系统分类图

3.1.2　燃油供给系统的组成

燃油供给系统工作流程图,如图 3.4 所示。

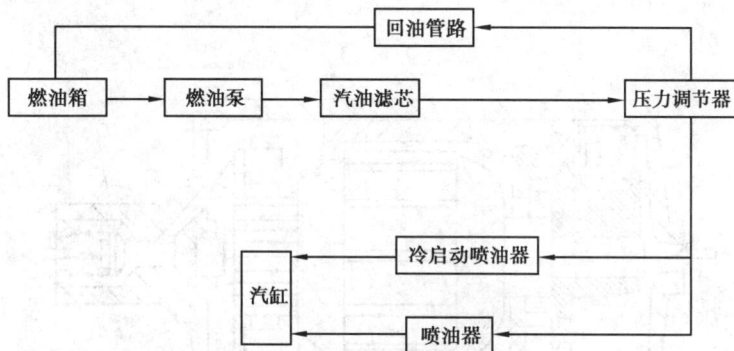

图 3.4　燃油供给系统工作流程图

如图 3.5 所示,燃油供给系统通常由电动汽油泵、汽油滤清器、压力调节器、脉动阻尼器、喷油器和冷启动喷油器组成。

(1)燃油泵结构及检修

①燃油泵的功用。将燃油从燃油箱中泵入燃油管路,并使燃油保持一定的压力,经过滤清器输送到高压油泵。

②燃油泵的结构组成。燃油泵由油泵、永磁电动机、安全阀、单向阀及外壳等组成。

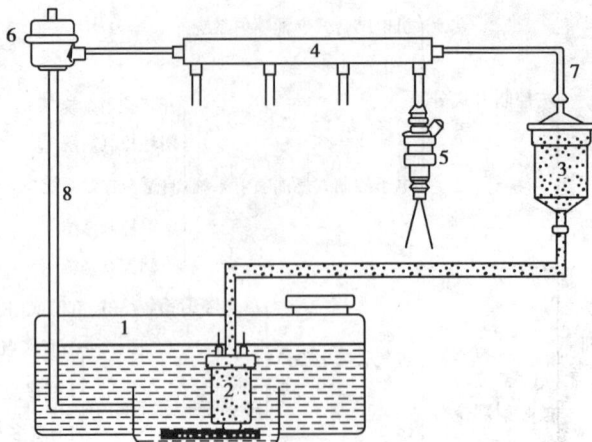

图 3.5 燃油供给系统的结构图

1—汽油箱;2—燃油泵;3—燃油滤清器;4—燃油分配管;

5—喷油器;6—燃油压力调节器;7—进油管;8—回油管

③燃油泵的安装位置。安装在油箱中,浸在燃油中冷却好。内装式电动汽油泵因其安装在油箱内,所以噪声小,同外装式电动汽油泵相比,它不易产生气阻和燃油泄漏。

④燃油泵的类型结构。燃油泵分滚柱式、齿轮式和涡轮式。

发动机的滤芯通常为圆筒状或扁平状,现代轿车为了节省空间往往采用扁平状空气滤芯。滤芯的形状和尺寸取决于空气滤清器的壳体,滤芯的尺寸必须与壳体尺寸匹配,否则灰尘就会被吸入汽缸。

涡轮电动燃油泵的结构如图 3.6 所示。

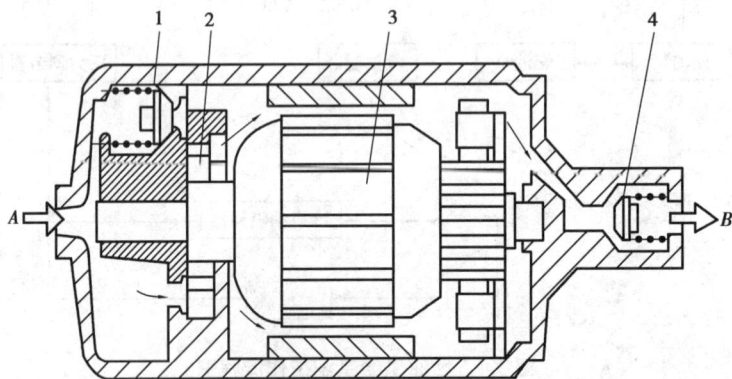

图 3.6 涡轮电动燃油泵的结构图

1—安全阀;2—滚柱泵;3—驱动电动机;4—单向阀;A—进油口;B—出油管

(2)燃油滤清器结构及检修

1)燃油滤清器的功用

燃油滤清器是把含在汽油中的氧化铁、粉尘等固体夹杂物质除去,防止燃油系统堵塞,减少机械磨损,确保发动机稳定运转,提高可靠性。燃油滤清器一般为纸质滤芯。

2)燃油滤清器的安装位置

燃油滤清器安装在汽车底部,一般在燃油箱附近,个别车辆安装在发动机引擎盖下方、发动机附近。

3)燃油滤清器的检修

燃油滤清器是滤去混入油中杂质的部件,一旦杂质完全堵塞了燃油滤清器,会造成燃油不能畅流贯通和供油不足,检修方法如下:

①拆下燃油滤清器,用嘴吹靠油箱侧的进油管接头口,确认其是否通气。

②有两种情况可证明燃油滤清器是否被堵塞:一是彻底堵塞不通气;二是用力吹才通气。现在汽车上装的燃油滤清器,大多是不可分解的,一旦堵塞最好整体更换。

③通常燃油滤清器的更换周期为一年半或 40 000 km,安装时应注意燃油流动方向,不能装反。

④燃油滤清器四周常有渗漏现象,所以紧固是十分重要的工作。

燃油滤清器的结构如图 3.7 所示。

(3)脉动阻尼器与分配管结构及检修

当汽油泵泵油、喷油器喷射及油压调节器的回油平面阀开闭时,都将引起燃油管路中油压的脉动和脉动噪声。燃油压力脉动太大使油压调节器的工作失常。油压脉动缓冲器的作用就是减少燃油管路中油压的脉动和脉动噪声,并能在发动机停机后保持油路中有一定的压力,以利于发动机重新启动。

燃油分配管也称为"共轨",其功用是将汽油均匀、等压地输送给各缸喷油器。由于它的容积较大,故有储油蓄压、减缓油压脉动的作用。脉动阻尼器结构如图 3.8 所示。

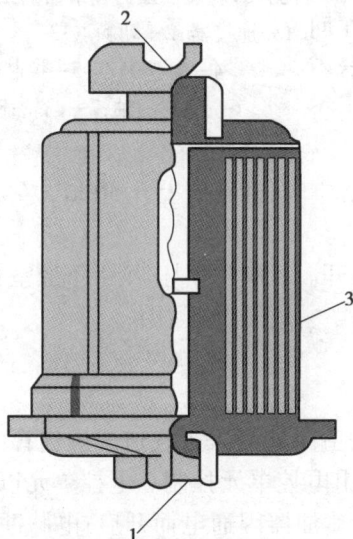

图 3.7　燃油滤清器结构图
1—入口;2—出口;3—滤芯

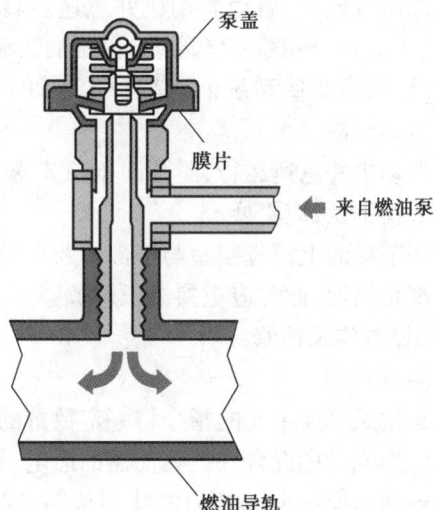

图 3.8　脉动阻尼器结构图

(4)燃油压力调节器结构及检修

燃油压力调节器的主要功能是保持燃油分配管内油压与进气歧管内气压的压差不变,差值根据发动机的类型而异,开关一般为 0.25~0.30 MPa。采用压力差恒定的控制方法,使 ECU 能够用单一控制参数——喷油器开启时间,对喷油量进行即简单而又精确地控制。因为在喷油器结构参数不变的情况下,喷油量不仅与喷油器保持最大开度的时间有关,而且还与燃油分配管的压力、进气歧管的压力有关。在喷油器全开时间和燃油分配管内油压不变的条件下,喷油量将随背压(即进气歧管内气压)的变化而变化,进气歧管压力高,喷油量减少,反之则增加。若喷油器全开时间和进气歧管的压力保持不变,则喷油量将随燃油分配管内的油压变化而变化,燃油分配管内油压升高,喷油量增加,反之则减少。实际发动机运转时,进气歧管的压力随发动机转速及负荷的变化而变化,燃油分配管内油压的波动与喷油器的开、关及电动汽油泵的输出特性等因素有关。

1)油压调节器的工作过程(图 3.9)

①进气管压力 $P_气$ 增大,回油口开度减小,回油减少,油压 $P_油$ 增大,$P_油 - P_气$ 恒定,$P_油 - P_气 = P_簧$。

②发动机停机时,油泵停转,回油口关闭,建立保持油压。

2)油压调节器的检修

油压调节器工作不良会引起系统油压过高、过低、不稳或残压降低。

①系统油压过高时,拆下油压调节器上的回油管,另外套上一回油软管,回油软管另一端置于容器内。启动发动机,如果系统油压仍过高,说明油压调节器不良,应更换。

②系统油压过低时,启动发动机并怠速运转,夹住回油管,如果油压上升至 400 kPa 以上,说明油压调节器不良,应更换。注意不要使系统油压高于 450 kPa 以上,否则会损坏油压调节器。

③启动发动机并怠速运行,脱开油压调节器上的真空管,油压应上升 50 kPa 左右。否则,说明油压调节器不良,应更换。

④油压调节器的上部真空室与下部油腔由膜片隔开。若膜片损坏,则上下腔室相通,检查节气门体内都是燃油,此时应更换油压调节器。

(5)喷油器结构及检修

1)喷油器的功用

喷油器是按照电控单元的指令将一定数量的汽油适时地喷入进气道或进气管内,并与其中的空气混合形成可燃混合气。喷油器的通电、断电由电控单元控制。电控单元以电脉冲的形式向喷油器输出控制电流。当电脉冲从零升起时,喷油器因通电而开启;电脉冲回落到零时,喷油器又因断电而关闭。电脉冲从升起到回落所持续的时间称为脉冲宽度。若电控单元输出的脉冲宽度短,则喷油持续时间短,喷油量少;若电控单元输出的脉冲宽度长,则喷油持续时间长,喷油量多。一般喷油器针阀升程约为 0.1 mm(图 3.10),而喷油持续时间为 2~10 ms(图 3.11)。

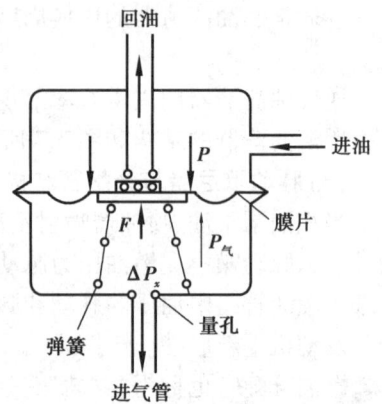

图 3.9 燃油压力调节器的工作原理图
1—连接器;2—动触点;3—全负荷触点;
4—怠速触点;5—控制臂;
6—节气门轴;7—凸轮;8—槽

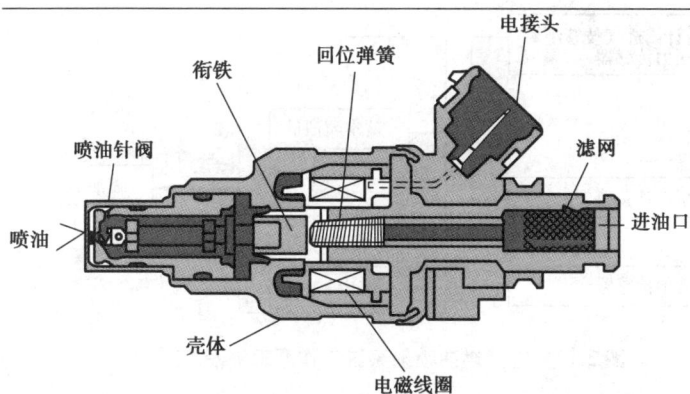

图 3.10　轴针式喷油器结构图

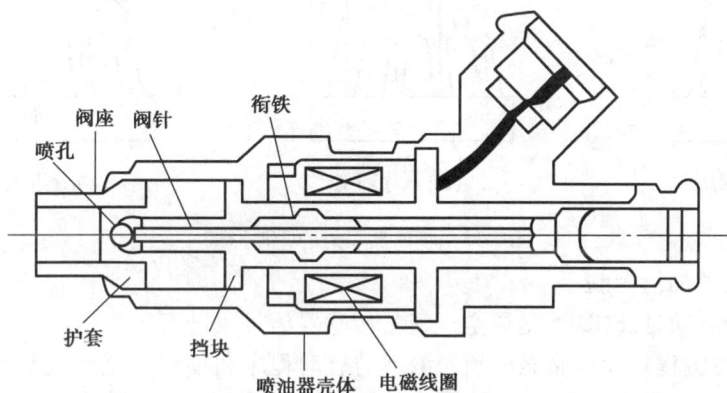

图 3.11　球阀式喷油器结构图

2)喷油器的检修

①简单检查方法:检查喷油器针阀开启时的振动和声响。

②喷油器电阻检查:低阻为 2~3 Ω,高阻为 13~16 Ω。

③喷油器滴漏检查:用专用设备检查,在 1 min 内喷油器应无滴油现象。

④喷油量检查:用专用设备检查,检查 15 s 内的喷油量应为 50~70 mL。

3.1.3　电控燃油喷射系统的功能

电控燃油喷射系统的工作原理框图,如图 3.12 所示。

(1)喷油正时控制

喷油正时是喷油器何时开始喷油,如图 3.13 所示。

(2)喷油量的控制

目的:发动机工况不同,对混合气浓度的要求也不相同。为使发动机在各种运行工况下,都能获得最佳的混合气浓度,以提高发动机的经济性和降低排放污染,需要对喷油量进行控制。

方式:当喷油器的结构和喷油压差一定时,喷油量的多少就取决于喷油时间。在汽油机电控燃油喷射系统中,喷油量的控制是通过对喷油器喷油时间(喷油触发脉冲宽度)的控制来实现的。

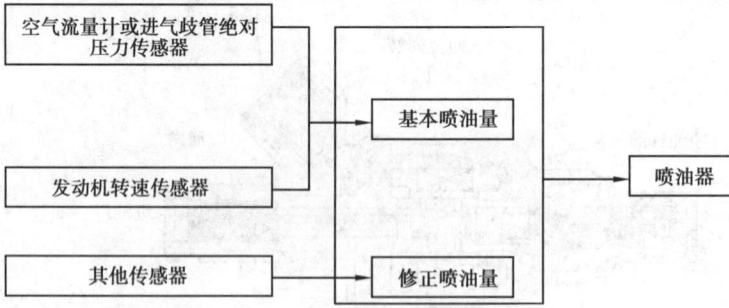

图 3.12　电控燃油喷射系统工作原理框图

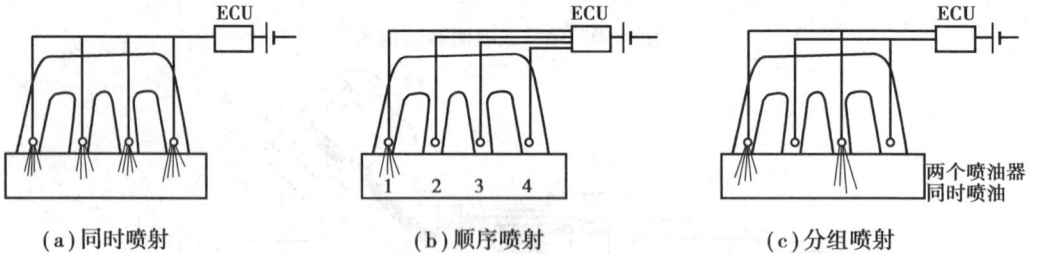

（a）同时喷射　　　　　　　　（b）顺序喷射　　　　　　　　（c）分组喷射

图 3.13　喷油器喷射的 3 种形式

1）启动时的喷油量控制

在发动机冷启动时，ECU 不是以空气流量传感器信号或进气压力信号作为计算喷油量的依据，而是按照可编程只读存储器中预先编制的启动程序和预定空燃比控制喷油。然后根据冷却液温度传感器信号确定基本喷油量。

原因：启动时，发动机转速很低且波动较大，导致反映进气量的空气流量信号或进气压力信号误差较大。

2）启动后的喷油量控制

$$总喷油量 = 基本喷油量 + 喷油修正量 + 喷油增量$$

基本喷油量由进气量传感器（空气流量传感器或歧管压力传感器）和曲轴位置传感器（发动机转速传感器）信号计算确定；

喷油修正量由与进气量有关的进气温度、大气压力、氧传感器等传感器信号和蓄电池电压信号计算确定；

喷油增量由反映发动机工况的点火开关信号、冷却液温度和节气门位置等传感器信号计算确定。

①基本喷油量的控制。基本喷油量是在标准大气状态（温度为 20 ℃，压力为 101 kPa）下，根据发动机每个工作循环的进气量、发动机转速 n 和设定的空燃比（即目标空燃比 A/F）确定。

②喷油修正量的控制。

a.进气温度的修正。

目的：进气温度变化→空气密度变化→进气量变化（体积相同时，温度升高，质量降低）。

对采用进气压力传感器和体积流量传感器的喷射系统,在传感器信号相同的情况下,进入发动机的空气质量将随空气温度升高而减小。为此,需要 ECU 根据进气温度和大气压力的信号,对喷油量进行修正,使发动机在各种运行条件下,都能获得最佳的喷油量。

修正方式:当进气温度高于 20 ℃时,ECU 将确定修正系数小于 1,适当减少喷油量(缩短喷油时间)进行修正;反之,当进气温度低于 20 ℃时,ECU 将确定修正系数大于 1,适当增加喷油量(延长喷油时间)进行修正。

b.大气压力的修正。

目的:大气压力变化→空气密度变化→进气量变化(体积相同时,压力降低,质量增加)。为此,ECU 将根据大气压力传感器输入的信号,对喷油量(喷油时间)进行适当修正。

修正方式:当大气压力低于 101 kPa 时,ECU 将减小修正系数,使喷油量减少(缩短喷油时间)进行修正,避免混合气过浓和油耗过高。反之,当大气压力高于 101 kPa 时,ECU 将适当增加喷油量(延长喷油时间)进行修正。

c.空燃比(A/F)的修正:不同工况时,发动机空燃比不同。发动机不同转速和负荷时的最佳空燃比预先通过台架试验测试求得并存储在只读存储器 ROM 中。

发动机工作时,ECU 根据曲轴位置传感器、空气流量传感器和节气门位置传感器等信号,从空燃比脉谱图中查询出最佳的空燃比修正系数对空燃比进行修正。

d.空燃比反馈控制修正。

目的:试验证明,当混合气的空燃比控制在理论空燃比 14.7∶1 附近时,三元(HC、CO、NO_x)催化转换器转换效率最高。

如果仅仅利用空气流量传感器和发动机转速传感器计算求得充气量,那么很难将空燃比控制在理论空燃比 14.7∶1 附近。

修正方式:许多电控发动机都配装了三元催化转换器和氧传感器,借助于安装在排气管上的氧传感器反馈的空燃比信号,对喷油脉冲宽度进行反馈优化控制,将空燃比精确地控制在理论空燃比 14.7∶1 附近,再利用三元催化转换器将排气中的 3 种主要有害成分 HC、CO 和 NO_x 转化为无害成分。

在下列情况中,ECU 对空燃比不进行反馈控制:发动机启动工况;发动机启动后暖机工况;发动机大负荷工况;加速工况;减速工况;氧传感器温度低于正常工作温度;氧传感器输入 ECU 的信号电压持续 10 s 以上时间保持不变。

e.电源电压的修正。

目的:喷油器的电磁线圈为感性负载,其电流按指数规律变化,因此,当喷油脉冲到来时,喷油器阀门开启和关闭都将滞后一定时间。

蓄电池电压的高低对喷油器开启滞后时间影响较大,电压越低,开启滞后时间越长,在控制脉冲占空比相同的情况下,实际喷油量就会减少,为此必须进行修正。

修正方式:修正喷油量时,ECU 以 13.8 V 电压为基准。

当蓄电池输入 ECU 的电压低于 13.8 V 时,ECU 将增大喷油脉冲的占空比,即增大修正系数,使喷油器的喷油时间增长;反之,当蓄电池电压升高时,ECU 将减小占空比,即减小修正系数,使喷油时间缩短。

3）喷油增量的控制

①启动后喷油增量的修正。

目的：发动机冷车启动后，由于低温混合气雾化不良，燃油会在进气管上沉积而导致混合气变稀，发动机运转不稳甚至熄火。

修正方式：为此在启动后的短时间内，必须增加喷油量，使混合气加浓，保证发动机稳定运转而不致熄火。喷油增量比例的大小取决于启动时发动机的温度，并随启动后时间的增长而逐渐减小至1。

②冷却液温度的修正。冷却液温度的修正是指暖机过程中冷却液温度的修正。

目的：在冷车启动结束后的暖机过程中，发动机温度较低，燃油雾化较差，部分燃油凝结在进气管和汽缸壁上，会使混合气变稀，燃烧不稳定。因此，在暖机过程中，必须增加喷油量，其燃油增量的比例取决冷却水温度传感器。

修正方式：ECU 根据水温传感器信号，通过加大喷油脉冲宽度（占空比）进行暖车加浓。随着发动机冷却水温的升高，喷油脉冲的占空比将逐渐减小，直到发动机冷却水温超过 60 ℃后才停止加浓，喷油增量比例逐渐减小至1。

③加速时喷油增量的修正。

目的：当汽车加速时，为了保证发动机能输出足够的扭矩，改善加速性能，必须增大喷油量。

修正方式：在发动机运转过程中，ECU 将根据节气门位置传感器信号和进气量传感器信号的变化速率，判定发动机是否处于加速工况。

汽车加速时，节气门突然开大，节气门位置传感器信号的变化速率增大，与此同时，空气流量突然增大，歧管压力突然增大，进气量传感器信号突然升高，ECU 接收到这些信号后，立即发出增大喷油量的控制指令，使混合气加浓。

燃油增量比例大小与加浓时间取决加速时发动机冷却液的温度。冷却液温度越低，燃油增量比例越大，加浓持续时间越长。

（3）燃油停供控制

1）减速断油控制

目的：当汽车在高速行驶中突然松开加速踏板减速时，发动机将在汽车惯性力的作用下高速旋转。

由于节气门已经关闭，进入汽缸的空气很少，如不停止喷油，混合气将会很浓而导致燃烧不完全，排气中的有害气体成分将急剧增加。

减速断油条件：节气门位置传感器的怠速触点闭合；冷却液温度已经达到正常温度；发动机转速高于某一转速。该转速称为燃油停供转速，其值由 ECU 根据发动机温度、负荷等参数确定。

当 3 个条件全部满足时，ECU 立即发出停止喷油指令，控制喷油器停止喷油。

当喷油停止、发动机转速降低到燃油复供转速或怠速触点断开时，ECU 即发出指令，控制喷油器恢复供油。

燃油停供转速和复供转速与冷却液温度和发电机负荷有关。冷却液温度越低、发动机负荷越大（如空调接通），燃油停供转速和复供转速就越高。

2)限速断油控制

目的:当发动机转速超过允许的极限转速时,ECU 就控制喷油器中断燃油喷射,防止发动机超速运转而损坏机件。

修正方式:在发动机运行过程中,ECU 随时都将曲轴位置传感器测得的发动机实际转速与存储器中存储的极限转速进行比较。

当实际转速达到或超过极限转速 80~100 r/min 时,ECU 就发出停止喷油指令,控制喷油器停止喷油,限制发动机转速进一步升高。喷油器停止喷油后,发动机转速将降低。当发动机转速下降至低于极限转速 80~100 r/min 时,ECU 将控制喷油器恢复喷油。

(4)燃油泵控制

当打开点火开关后,ECU 将使燃油泵工作 2~3 s,用于建立必需的油压。若此时发动机不启动,ECU 将会切断电动燃油泵控制电路,使燃油泵停止工作。在发动机启动和运转过程中,ECU 控制燃油泵保持正常运转。

1)油泵开关控制电路

控制电路:安装叶片式空气流量传感器的喷射系统中,常采用此控制电路。油泵开关设在空气流量传感器内。

工作原理:

①点火开关 ST、L_2 通电,开路继电器 ON,油泵 ON。

②启动后,点火开关 IG、油泵开关 ON、L_1 通电,开路继电器 ON,油泵 ON。

③发动机停转,油泵开关 OFF、L_1 断电,开路继电器 OFF,油泵 OFF,如图 3.14 所示。

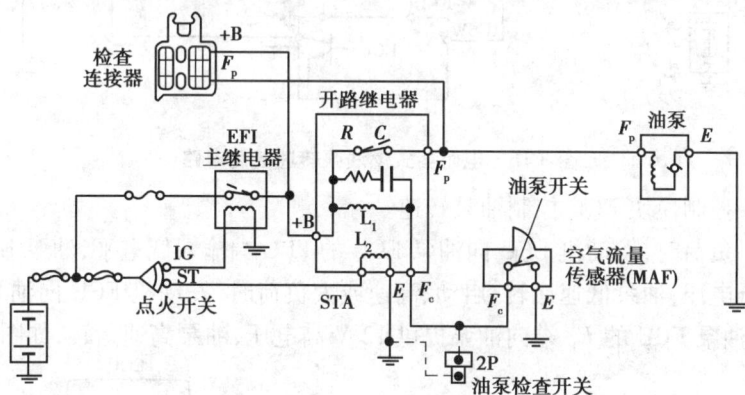

图 3.14　L 型 EFI 系统燃油泵控制电路

2)ECU 控制油泵电路

控制电路工作原理:

①点火开关 ST、L_2 通电,开路继电器 ON,油泵 ON。

②启动后,点火开关 IG、ECM 中的 VT 导通,L_1 通电,开路继电器 ON,油泵 ON。

③发动机停转,VT 截止,L_1 断电,开路继电器 OFF,油泵 OFF,如图 3.15 所示。

3)燃油泵转速的控制

①利用串联电阻控制油泵转速。

发动机低速或中小负荷时,ECU 控制油泵控制继电器 B 接通和 A 断开,电阻器串入,油泵

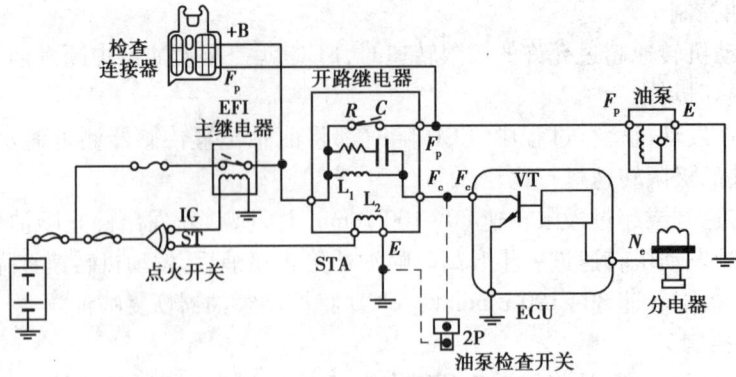

图 3.15 D 型 EFI 系统燃油泵控制电路

低速运转;发动机高速或大负荷时,ECU 控制油泵控制继电器 B 断开和 A 接通,电阻器被旁路,油泵高速运转,如图 3.16 所示。

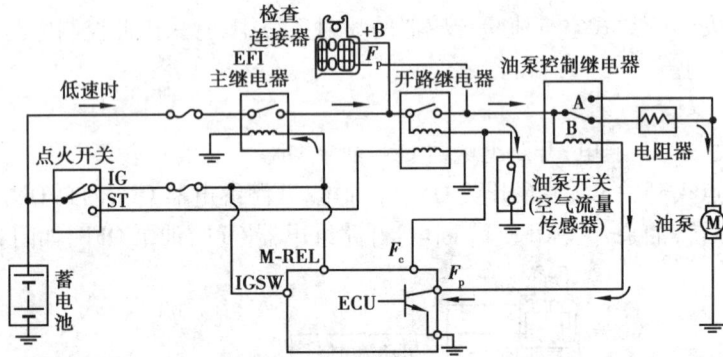

图 3.16 电阻器式燃油泵转速控制电路

②利用油泵控制模块 ECU 控制油泵转速。

低速或中小负荷时,发动机 ECU 向油泵 ECU 的 FPC 端输入低电平,油泵 ECU 的 F_P 端向油泵提供 9 V 低电压,油泵低速运转;启动、高速或大负荷时,发动机 ECU 向油泵 ECU 的 FPC 端输入高电平,油泵 ECU 的 F_P 端向油泵提供 12 V 高电压,油泵高速运转,如图 3.17 所示。

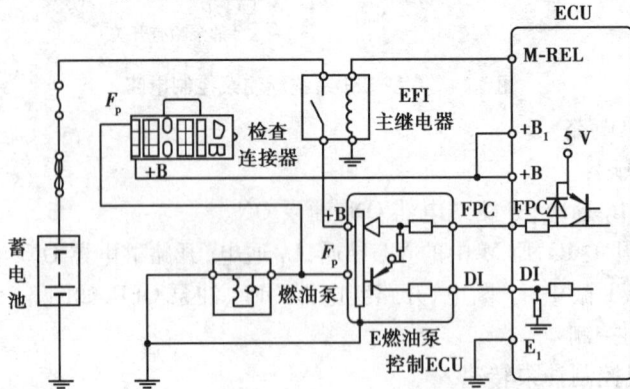

图 3.17 燃油泵控制模块转速控制电路

【任务实施】

（一）实施要求

1.会对燃油供给系统的主要部件进行检修,如燃油滤清器的维护与保养燃油泵的检修,燃油压力调节器的检修,喷油器的检修。

2.会更换燃油泵并进行分解检修。

3.会清洗喷油器并对其电路进行检修。

4.轿车台架6台,每台6~8人,若干万用表、示波器、故障诊断仪（KT600）、教材、仪器说明书、汽车维修手册及多媒体课件。

（二）实施步骤

1.在实训台架上找出燃油供给系统的各组成部件,结合实物了解并掌握各组成部件的故障原理。

2.在实训台架上对燃油滤清器进行检查维护及更换。

3.看懂燃油泵控制电路图,用万用表检测燃油泵本身电阻并测量燃油泵控制电路参数并记录,判定出故障部位。

4.在实训台架上了解并掌握燃油压力调节器的结构及原理。

5.在实训台架上了解并掌握脉动阻尼器的结构。

6.对喷油器进行积炭的清洗。

【项目小结】

（1）燃油供给系统分L型供给系统和D型供给系统两种。L型与D型的区别在于:L型用空气流量计检测进入汽缸空气流量,而D型是用进气压力传感器间接测量进入汽缸的空气流量。

（2）空气供给系统主要由空气滤清器、空气流量计、进气压力传感器、节气门位置传感器、进气温度传感器等组成。需要定期对空气供给系统进行查漏维护和定期对空气滤清器进行检查、清洁与更换。

（3）电动燃油泵把汽油从油箱中泵出,经过燃油滤清器滤去杂质,再通过燃油总管分配各个喷油器。燃油压力脉动阻尼器可以减小燃油管路中油压的波动（由于燃油泵输出压力周期性变化、喷油器喷油时引起油压变化）燃油压力调节器保证喷油器两端压差恒定,使喷油量只受喷油时间长短的影响,提高喷油量控制精度。

【知识拓展】

混合气的基本知识

可燃混合气是指汽油与空气按照一定比例的混合物。通常有以下两种表示方法:

1.过量空气系数 α

燃烧 1 kg 燃料实际供给的空气质量与理论上完全燃烧所需的空气质量之比。

$\alpha=1$　标准混合气

$\alpha>1$　实际空气>理论空气　稀混合气

$\alpha<1$　实际空气<理论空气　浓混合气

2.空燃比(A/F)

空燃比是指空气质量与燃油质量之比。

理论上,1 kg 汽油完全燃烧需要 14.7 kg 的空气。

故空燃比 $A/F = 14.7$ 称为标准混合气;$A/F > 14.7$ 称为稀混合气;$A/F < 14.7$ 称为浓混合气。

可燃混合气浓度对汽油机性能影响表,见表3.1。

表 3.1 可燃混合气浓度对汽油机性能影响表

混合气种类	空气过量系数 α	空燃比 A/F	发动机功率	耗油率	性　能
火焰传播上限	0.4				混合气不燃烧,发动机不工作
过浓混合气	0.43~0.87	6.3~12.8	减小	激增	燃烧室积炭、排气管冒黑烟、放炮
功率混合气	0.88	12.9	最大	增大 10%~15%	输出最大功率
标准混合气	1.0	14.8	减小 2%	增大 4%	
经济混合气	1.11	16.3	减小 8%	最小	
过稀混合气	1.13~1.33	16.6~19.6	显著减小	显著增大	回火、发动机过热、加速性变坏
火焰传播下限	1.4				混合气不燃烧,发动机不工作
下限				工作	

任务 3.2　电控喷油器波形测试与分析

【任务引入】

一辆行驶里程约 30 000 km,装配 CLP1.4L 发动机,搭载 09G6 挡手自一体变速器的 2011 年上海大众 POLO 轿车。车主反映:该车发动机故障灯报警。

检查分析:接车后,维修技师先对故障进行验证。启动发动机,发现组合仪表上的发动机故障灯亮起,故障与用户描述一致。经过与车主沟通得知,该车前不久出过事故,在其他修理厂维修过。

连接燃油压力表检查燃油压力为 400 kPa,燃油压力正常。经检查得知,影响发动机喷油的相关数据及燃油压力均正常,发动机控制单元自身不存在故障,但可以确定喷油量多、混合气浓。发动机控制单元通过减小喷油脉宽,以 2 ms 的脉宽喷油,喷油量还是多。如果喷油器存在故障也会造成喷油过多。拆下燃油分配管发现生产日期是 2014 年,而该车的生产日期是 2011 年。将该喷油器与相同发动机的喷油器对比,发现喷油器配件号不一致,经查询得知,该喷油器是安装在 1.6 L 发动机上的,故障车是 1.4 L 的发动机。将正常车的喷油器安装在故障车上,这时启动发动机,发现前氧传感器的电压在 0.5 V 左右变化,短期燃油修正为 1.0%,喷油脉宽为 3 ms,均恢复正常。

【理论知识】

3.2.1 电控喷油器波形分析

喷油驱动器分类有饱和开关型、峰值保持型、博世(BOSCH)峰值保持型(脉宽调制型)、PNP 型 4 种类型。

(1)饱和开关型(电压驱动型,图 3.18)

1)测试条件

①接好示波器;

②温机达工作温度;

③使系统进入闭环控制状态;

④关掉空调和所有附属电器设备;

⑤挡杆置于 P 挡或 N 挡;

⑥缓慢加速、观察喷油时间增加情况。

2)分析方法

①从进气管加入丙烷,使混合气加浓,喷油时间应缩短,证明氧传感器正常。

②让真空泄漏,使混合气变稀,喷油时间应延长,证明氧传感器正常;若混合气变浓或变稀,喷油时间都没有改变,证明传感器有故障。

③通常喷油时间怠速时为 1~6 ms。冷启动或 TPS 全开时为 6~35 ms。

④峰值电压。匝数较少的线圈产生峰值电压较低,正常范围为 30~100 V,由此被消弧电流限制为 30~60 V。

(2)峰值保持型(电流控制型,图 3.19)

峰值保持型主要用于单点 TBI 系统中,有少数多点喷射使用,例如,通用 2.3LQVAD-4 发动机系列和五十铃 1.6 L。

①当 ECU 控制三极管导通时,保持波形轨迹在 0 V,直到检测到通过电流达到 4 A 时,ECU 将电流切换到 1 A(只限流电阻开关)。在切换瞬间产生第一个峰值,在关闭喷油器时产生第二个峰值。

②可通过改变混合气浓度变化方法,来检查喷油时间的变化。

③加速时,将看到第二个峰尖向右移动,第一个峰尖保持不动,如果混合气很浓,能看到两个峰尖顶部靠得很近。

④如果在两个尖峰之间有很多杂小组,表示驱动器有故障。

(3)博世(BOSCH)峰值保持型(脉宽调制型,图 3.20)

博世(BOSCH)峰值保持型不同于其他峰值保持型,其他类型是靠一个电阻来降低电流,而博世(BOSCH)峰值保持型是脉冲开关电路。

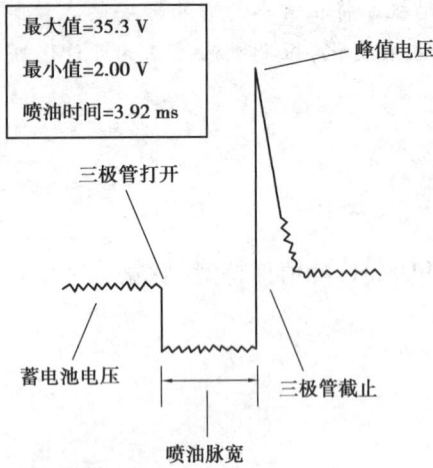

最大值=35.3 V

最小值=2.00 V

喷油时间=3.92 ms

峰值电压

三极管打开

蓄电池电压

三极管截止

喷油脉宽

图 3.18　饱和开关型(电压驱动型)波形图

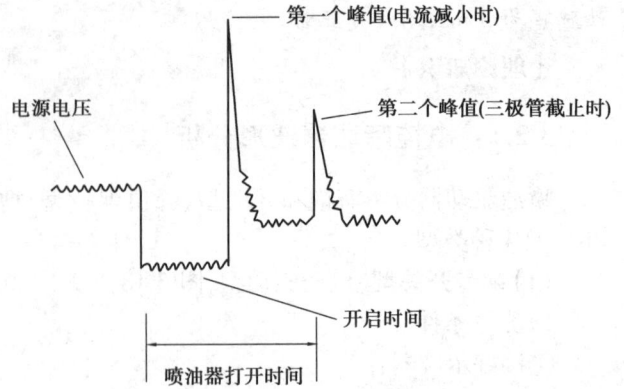

第一个峰值(电流减小时)

电源电压

第二个峰值(三极管截止时)

开启时间

喷油器打开时间

图 3.19　峰值保持型(电流控制型)波形图

(4)PNP 型(图 3.21)

PNP 型用于 JEEP4、OL 发动机系列,1988 年以前的克莱斯勒发动机系列,还有第一批博世喷射轿车,如富豪 264 和奔驰 V8。

PNP 型是由在 PCM 中的开关三极管的形式而得名。

1)PNP 控制波形分析,显示一条 0 V 直线

①测试设备和喷油器连接是否良好;

②供电电源,控制电路是否良好;

③控制线是否搭铁。

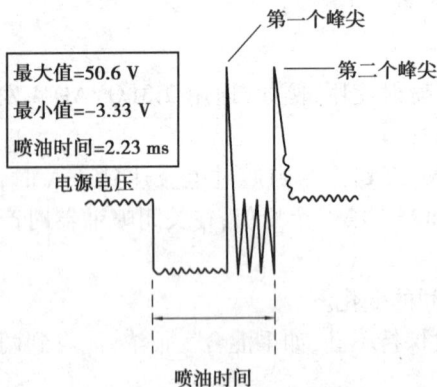

第一个峰尖

第二个峰尖

最大值=50.6 V

最小值=-3.33 V

喷油时间=2.23 ms

电源电压

喷油时间

图 3.20　博世(BOSCH)峰值保持型
(脉宽调制型)波形图

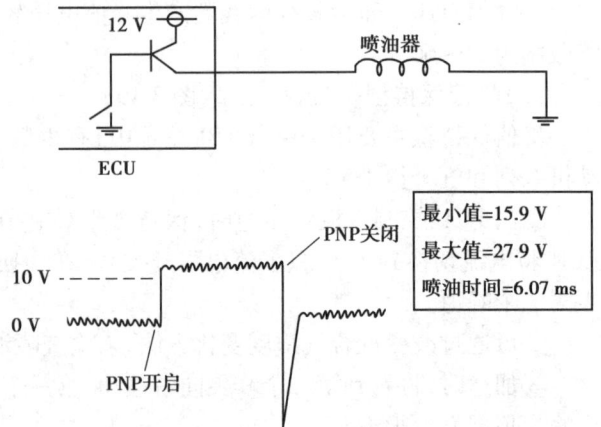

12 V

喷油器

ECU

最小值=15.9 V

最大值=27.9 V

喷油时间=6.07 ms

PNP关闭

10 V

0 V

PNP开启

图 3.21　PNP 型波形图

2)显示一条 12 V 直线

①ECU 内部、外部接地不良;

②ECU 没有收到 CMP 或 CKP 信号;

③ECU 电源故障;

④ECU 内喷驱动器损坏。

(5)喷油时间过长

喷油时间过长,造成淹缸,原因为 ECU 故障或主控信号故障。

(6)尖峰过低

尖峰过低为喷油器线圈短路。

3.2.2　电控喷油器波形测试

(1)测试一

测试前应检查怠速、点火正时和怠速 CO 的含量(%)。

①尝试启动发动机。发动机能启动,转到第②步,若不能启动,则转到第⑥步。

②将点火开关置于 OFF 挡。拆除发动机盖。

③逐个断开喷油器插接器。

④检测怠速变化。如果每个汽缸的怠速下降幅度大致相同,则燃油喷油器正常。如果断开某个喷油器后,怠速或燃油品质保持不变,更换该喷油器,并重新测试。

⑤发动机怠速运转时,用听诊器检查每个喷油器有无咔哒声。如果任何喷油器均未能发出典型的咔哒声,则更换该喷油器,然后再次检查。检查如果仍未有咔哒声,检查下列事项:

a.主继电器和接头插接器之间的导线是否断线或连接不良。

b.接头插接器是否断路或腐蚀。

c.接头插接器与喷油器之间的导线是否断线或连接不良。

d.喷油器与 ECU 之间的导线是否出现短路、断路或连接不良。如果全部都正常,则测试已完成。

⑥将点火开关置于 OFF 挡。

⑦拆除发动机盖。

⑧拆除喷油器插接器。

⑨如图 3.22 所示,测量喷油器 A 的 1 号与 2 号端子之间的电阻值是否为 10~13 Ω。如果测量的电阻值是 10~13 Ω,转到第 10 步;如果测量的电阻值不是 10~13 Ω,更换喷油器。

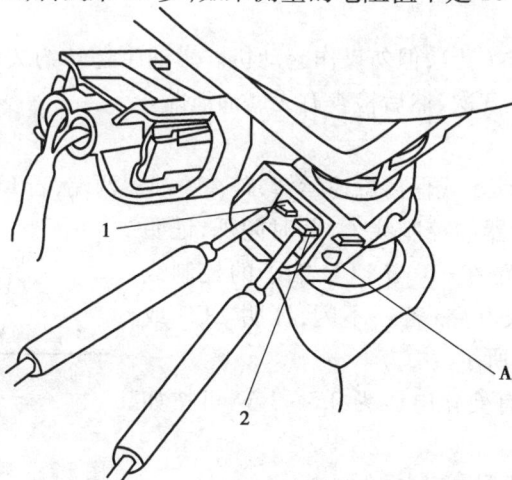

图 3.22　测量喷油器 A 的 1 号与 2 号端子之间的电阻值(A 为喷油器)

⑩检查燃油压力。如果燃油压力符合技术要求,检查下列事项:

a.主继电器和接头插接器之间的导线是否断线或连接不良。

b.接头插接器是否断路或腐蚀。

c.接头插接器与喷油器之间的导线是否断线或连接不良。

d.喷油器与 ECU 的导线是否短路、断线或连接不良。如果燃油压力不符合技术要求,则重新检查燃油压力。

喷油器的更换如下:

①释放燃油压力。

②拆除空气滤清器。

③拆除进气歧管。

④从喷油器上断开插接器,然后,从分油器上拆除线束。

⑤断开快速接头。

⑥拆除分油器支架。

⑦从分油器上拆除分油器安装螺栓。

⑧从喷油器上拆除喷油器夹。

⑨从分油器上拆下喷油器。

⑩给新的"O"形密封圈涂上洁净的发动机机油,并将喷油器插入喷油器中。

⑪安装喷油器夹。

⑫给新的"O"形密封圈涂上洁净的发动机机油。

⑬为防止对"O"形密封圈的损坏,先将喷油器安装到分油器上;再将它们安装在喷油器座上。

⑭安装分油器螺母及分油器支架。

⑮连接快速接头。

⑯将插接器连接到喷油器上,然后安装线束夹。

⑰安装进气歧管。

⑱安装空气滤清器。

⑲将点火开关置于 ON(Ⅱ),但勿操作起动机。燃油泵运转约 2 s 后,燃油管道中的燃油压力升高。重复该过程 2~3 次,然后检查有无燃油泄漏。

(2)测试二

①用 LED 灯跨接,启动车或保持怠速运转,跨在喷油器两端,若 LED 灯闪,证明喷油故障,若不闪,再跨在+B 与喷油器的控制线上,此时闪烁,证明电源故障。若还不闪,再跨在 +B 与 ECU 端子的控制线上,若此时闪,证明控制线开路;若还不闪,证明 ECU 或 ECU 接地不良,如图 3.23 所示。

②用电压表测量,应有变化电压为 0.5~3 V,可按如图 3.24 所示步骤测试。

③用示波器,参考波形分析。

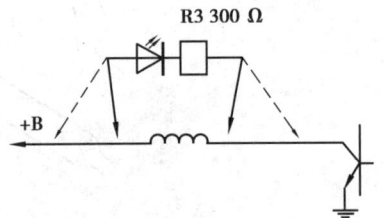

图 3.23 喷油器连接 LEO 灯示意图

74

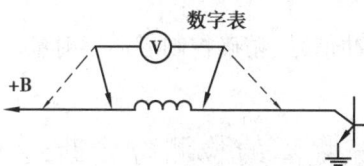

图 3.24　喷油器连接万用表示意图　　　　图 3.25　喷油脉宽示意图

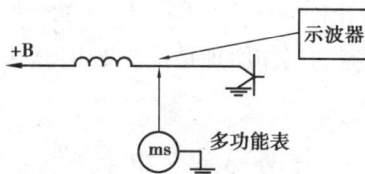

④用多功能表测喷油脉宽。正常怠速应为 2~6 ms。若为 0 ms,证明无喷油信号,如图 3.25 所示。

⑤喷油器质量的检查,包括喷油量、雾化和泄漏的检查。此项检查可在专用的喷油器实验台上进行,以四缸发动机为例,喷油量的误差不应太大,喷油器喷油状况如图 3.26 所示,如不符合喷油状况的要求应更换喷油器。用喷油器清洗机检查是否泄漏,在 1 min 之内无滴油现象为最佳。

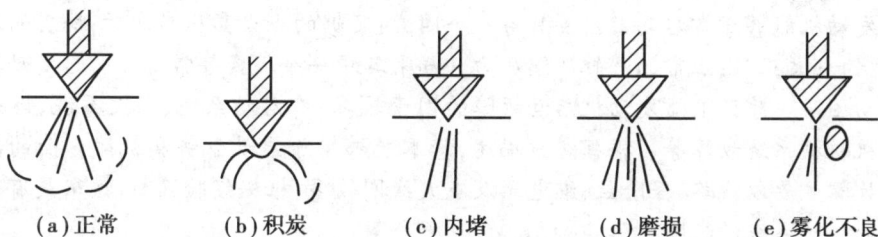

(a)正常　　　(b)积炭　　　(c)内堵　　　(d)磨损　　　(e)雾化不良

图 3.26　喷油器喷油状况

当积炭内堵或雾化不良,造成怠速抖动、加速不良。当磨损后造成喷油量大、油耗大、冒黑烟、加速不良。出现这种现象时可通过清洗来排除这些故障。

喷油器的清洗方法有以下 3 种:

①人工清洗;

②免拆清洗;

③超声波清洗机清洗。

【任务实施】

(一)实施要求

1.每组准备一台完好的发动机电控台架。

2.每组准备好工具箱及对应的维修手册。

(二)实施步骤

1.启动发动机,在 2 500 r/min 的转速下保持 2~3 min,观察喷油器驱动器的波形。

2.在进气管中加入丙烷,使混合器变浓,观察喷油器喷油时间会变短。

3.造成真空泄漏,使混合器变稀,观察喷油器喷油时间会变长。

4.喷油时间由短变长在 0.25~0.5 ms 的范围内变化(氧传感器反馈喷油量控制)。

5.通常在怠速时,喷油时间为 2~6 ms,冷启动或节气门全开时为 5~35 ms。

【项目小结】

1.喷油器是一种加工精度非常高的精密器件,要求其动态流量范围大,抗堵塞和抗污染能力强以及雾化性能好。

2.喷油器的工作原理是接受 ECU 送来的喷油脉冲信号,精确控制燃油喷射量。

任务3.3 电控燃油喷射系统故障的检测与诊断

【任务引入】

一位客户在清晨打电话请求救援,称自己的车突然出现打不着火的故障,而在昨天晚上停车时一切正常,电瓶没有亏电,发动机也能够正常工作,查询客户资料后得知,该车是一辆2010 款长安悦翔,该发动机排量为 1.5 L。如果你是一名维修技师负责前去救援,你要做哪些准备?

故障原因分析:

汽车发动机能够正常启动必须要具备 4 个因素:足够的点火高压与能量;恰当的混合气空燃比;正常的点火正时;正常的汽缸压缩压力。如果其中一个因素异常都会引起发动机不能启动或者启动困难。导致电喷发动机启动故障的因素较多,有启动系统、点火系统、燃油喷射系统和发动机机械系统故障等。根据客户描述,基本能够排除启动系统和机械方面的故障。点火系统的故障主要以线路、保险丝、继电器及点火线圈较多,根据经验判断,该车最有可能发生的还是燃油供给系统的故障。

【理论知识】

3.3.1 电控燃油喷射系统检修的注意事项

(1)安全措施

为避免伤害人员和损坏燃油喷射及点火系统,维修时要注意以下安全问题:

①在运行的发动机和启动过程中,不要触摸和断开点火导线。

②必须在开关关闭时才能连接或断开燃油喷射系统、点火系统的线路以及测试线束。

③发动机已启动或正被启动,如果检查压缩压力,应将功率终端的插头拔下。

④在试车时所使用的检查和测量仪器固定牢固,并将线束整理好,以防止震动导致仪器跌落损坏,或者线束搅入发动机的旋转机构造成人员伤害和仪器损坏。

(2)检修注意事项

汽车发动机电子控制系统装配有电控单元、各种传感器和执行器,是一个比较复杂的微机控制系统,在对系统进行检查和故障诊断时,需掌握一定的方法和步骤。另外,系统对高电压、高温度、高湿度以及强电磁干扰都很敏感,因此,在维修中必须注意以下事项:

①不论发动机是否运转,在点火开关接通的情况下,不可随意断开任何一个带有电磁线圈装置的电路,如电磁喷油器、怠速控制阀、点火装置、空调电磁离合器以及连接这些器件的蓄电池电缆线。因为任何一个电磁线圈在断电瞬间,由于自感作用,将会对线路产生瞬时高压,有可能超过 7 000 V,这会对汽车计算机以及传感器造成严重损害。

②对计算机及与其连接的传感器、执行器进行故障诊断时,操作人员必须预先消除身上的静电,因为有时人体的静电放电可产生数千伏的高压,造成计算机和其他部件中集成电路和电

子元件严重损坏。操作人员可预先使自己搭铁(接触车身),或接触自来水管等有良好接地效果的结构,消除身体上所带的静电。在进行车身电弧焊和烤漆时应断开ECU电源和控制加热温度。

③在拆卸电控汽油喷油系统各电线插头时,首先应关掉点火开关,然后拆下蓄电池的负极搭铁线,断开蓄电池。如果只检查电控系统,则关闭点火开关即可,不必断开蓄电池,否则存储在电控单元内部的所有故障码和ECU学习数据都将消失,为发动机的故障排除带来困难和新的故障。

④ECU电源电路被切断后,在重新接通电源后必须进行初始化和路试,让ECU重新学习新的数据。

⑤除了在测试过程中特殊说明外,不能使用普通指针万用表和灯泡测试灯测试汽车ECU和传感器的输入、输出信号,必须使用高阻抗的万用表(或汽车专用万用表)和LED测试灯进行测试;禁止使用试火法检查晶体管电路的通断情况,以防晶体管损坏。

⑥不可用快速充电机进行辅助启动,以防充电机的脉冲高压损坏电子元件。在没有连接和拧紧蓄电池电缆接头时,绝对不要启动发动机;不可在发动机运转时拆下蓄电池电缆;安装蓄电池时,务必辨清其正负极,不能接错。

⑦跨接启动其他车辆或用其他车辆跨接启动本车时,必须先断开点火开关,才能拆装跨接蓄电池电缆线。

⑧喷油器上的"O"形密封圈是一次性零件,不能重复使用,在检修喷油器后要更换新的密封件,以保证其良好的密封性。

⑨汽车电喷发动机的电动燃油泵的出油压力比一般燃油系统的电动燃油泵出油压力高得多,损坏后必须使用其专用的电动燃油泵,不能用普通燃油泵替换。

⑩汽车电喷发动机要求汽油的清洁度更高,使用中应定期更换燃油滤清器,并尽量使用无铅汽油。另外,进行检查作业的场地要远离易燃物,作业中不得抽烟,以防发生意外事故。

3.3.2　燃油喷射系统常用的检测方法

电控燃油喷射系统故障诊断可分为初步诊断和深入诊断。初步诊断是根据故障的现象,判断故障产生原因的大致范围。深入诊断是根据初步诊断的结果对故障原因进行分析、查找,直到找出产生故障的具体部位。电控燃油喷射系统故障诊断的基本方法有直观诊断法、利用自诊断系统诊断法、仪器诊断法和部件替换法等。

(1)直观诊断法

直观诊断法也称人工诊断或经验诊断,是在对发动机故障进行诊断的过程中,通过人的感觉器官对发动机故障现象经过看、听、触、嗅、等过程,并结合问、试、比,了解和掌握故障现象的特点,对故障现象进行深入分析与准确判断,找出故障部位的诊断方法。

在条件允许时,尽量对送修的车辆进行发动或行驶等实际操作,仔细观察汽车工作状况,特别注意观察与故障相关系统的工作状态,或用绝缘物轻轻拨弄线束、接插件及组件,使故障现象充分暴露,通过看、听、触、嗅,有时也会发现故障的部位,收到意想不到的效果,并对故障性质和故障部位有比较清晰的认识。

①看:一是看车辆的身份(品牌、生产时间、电控燃油喷射系统类型);二是看故障现象、排气烟色、滴漏现象及线束连接。

②听：听发动机运转过程中的声音，如排气声、打滑声、金属撞击声等，判断故障部位。

③触：用手触摸各接头处、插接口、电器插头、固定螺栓等有无松脱现象，各总成部件的温度有无异常升高等。

④嗅：闻尾气排气气味、传动件打滑的焦糊味等，确定故障原因。

⑤问：为了迅速查找出故障发生点，首先要询问用户，了解故障出现时的情况、自然条件，了解故障的发生过程以及检修历史等。与诊断测试结果一起作为查找故障点的依据，同时也可作为检修后验收、结账的参考依据。

⑥试：通过对发动机及总成进行不同工况的模拟试验，再现并确认故障现象，以进一步判断故障部位及原因。

⑦比：根据经验将故障车的种种表现与完好车进行对比，或用同一型号的正常汽车与故障车进行比较，或用正常总成或零部件替换怀疑有故障的总成或零部件，比较更换前后的差异，以此判断故障所在。用直观诊断法可以大致判断故障原因和故障部位，但是与诊断者的经验、能力和对诊断车辆的熟悉程度有很大的关系，因此诊断结果差别较大。

（2）利用自诊断系统诊断法

现代汽车电子控制系统中都设有故障自诊断功能，在电控系统工作时，故障诊断系统不断对电控系统中各种传感器的输入、输出信号以及执行器的反馈信号进行监控，如果发现某一信号超出规定范围或者无信号输出或者持续保持在某一数值较长时间无变化，即认为此传感器或执行器出现故障，在 ECU 中存储相应的代码，同时点亮仪表盘上的故障指示灯，提醒驾驶员车辆出现故障。

此方法是利用故障自诊断系统调取发动机电控系统的有关故障码，然后根据故障码表的故障提示，查找出故障部位，这是一种简单、快捷的故障诊断方法。

汽车电控系统的自诊断系统只能提供与电控系统有关的线路短路、断路或电气装置损坏所导致的无输出信号等故障，不能检测出控制系统中所有类型的故障，特别是执行器和传感器的信号参数允许范围内的偏移量，因此，该方法只能作为维修方向的引导，如需准确判断故障部位，还需借助其他检测方法和手段进行深入的诊断。

（3）仪器诊断法

仪器诊断法是利用专用的检测仪器和设备对发动机进行故障诊断的方法，如汽车万用表、发动机综合分析仪、汽车故障诊断仪、汽车示波器等。利用这类设备可将发动机 ECU 在工作中的各输入、输出信号的数值以数据表的方式显示出来。维修人员可通过定量、定性分析各个信号数值在不同工况下的变化情况，可以比较准确地判断出有无故障及故障部位。

利用专用诊断设备进行故障诊断，要求维修人员不但要熟悉仪器的使用，还要对各种发动机控制系统的信号数值、各种工况下的标准值及各种信号的标准波形十分熟悉，这样才能充分发挥仪器的作用。

（4）部件替换法

部件替换法是将怀疑有故障的部件用正常的部件进行替换，以判断故障原因。如果替换后故障消失，则说明判断正确；反之，如果故障现象没有改善，则说明判断错误，如果替换后故障现象有所好转但未完全消失，则说明除此故障外，还存在其他故障点。这种方法简单易行、效率高，经常在缺少维修车型技术参数的情况下使用。但此方法需要维修配件比较充足，会使维修投入增加。

1）燃油供给系统燃油压力的卸除

汽油喷射发动机为便于再次启动,在发动机熄火后,燃油系统内仍保持有较高的残余压力。在拆卸油系统内任何元件时,都必须先释放燃油系统压力,以免系统内压力油喷出,造成人身伤害或火灾。燃油系统压力卸除的方法如下:

①松开油箱上的加油盖,释放油箱中的蒸汽压力。

②启动发动机,维持怠速运转,在运转中拔去燃油泵继电器或熔断丝,也可拔下燃油泵导线插头,直至发动机自行熄火。

③再次启动发动机 3～5 次,利用启动喷射卸除油管中残余压力。

④关闭点火开关,装上油泵继电器或熔断丝或电动油泵导线插头。

2）燃油供给系统压力的预置

在拆开燃油系统进行维修之后,为避免首次启动发动机时,因系统内无压力而导致启动时间过长,应预置燃油系统残余压力。在清除该故障之前,必须首先检查燃油系统所有元件和油管接头是否安装良好。具体实施方法有以下几种:

①大部分燃油系统压力预置可通过反复打开和关闭点火开关数次来完成。

②有些带有燃油泵测试端子的车系可按下述方法进行:

a.用专用导线将诊断座上的燃油泵测试端子跨接到 12 V 电源上,如日本丰田车系直接将诊断座上的电源端子"+B"与燃油泵测试端子"F_p"跨接。

b.将点火开关转至"ON"位置,使电动燃油泵工作约 10 s。

c.关闭点火开关,拆下诊断座上的专用导线。

③对带有 OBD-Ⅱ 诊断系统的车系可以利用诊断仪的元件测试功能,既可判断汽油泵是否能够正常工作,也可预置油压,只不过此时燃油泵是间歇工作的。

3）燃油箱密封性的检修

燃油箱是由镀铅锡合金钢板或高密度模制聚乙烯制成的。当燃油箱有泄漏哪怕是渗漏也非常危险,当怀疑燃油箱有泄漏时必须仔细检查。在检查燃油箱是否泄漏前,必须在工作区准备好干粉灭火器。检查方法如下:

①释放燃油系统的压力。

②拆卸燃油箱。

③放出燃油箱中的燃油。

④堵住燃油箱上所有出口。

⑤在燃油箱通风口安装一个短的油管。

⑥通过通风管给燃油箱加入压缩空气,使压力达到 7～10 kPa,夹紧通风管。

⑦用肥皂水或浸入法检查怀疑泄漏的部位,若观察到泄漏,应更换燃油箱。

3.3.3　燃油供给系统检修的注意事项

①燃油供给系统中存有高压汽油,因此,任何涉及燃油管路拆卸的工作都应首先卸压并准备好消防设备,作业区应通风良好,断绝火源,作业时要仔细小心,避免泄漏的汽油引发火灾。

②在拆卸油管时,油管内还会有少量燃油泄出,因此在断开油管前,用抹布将拆卸处罩住以吸附泄漏的燃油,将吸附燃油的抹布收集到准许的容器中。

③燃油管多用钢、橡胶或尼龙制造,不得渗漏、裂纹、扭结、变形、刮伤、软化或老化,否则应

予以更换。

④所有密封元件、油管卡箍均为一次性零件,维修时应予以更换。

⑤油管接头不得松动,否则应立即予以紧固;钢制油管端部的喇叭口应密封良好、无渗漏,否则应重新制作。有些轿车采用特制的油管快速接头,拆装时应使用专用工具。

⑥用手拧上接头螺栓,再用工具拧紧到规定力矩。喇叭口的连接也一样。

⑦安装喷油器时可先用汽油润滑其密封元件,以利于顺利安装,不可使用机油、齿轮油或制动油。喷油器安装后应在其位置上转动,否则说明密封圈扭曲,应重新装配。

⑧不能通过燃油箱加油管放出油箱中的燃油,会损坏燃油箱加油管定位部件。其正确的方法是先释放系统油压,卸下油箱,然后用手动泵油装置从燃油箱上的维修孔抽出燃油。不得将燃油放入开口容器中,否则会导致失火或爆炸。

⑨燃油系统维修后不能立即启动发动机运行,应仔细检查有无漏油处。有的车接通点火开关,不启动发动机,运行油泵工作 1~2 s 立即停止工作,可接通点火开关 2 s,再关闭点火开关 10 s,这样反复几次看有无漏油,还可夹住回油管,使系统油压上升,在这种状态下检查和观察燃油系统是否有部位漏油;有的车启动时油泵才工作,可先启动,再检查启动时有无部位漏油。不论用哪种方法都要确认无漏油部位后才能正式启动发动机运行,发动机启动后使发动机怠速运转,再仔细检查有无部位漏油,此后才能关上发动机罩正常运行。

3.3.4 故障诊断与排除实例

故障现象:一辆 2003 款 HFC6470A 瑞风商务车,因发动机热车易熄火来报修。此车装配韩国现代 G4JS 2.4 L 双顶置凸轮 16 气门电控汽油发动机和手动变速器,已行驶 142 000 km。

故障诊断:据驾驶员陈述,该车自去年夏天就出现过热车易熄火现象,原地停车长时间打空调后发动机会熄火,熄火后稍等片刻,发动机能正常启动且行驶无异常。

该车最近故障现象比较频繁,即使不开空调也会出现自动熄火现象,每次自动熄火后要等几分钟才能正常启动,继续行驶。故障现象很有规律,一般情况下,发动机大约运行 1 h 故障便会出现,故障出现时如果强行启动发动机,发动机能够启动,但工作不稳、加不起油,起步会熄火。为此曾在其他汽修厂更换过火花塞、点火线圈、凸轮轴位置传感器及曲轴位置传感器,但故障依旧。

用诊断仪对发动机系统读取故障码,无故障码。读取发动机系统数据流,各项数据均在正常值范围内。根据驾驶员所反映的故障现象,结合维修经验以及该款发动机热车易熄火的常见因素分析,造成该款发动机热车易熄火的可能因素有发动机曲轴位置传感器、凸轮轴位置传感器老化、曲轴位置传感器信号盘变形(曲轴正时链轮信号盘)、发动机控制继电器触点烧蚀、发动机舱保险盒内保险丝底座端子松动接触不良、燃油泵控制线路不良(位于前鼓风机旁的MC07 连接器 5 脚,以及驾驶员座椅地板胶下的 MF01 连接器的 3 脚)、燃油泵故障等。

试车,大约行驶 40 min,发动机便出现加速不良现象,随后发动机熄火。此时拔下进油管,启动发动机,进油管无燃油流出,但拔下 1 缸高压线做跳火检查,发动机启动时有高压火输出,初步判定故障为燃油供给系统。

为了验证是燃油泵故障,还是燃油泵控制线路及其发动机控制继电器故障,用随身携带的一旧燃油泵插头(4P)与燃油泵车身线束插座相连,然后用一试灯分别与燃油泵旧插头蓝色线(燃油泵电源线)及黑/白线(燃油泵搭铁线)并联,一边启动发动机,一边查看试灯是否点亮。

经检查,在发动机启动时,试灯能够点亮,说明燃油泵控制线路及其发动机控制继电器供电正常。于是更换一新的燃油泵,对该车进行反复路试,故障彻底消失。

【任务实施】

（一）实施要求

1.每组准备一台完好的发动机电控台架。

2.每组准备好工具箱、解码器及对应的维修手册。

（二）实施步骤

1.故障诊断仪的连接。

2.查询故障代码和清除故障代码。

3.读取故障码。

4.排除故障并清除故障码。

【项目小结】

电控汽油喷射系统尽管品种繁多,但它们都具有相同的控制原则,即以电控单元(ECU)为控制核心,以空气流量和发动机转速为控制基础,以喷油器、怠速空气调整器等为控制对象,保证获得与发动机各种工况相匹配的最佳混合气成分和点火时刻。

相同的控制原则决定了各类电控汽油喷射系统具有相同的组成和类似的结构。电控汽油喷射系统大致可分为进气系统、燃油系统和电子控制系统 3 个部分。

（1）电控燃油喷射系统 EFI 故障诊断程序主要包括如下步骤:倾听用户意见、进行外观检查、进行基本检查、查阅故障征兆表并按其顺序检查、疑难故障诊断与故障征兆模拟试验以及进行对比试验等。

（2）当经过外观检查和基本检查未发现问题,而故障又确实存在,或当发动机出现故障而其自诊断系统显示正常代码或不显示故障码时,就应查阅该车型维修手册的故障征兆表,只要按照故障征兆表给定的故障诊断次序到指定的部位去检查,总能查出故障并将其排除。所以故障征兆表是十分实用和有效的。

（3）常见故障诊断主要包括发动机不能启动或启动困难、怠速不稳或过高、发动机动力不足或加速性能不良以及发动机工作不稳定等。

（4）发动机不能启动或启动困难的主要故障原因有启动系统有故障、点火系统有故障、燃油喷射系统有故障、进气系统有故障以及电控单元有故障等。

（5）造成发动机转速不稳定的主要原因有进气系统有漏气处、空气过滤器过脏、空气流量传感器工作不正常、燃油喷射系统的供油压力不稳定、电控单元出现故障等。点火正时不正确以及电控单元出现故障等。

（6）发动机加速不良的主要故障原因有进气系统有漏气现象、燃油供油压力过低、点火电压过低、点火时间过晚、汽缸压力过低或气门间隙过小、节气门位置传感器工作不正常以及电控单元有故障等。

（7）发动机供油系统其他故障有油泵不转动、油泵压力过低、喷油器不能喷油、油泵转动但不能泵油、油压调节器故障以及节气门控制组件故障等。

【知识拓展】

燃油缸内直喷技术

汽油直接喷射（Gasoline Direct Injection，GDI）：电子控制单元根据传感器测得的参数计算所需供给的油量，并及时向喷油嘴发出喷油指令，使燃油直接喷入汽缸，而不是像传统发动机那样喷入进气歧管进行预先混合，这是燃油缸内直喷技术最大的特点。

直喷式发动机的原理：直喷式发动机（缸内喷注式汽油发动机）与一般汽油发动机的主要区别在于汽油喷射的位置；GDI 装置引进了柴油机直接将柴油喷入缸内的理念——直接在缸内喷射汽油，利用缸内气体流动与空气混合组织形成分层燃烧。汽油直喷入缸内有利于汽油的雾化，使汽油和空气更好地混合，燃烧更为完全。另外，进气管道中没有狭窄的喉管，空气流动的阻力小，充气性能好，因此输出的功率也较大。喷油嘴喷油后大部分油雾都集中在活塞的凹坑中，靠进气系统形成涡流带动油雾在缸内形成混合气，与周围的稀区形成分层气体，虽然混合比达到 40：1，但高压旋转喷射器喷射出雾状汽油，在压缩冲程后期的点火前夕，被气体的纵涡流融合成球状雾化体，形成一种以火花塞为中心，由浓到稀的层状混合气状态，聚集在火花塞周围的混合气较浓厚，容易点火燃烧。

【思考与练习】

一、填空题

1."KE"型汽油喷射系统与"K"型相比，增加了一个由电脑控制的_____。

2.电控燃油喷射系统简称为_____。

3.电控燃油喷射系统按喷射方式不同可分为_____和_____两种方式。

4.在目前广泛采用间歇喷射方式的多点电控燃油喷射系统中，按各缸喷油器的喷射顺序又可分为_____、_____、_____。

5.电控燃油喷射系统按进气量的计算方式不同可分为_____和_____型两种。

6.单点电控燃油喷射系统又称_____，是在每个汽缸_____开始的时候喷油，采用的是_____方式。

7.电控燃油喷射系统按有无反馈信号可分为_____系统和_____系统。

8.一般在_____、_____、_____、_____满负荷等特殊工况需采用开环控制。

9.电控燃油喷射系统的功能是对_____、_____、_____及燃油泵进行控制。

10.燃油停供控制主要包括_____和_____。

二、判断题

1.机械式汽油喷射系统采用的是间断喷射方式。　　　　　　　　　　　　　（　　）

2.EFI 系统能实现混合气浓度的高精度控制。　　　　　　　　　　　　　（　　）

3.在电喷发动机的任何工况下均采用的是闭环控制。　　　　　　　　　　（　　）

4.喷射喷油正时的控制是以发动机最先进入做功形成的缸为基准。　　　　（　　）

5.当发动机熄火后，燃油泵会立即停止工作。　　　　　　　　　　　　　（　　）

6."D"型进气系统结构简单，应用比较广泛。　　　　　　　　　　　　　（　　）

7.当节气门内腔有积垢后,可用砂纸将其清除。 ( )

8.内置式电动燃油泵多采用滚柱式,外置式电动燃油泵则多采用涡轮式。 ( )

9.在"D"型电控燃油系统中,进气管绝对压力传感器应用最多的是表面弹性波式。

( )

10.日本丰田 LS400 轿车的曲轴位置传感器安装在分电器内。 ( )

三、选择题

1.闭环控制系统将输出信号通过反馈环节在( )信号进行比较,从而修正输出信号的控制系统称为闭环控制。

A.输入与输入 B.输入与输出 C.输出与输出

2.将电动汽油泵置于汽油箱内部的目的是( )。

A.便于控制 B.降低噪声 C.防止气阻

3.检测电控汽车电子元件要使用数字式万用表,这是因为数字式万用表( )。

A.具有高阻抗 B.具有低阻抗 C.测量精确

4.属于质量流量型的空气流量计是( )。

A.叶片式空气流量计

B.热膜式空气流量计

C.卡门旋涡式空气流量计

5.当结构确定后,电磁喷油器的喷油量主要决定于( )。

A.喷油脉宽 B.点火提前角 C.工作温度

6.发动机水温高于( )℃,冷启动喷油器不工作。

A.20～30 B.30～40 C.40～50 D.20～40

7.通常采用顺序喷射方式的是( )。

A.机械式汽油喷射系统 B.电控汽油喷射系统

C.节气门体汽油喷射系统 D.以上都正确

E.以上都不正确

8.启动发动机前如果点火开关位于"ON"位置,电动汽油泵( )。

A.持续运转 B.不运转 C.运转 10 s 后停止 D.运转 2 s 后停止

9.发动机关闭后( )使汽油喷射管路中保持残余压力。

A.电动汽油泵的过载阀 B.汽油滤清器

C.汽油喷射器 D.回油管

E.以上都正确 F.以上都不正确

10.当进气歧管内真空度降低时,真空式汽油压力调节器将汽油压力( )。

A.提高 B.降低 C.保持不变 D.以上都不正确

四、简答题

1.简述燃油压力调节器的作用。

2.简述燃油压力调节器的工作原理。

3.如何控制喷油正时?

4.试述电控燃油喷射系统的优点。

5.控制系统的作用是什么?它由哪几个部分组成?

6.在供油系统中,为什么设有压力调节器? 它是怎样工作的?

7.试述喷油器的工作原理。

8.电喷系统中常见的喷射方式有哪些?

9.电控汽油喷射系统为什么要测量发动机工作时每缸的进气量?

项目 **4**
进气控制系统的故障诊断与检修

【项目目标】

1.熟悉空气供给系统的结构组成及主要部件的工作原理；

2.熟悉节气门体的结构及工作原理；

3.熟悉进气管的结构及进气管结构对换气系统的影响；

4.掌握怠速控制系统的作用、结构及工作原理；

5.掌握电子节气门控制系统的结构及工作原理；

6.熟悉可变进气系统的结构及工作原理；

7.能说出空气供给系统的结构组成,并在电控实训台上结合实物叙述空气供给系统的工作原理；

8.能结合节气门体叙述节气门体的工作原理并对节气门体的故障进行检修；

9.能正确使用故障诊断仪、汽车专用示波器、万用表等对怠速控制系统进行检修；

10.能正确使用故障诊断仪、万用表等对进气控制系统进行检修。

【知识脉络图】

```
故障          ┌→ 空气滤清器 ──────→ 检查、清洁、更换
检修          │
 ↑           │ ┌→ 空气流量计
 │      空气 │ ├→ 进气压力传感器
排除    供给 ┤ ├→                    用万用表进行
故障    系统 │ │  节气门位置传感器 ──→ 信号检测
 ↑           │ └→ 进气温度传感器
 │
接待    电控
询问    换气          ┌→ 急速控制 ──────→ 万用表对电动机、
 ↑      系统          │                   急速控制阀检测
 │      故障   进气   │
维修店  检修   控制 ──┤ ├→ 电子节气门控制 ─→ 清洗、初始化
或             系统   │
4S店                  ├→ 可变进气系统 ──→ 转换电磁阀检测
                      │
连接故障检测           └→ 涡轮增压控制 ──→ 涡轮增压器检修
仪进行数据流分析
```

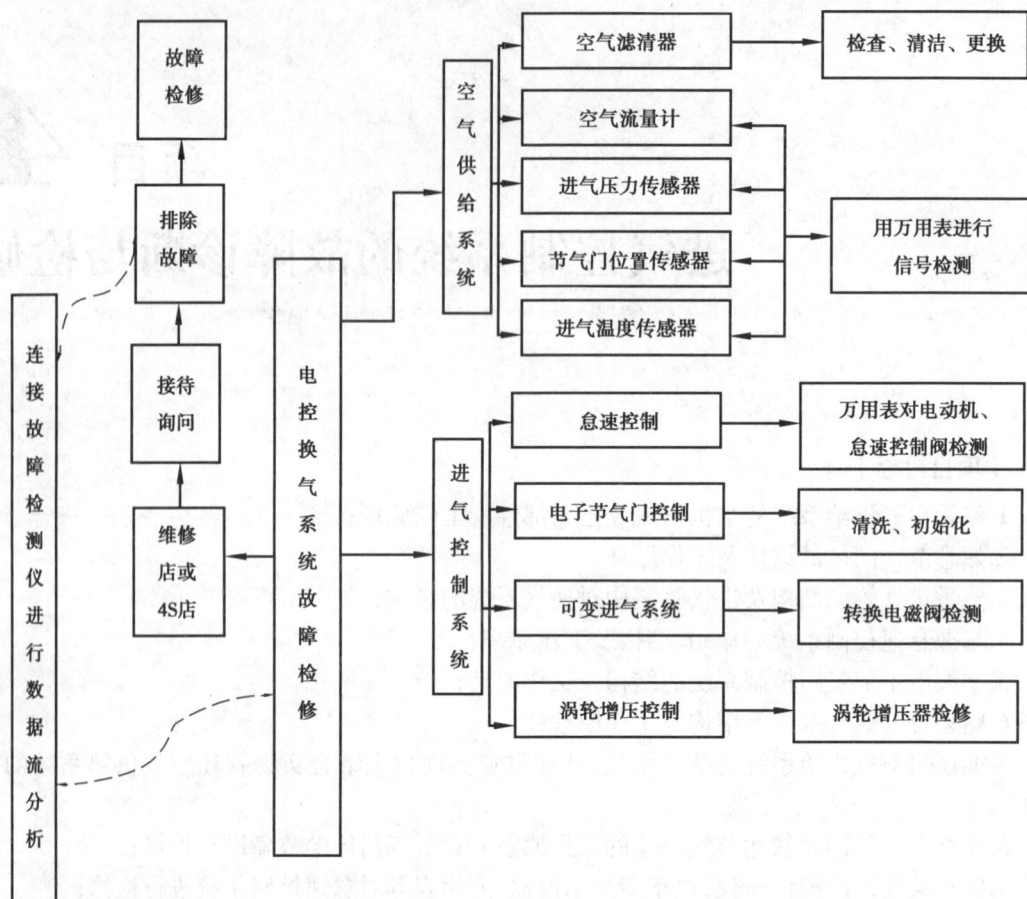

任务 4.1　进气系统概述及主要元件的拆检

【任务引入】

2016 年 10 月 16 日,车主把一辆行驶里程约 37 000 km 的丰田卡罗拉 1.6 L 自动挡轿车开往 4S 店。车主反映,在修理厂做完保养后,感觉到油耗偏高,并且加速性能稍有下降,故障现象不是非常明显。经初步诊断为进气系统故障,为此维修人员必须了解进气系统的组成及各组成部分的工作原理;能区分控制进气系统的传感器,并会对其进行检修;能对进气系统常出现的急速抖动、加速不良、加速冒黑烟等故障现象进行检修。

【理论知识】

4.1.1　空气供给系统的组成

空气供给系统的功用是尽可能多地和尽可能均匀地向各缸提供可燃混合气或纯净空气。空气供给系统主要由空气滤清器、进气歧管压力传感器(D 型)或空气流量计(L 型)、节气门、节气门位置传感器、进气总管、进气歧管等组成。其中进气温度传感器和怠速控制系统的怠速控制阀也安装在空气供给系统中,L 型空气供给系统如图 4.1 所示,D 型空气供给系统如图 4.2所示。

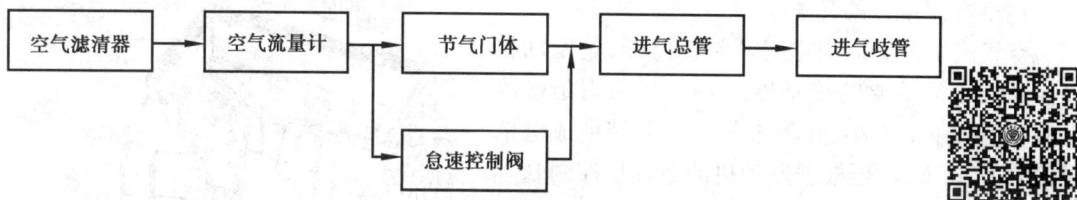

图 4.1　L 型空气供给系统

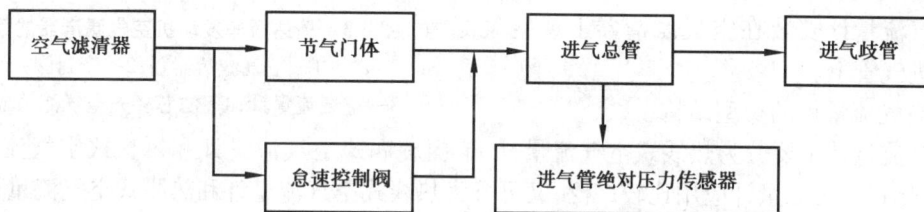

图 4.2　D 型空气供给系统

汽车在行驶时,空气流量一般由节气门来控制,节气门由加速踏板控制。踩下加速踏板,节气门打开,进入的空气量多。怠速时,节气门关闭或微开,空气由节气门(节气门直动式)或旁通气道(旁通空气道式)通过。怠速空气量的调整一般由 ECU 控制,在气温低、发动机需要暖机时,发动机转速较正常怠速高,称为快怠速。随着发动机温度的升高,怠速空气量逐渐减小,发动机转速逐渐降至正常怠速。

(1)空气滤清器

1)空气滤清器的功用

燃油燃烧需要大量的空气,以普通轿车为例,每消耗 1 L 汽油需要消耗 5 000~100 00 L 空气,如此多的空气进入汽缸,如果不将其中的杂质或灰尘滤除,必然加剧汽车的磨损,缩短发动机的使用寿命。实践证明,若发动机不装空气滤清器,活塞磨损量将增加约 3 倍,活塞环磨损量增加约 9 倍,发动机寿命缩短 2/3。空气滤清器的功用是滤除空气中的杂质或灰尘,让洁净的空气进入汽缸,另外,空气滤清器还有降低进气噪声的作用。

2)空气滤清器的结构组成

空气滤清器一般由进气导流管、空气滤清器盖、空气滤清器外壳和滤芯等组成。如图 4.3所示为捷达轿车发动机空气滤清器的解体图。

空气滤芯一般由细钢丝支撑折状滤纸,丝网不仅可以提高滤纸的轻度,还可以滤除较大的尘粒。在滤清器的两端一般都有类似塑料的厚衬垫,可提高滤芯强度,并将滤芯密封在壳体中。如果滤芯在壳体中密封不良,尘粒就会随气流进入汽缸。

发动机的滤芯通常为圆筒状或扁平状,现代轿车为了节省空间往往采用扁平状空气滤芯。滤芯的形状和尺寸取决于空气滤清器的壳体,滤芯的尺寸必须与壳体尺寸匹配,否则灰尘就会被吸入汽缸。

(2)空气流量计

1)空气流量计的功用

空气流量计又称为空气流量传感器,是发动机电控系统非常重要的传感器之一。其功用是检测发动机进气量的大小,并将进气量信号转换成电信号输入 ECU,ECU 再根据发动机的空气量控制基本喷油量。

2)空气流量计的安装位置

空气流量计安装在空气滤清器上或空气滤清器后的进气管上。

3)空气流量计的类型结构

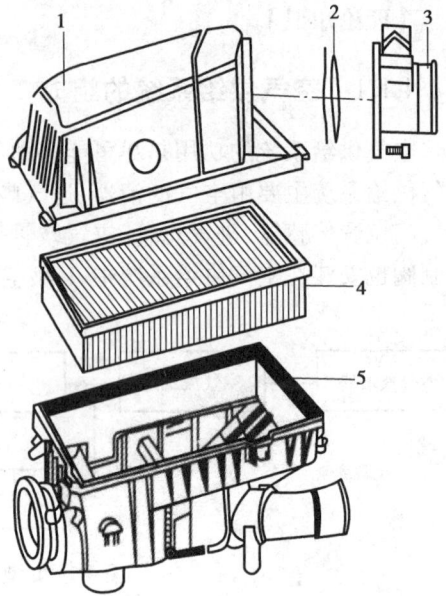

图 4.3　捷达轿车发动机空气滤清器的解体图
1—空气滤清器盖;2—密封圈;
3—空气流量计;4—滤芯;5—空气滤清器壳体

空气流量计主要分为热线式空气流量计、卡门旋涡式空气流量计和翼板式空气流量计 3 种,其中热式空气流量计应用比较广泛,又可分为热线式空气流量计和热膜式空气流量计。这里主要介绍热线式空气流量计的结构。

①热线式空气流量计的构造及工作原理。

热线式空气流量计的构造如图 4.4 所示。它主要由铂丝制成的热线、温度补偿电阻、控制热线电流并输出信号的控制电路、采样管和流量计壳体等组成。热线式空气流量计的前后端都装有防护网,前端的防护网用于进气整流,后端的防护网用于防止发动机回火时把铂丝烧掉。防护网用卡箍固定在壳体上,铂丝和进气温度传感器都安装在主气道采样管内的流量计,称为主流测量式空气流量计;铂丝绕在陶瓷芯管上,并置于气道内的流量计,称为旁通测量式空气流量计。热线式空气流量计的控制电路中设有"自洁电路",可实现自洁功能。

热线式空气流量计的工作原理,如图 4.5 所示,热线电阻 R_H 以铂丝制成,R_H 和温度补偿电阻 R_K 均置于空气通道中的采样管内,与 R_A、R_B 共同构成惠斯顿电桥。R_H、R_K 阻值均随温度变化。当空气流经 R_H 时,热线温度发生变化,电阻减小或增大,使惠斯顿电桥失去平衡。若要保持惠斯顿电桥平衡,就必须使热线电阻的电流发生改变,以恢复其温度与阻值,R_A 电阻两端的电压也相应改变,并且该电压信号作为热线式空气流量计输出的电压信号送往 ECU。

热线式空气流量计具有响应速度快、测量精度高、进气阻力小、不会磨损、可直接测量进气空气的质量流量等优点。但也存在价格较高,热线表面易受空气中的尘埃沾污,从而影响精度。当空气流速分布不均匀时也会产生误差,发动机回火易造成断线等缺点。

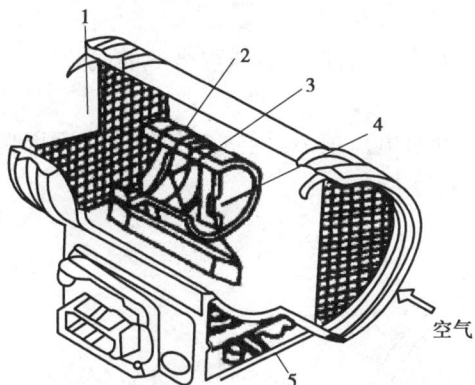

图 4.4　热线式空气流量计的结构简图
1—金属防护网;2—测试管;3—铂热丝;
4—温度补偿电阻;5—控制电路板

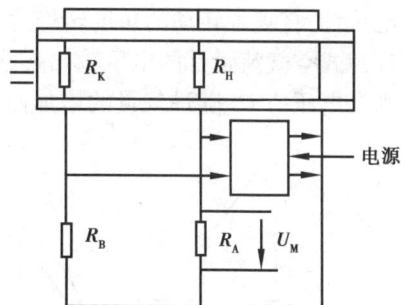

图 4.5　热线式(热模式)空气流量计的工作原理

热线式空气流量计的自洁功能。为了克服热线式空气流量计易被沾污的缺陷,电控系统中设有热线自洁电路。每当 ECU 接收到发动机熄火的信号时,ECU 将控制"自洁电路"接通,把铂丝加热到 1 000 ℃ 以上,并持续 1 s 将黏附在铂丝上的粉尘烧掉。

热线式空气流量计用于别克、日产 MAXIMA、沃尔沃等品牌。

②热膜式空气流量计的构造及工作原理。

热膜式空气流量计的结构,如图 4.6 所示。其核心部件流量传感元件和热电阻组合在一起构成热膜电阻。在传感器内部的进气道上设有一个矩形护套,相当于采样管,热膜电阻设在防护套中。为了防止污物沉积到热膜电阻上影响测量精度,在防护套空气入口一侧设有空气过滤层,用以过滤空气中的污物。为了防止进气温度变化影响测量精度,在防护套内设有铂膜式温度补偿电阻,温度补偿电阻设置在热膜电阻前靠近空气入口一侧。温度补偿电阻和热膜电阻与传感器内部控制电路连接,控制电路与线束连接器插座连接,线束插座设在传感器壳体中部。

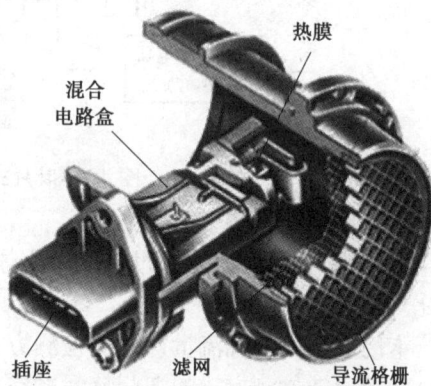

图 4.6　热膜式空气流量计的结构简图

热膜式空气流量计的工作原理与热线式空气流量计的工作原理基本相同,热膜式空气流量计不用铂丝作为热电阻,而是将铂电阻、温度补偿电阻等用厚膜工艺制作在一个陶瓷基片上,从而简化结构,降低制造成本。由于发热体不直接承受空气流动作用力,从而增加了发热体的强度,使空气流量计的可靠性提高,使用寿命延长,且不易被尘埃玷污,比热线式性能更好。热膜式空气流量计的主要缺点是空气流速不均易影响测量精度。

采用热膜式空气流量计的国产轿车有上海大众的桑塔纳 2000 型时代超人、帕萨特和一汽的红旗、捷达王等。

③叶片式空气流量计的构造及工作原理。

缓冲片:缓冲室内空气对缓冲片的阻尼作用,使翼片转动平稳。

旁通空气调节螺钉:调节怠速时旁通空气量的大小,从而调节怠速混合气的成分。

电位计:将翼片转动的角度转换为电信号。

叶片式空气流量计的电压输出形式有两种:一种是电压值 U_S 随进气量的增加而降低;另一种则是电压值 U_S 随进气量的增加而升高,如图 4.7 所示。

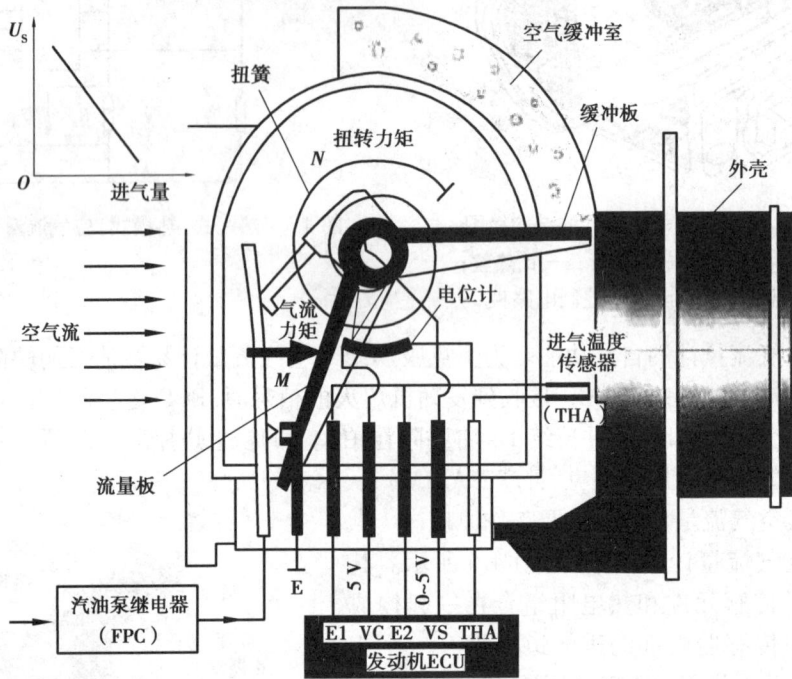

图 4.7 叶片式空气流量计的结构原理简图

④卡门旋涡式空气流量计。

卡门旋涡原理:流体流过涡流发生体时,流体会产生系列旋涡,且旋涡频率与流体流速成正比。

卡门旋涡式空气流量计按照检测方式不同,可分为反光镜检测方式的卡门旋涡式空气流量计和超声波检测方式的卡门旋涡式空气流量计两种。

如图 4.8 所示为反光镜检测方式的卡门旋涡式空气流量计结构图及输出脉冲信号波形,这种卡门旋涡式空气流量计是把卡门旋涡发生器两侧的压力变化,通过导压孔引向由薄金属制成的反光镜表面,使反光镜产生振动,反光镜一边振动,一边将发光二极管射来的光反射给光电晶体管,这样旋涡的频率在压力作用下转换成镜面的振动频率,镜面的振动频率通过光电耦合器转换成脉冲信号。

如图 4.9 所示为超声波检测方式的卡门旋涡式空气流量计结构图,这种空气流量计是利用卡门旋涡引起的空气疏密度变化进行测量的,用接收器接收连续发射的超声波信号,因接收到的信号随空气疏密度的变化而变化,由此可测得旋涡频率,从而测得空气流量。

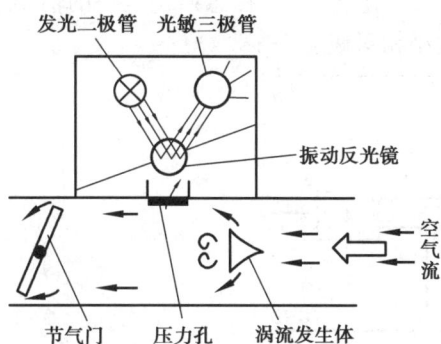

图 4.8　反光镜检测方式的卡门
旋涡式空气流量计结构图

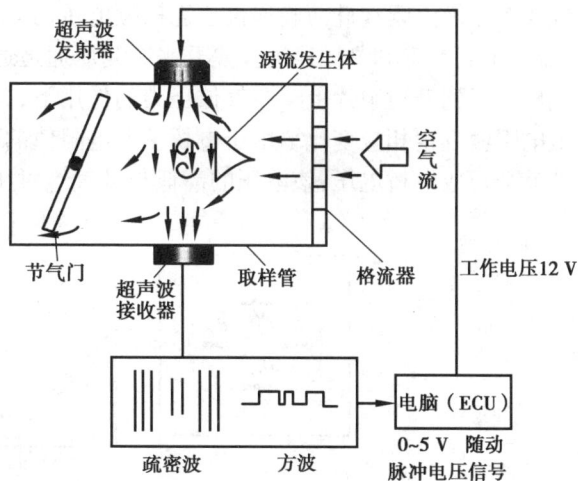

图 4.9　超声波检测方式的卡门
旋涡式空气流量计结构图

(3)进气绝对压力传感器

进气绝对压力传感器安装在进气总管上,它根据发动机负荷测出进气歧管中绝对压力的变化,将其转换成电压信号输送到 ECU,ECU 再根据发动机转速、节气门开度、进气管绝对压力传感器与进入发动机汽缸的空气流量的对应关系,由进气管内的绝对压力计算出进气量,进而计算出基本喷油量。这种测量空气流量的方式称为间接测量方式。

进气绝对压力传感器的种类很多,根据信号产生的原理不同,可分为半导体压敏电阻式、电容式、膜盒传动的可变电感式和表面弹性波式等类型。其中,半导体压敏电阻式绝对压力传感器应用较广泛。

半导体压敏电阻式绝对压力传感器是利用半导体压阻效应制成的一种测压传感器。其基本结构如图 4.10 所示,由真空室和压力转换元件、滤清器和混合集成电路等构成。真空室为传感器所测的绝对压力提供一个基准压力(0 气压)。

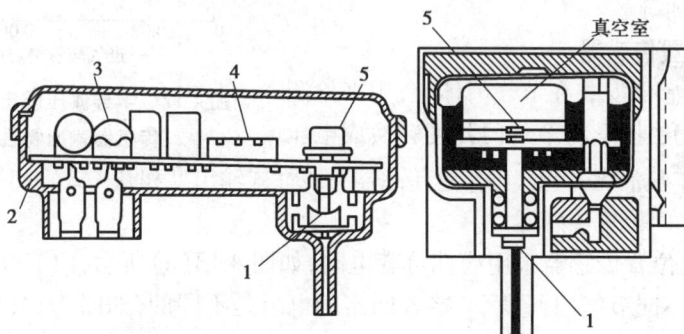

图 4.10　半导体压敏电阻式绝对压力传感器结构
1—滤清器;2—塑料外壳;3—过滤器;4—混合集成电路;5—压力转换组件

压力转换组件由单晶硅制成,长和宽约为 3 mm,厚度约为 160 μm。其中央部位用腐蚀方法制作一个直径约 2 mm,厚约 50 μm 的硅薄膜片和圆形薄膜表面用微加工和台面扩散技术形成 4 个压敏电阻在硅薄膜连接成惠斯顿电桥,其组成如图 4.11 所示。硅膜片布置在测压通道末端,把真空室和测压通道分隔开来。测压通道通过软管与进气歧管相连,把进气歧管内的进气压力引到硅薄膜片上。在气体压力的作用下,硅薄膜发生拱曲变形,同时引起硅薄膜片的压敏电阻值发生相应变化。由于电桥桥臂电阻值的变化,破坏了电桥平衡,在惠斯顿电桥的输出端就会形成电桥电压,该电压的高低与进气绝对压力的大小相对应。

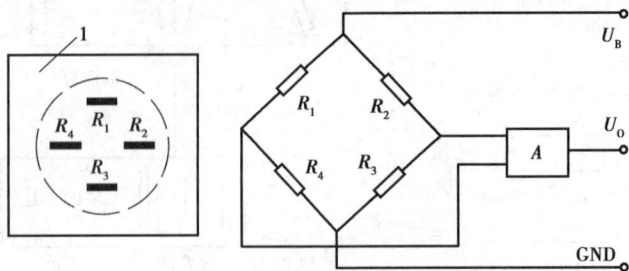

图 4.11 半导体压敏电阻式绝对压力传感器的工作原理
U_0—输出;U_B—电源;GND—搭铁;1—硅膜片

混合集成电路主要由放大电路和温度补偿电路组成。其作用是对电桥输出电压信号进行放大,随温度变化对偏置电压进行修正,以保证在一定的温度范围内,传感器的输出电压与进气歧管绝对压力一一对应。总之,进气歧管压力越高(真空度越低)→硅膜片变形越大→应变电阻变化越大→电信号放大输出给发动机 ECU。

半导体压敏电阻式绝对压力传感器具有尺寸小、精度高、成本低、响应速度快、重复性和耐振性好;输出信号与进气歧管绝对压力呈线性关系;在 30~100 ℃使用温度范围内,测量精度基本不受温度的影响,其输出特性曲线如图 4.12 所示。

采用半导体压敏电阻式绝对压力传感器的轿车有上海通用的赛欧和凯越、一汽大众奥迪、二汽的富康、广州的本田雅阁等。

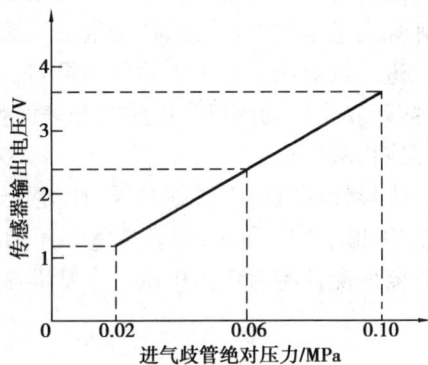

图 4.12 半导体压敏电阻式绝对压力传感器输出特性曲线图

(4)节气门位置传感器

节气门位置传感器安装在节气门体上,用来检测节气门的开度及变化速率,将节气门开度转换成电压信号输出,控制基本喷油嘴。节气门位置传感器有线性式输出型和开关式输出型两种类型。

1)线性式节气门位置传感器

线性式节气门位置传感器采用线性可变电阻,如图 4.13(a)所示,由节气门轴带动可变电阻的滑动触点,在不同节气门开度下,接入回路的电阻是不同的,如图 4.13(b)所示。ECU 给传感器提供+5 V 的电压,线性输出节气门位置传感器将节气门开度转换成电压信号输送给ECU。ECU 再根据节气门开度和开启速率判定发动机的运行工况。线性输出节气门位置传感器输出信号在自动变速器上还可作为换挡条件的主要依据。有些节气门位置传感器上还有怠速触点(IDL)用于检测发动机工况,IDL 信号输出高电平,说明发动机处于怠速运行工况。

节气门位置传感器除了作为负荷信号外,其变化率还可作为判断发动机加速和减速的信号。

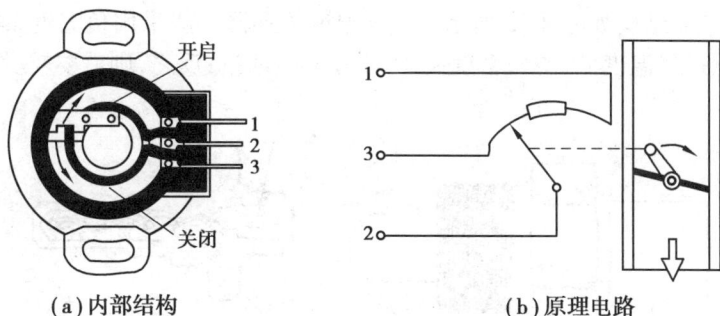

(a)内部结构　　　　　　　　　　　(b)原理电路

图 4.13　线性式节气门位置传感器的结构原理

2)开关式节气门位置传感器

开关式节气门位置传感器仅以开(ON)和关(OFF)两种状态表达节气门开度,又称为节气门开关。其结构如图 4.14(a)所示。这种节气门位置传感器由节气门轴联动的凸轮、动触点、怠速触点、满负荷触点、凸轮槽等组成。动触点与电脑电源相接,当节气门全关闭时,怠速触点与动触点接通,发动机处于怠速状态;当节气门开度达 50%以上时,满负荷触点与动触点接触接通,发动机处于大负荷状态;当节气门开度小于 50%时,动触点悬空,发动机处于中小负荷状态。由此,ECU 可根据怠速触点与满负荷触点提供的信号判断节气门位置,以便对发动机进行喷油量控制或自动变速器换挡控制。

节气门从全闭到全开的过程,传感器输出信号的变化如图 4.14(b)所示。

这种节气门具有结构简单、价格低廉、工作可靠等优点,但对发动机加速工况的检测不如线性式节气门位置传感器。

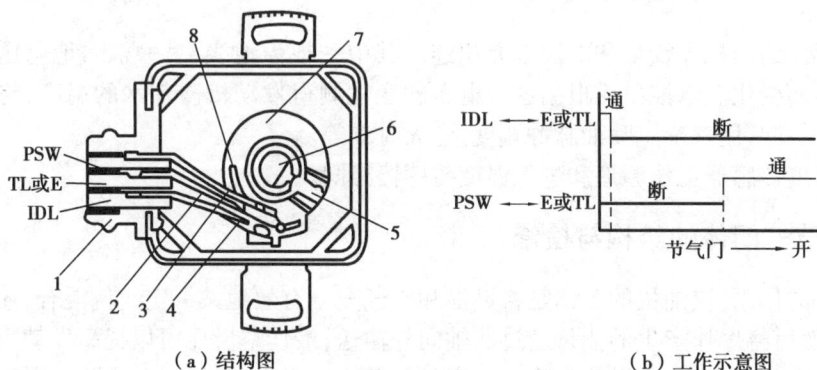

(a)结构图　　　　　　　　　　　(b)工作示意图

图 4.14　开关式节气门位置传感器

1—连接器;2—动触点;3—全负荷触点;4—怠速触点;5—控制臂;6—节气门轴;7—凸轮;8—槽

3)节气门位置传感器常见故障及对发动机的影响

节气门位置传感器的常见故障主要有触点接触不良、可变电阻腐蚀等。这些故障会影响发动机的怠速和加速性能,造成发动机怠速不稳或无怠速,加速性变差或加速性时好时坏等。

(5)进气温度传感器

进气温度传感器的功能是检测进气温度,并将温度信号转换为电信号输入电控单元。进气温度信号是多种控制功能的修正信号,包括燃油脉宽、点火正时、怠速控制和尾气排放等。进气温度传感器一般安装在进气管上,也可安装在空气滤清器外壳上。

进气温度传感器结构如图 4.15 所示。进气温度传感器一般采用负温度系数热敏电阻式。电阻值高时,表示进气温度低,空气密度大,需要较多喷油量;反之,则需要较少喷油量。

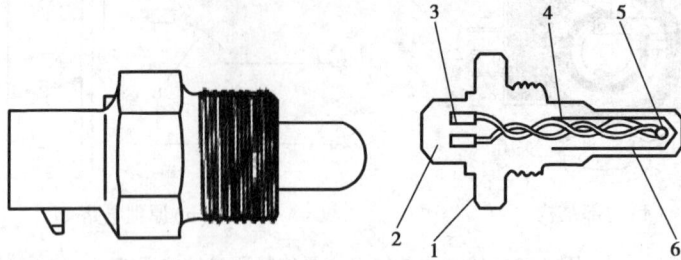

图 4.15　进气温度传感器结构
1—壳体;2—填料;3—接线端子;4—引线;5—热敏元件;6—绝缘管

进气温度传感器是双线传感器,与发动机 ECU 的连接如图 4.16 所示。若进气温度传感器本身或其线路故障,将导致发动机启动困难、怠速不稳、废气污染物增加等。

(6)冷却水温度传感器

冷却水温度传感器安装在发动机缸体或缸盖的水套上,与冷却水接触用来检测发动机的冷却水温度。冷却水温度传感器的内部是一个半导体热敏电阻,具有负的温度电阻特征系数。水温越低,电阻越大;反之,水温越高,电阻越小。

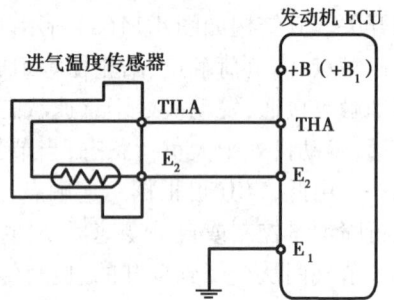

图 4.16　进气温度传感器电路

水温传感器的两根导线都和电控单元相连。其中一根为地线,另一根对地电压随热敏电阻阻值的变化而变化。电控单元根据这一电压的变化测得发动机冷却水的温度,与其他传感器产生的信号一起,用来确定喷油脉冲宽度、点火时刻等。

冷却水温度传感器工作原理和进气温度传感器相同。

4.1.2　节气门体的结构与检修

节气门体的作用:汽油机的工作是将燃油和空气充分有效地按一定比例混合,通过定时点火燃烧爆炸,然后将爆炸产生的能量通过曲轴向外输送,最佳空燃比可以提高发动机的输出功率,节气门体对于提供最佳空燃比起到了重要的作用。它首先根据加速踏板的位置对发动机的扭矩发出需求,然后 ECU 根据需求换算成以节气门体的开度为表现形式的空气进气量的需求;最后配以匹配最佳空燃比的供油量,以达到最佳的动力性、经济性和排放性。

节气门体按照控制方式不同可分为电子节气门体和机械式节气门体两种。

(1)电子节气门体

1)电子节气门体的结构及原理

电子节气门体的外形及内部结构如图 4.17 所示。电子节气门是电子节气门控制系统的一个关键部件,它一方面执行来自发动机 ECU 的指令,调节节气门开度来控制发动机的进气量,从而实现控制发动机的负荷输出;另一方面可输出反映节气门开度位置的信号,供控制系统监控节气门工作状况。

(a) 奔驰S320电子节气门体　　　　(b) 帕萨特B5 1.8T电子节气门体

图 4.17　电子节气门体外形及内部结构

电子节气门由节气门体、驱动电机和节气门位置传感器等构成,来自发动机 ECU 的指令使驱动电机动作,通过传动机构使节气门板转动,保证发动机工作所需的节气门开度。节气门位置传感器由两个电位器组成,节气门开度变化时,电阻值发生变化,输出的电压信号随之变化,与电子加速踏板位置传感器信号一起,输入发动机 ECU,经计算后,输出驱动电机控制信号,从而控制发动机节气门开度。

同发动机控制系统一起,电子节气门配合工作,可以实现发动机急速控制、车辆巡航控制、Limp Home(跛行模式)控制、自动变速箱控制和车身电子稳定控制(ESP)等功能。

直流电机在驱动电流作用下旋转一定角度,通过齿轮传动机构,将直流电机轴的运动传递给节气门轴,节气门轴带动节气门旋转到所需角度,改变进气通道的截面积,从而控制发动机的进气流量。同时,由于节气门轴的转动,改变电位计的工作位置,电位计输出的信号发生变化,发动机控制单元根据信号值可确定节气门的具体开度位置反馈,从而精确微调其位置;电位计为两个反向信号计组成,一个反映节气门的正向开度位置,另一个反映节气门的反向开度位置,比较两个信号计的信号值可相互检查其工作状态,作为判断是否有失效的依据。

2)电子节气门体的优缺点

电子节气门体具有功能强、控制灵活、发动机加速响应好的特点,容易实现驱动牵引力控制和定速巡航、自动变速器换挡冲击等多种附加功能,同时简化了整体设计,降低了成本;使用电子节气门体的发动机即使在驾驶员没有踩下加速踏板的情况下,也可利用 ECU 根据不同工况调节发动机转矩,显著改善了汽车经济性和排放净化性等发动机性能指标。其缺点是一旦系统出现故障,发动机只能在备用模式下以固定转速工作,不能通过加速踏板实现加速和减速。

(2)机械式节气门体

机械式节气门体和电子节气门体的功能相同,但它的开度不是由 ECU 信号控制的,而是由与加速踏板连接的拉索或传动杆拉索控制的,即踏板的位置直接和节气门上的门板转轴相关。转轴的位置通过装配在节气门体上的位置传感器传输到 ECU,ECU 再根据转轴位置的进气量来配比燃油供应量,从而达到最佳的经济性、动力性和排放性。

机械式节气门体的外形结构如图 4.18 所示。由壳体、节气门、节气门位置传感器、急速控制阀等组成。节气门位置传感器向发动机 ECU 提供节气门的开度和状态信号。在非急速工况下,节气门的开度由驾驶员通过加速踏板和拉索进行控制;在急速工况下,发动机 ECU 根据发动机转速、温度、负荷等信号,通过急速控制阀控制进气量大小,从而实现急速目标转速的控制。此外,节气门体上还有与发动机冷却系统相连的水道,防止节气门冬天挂霜。

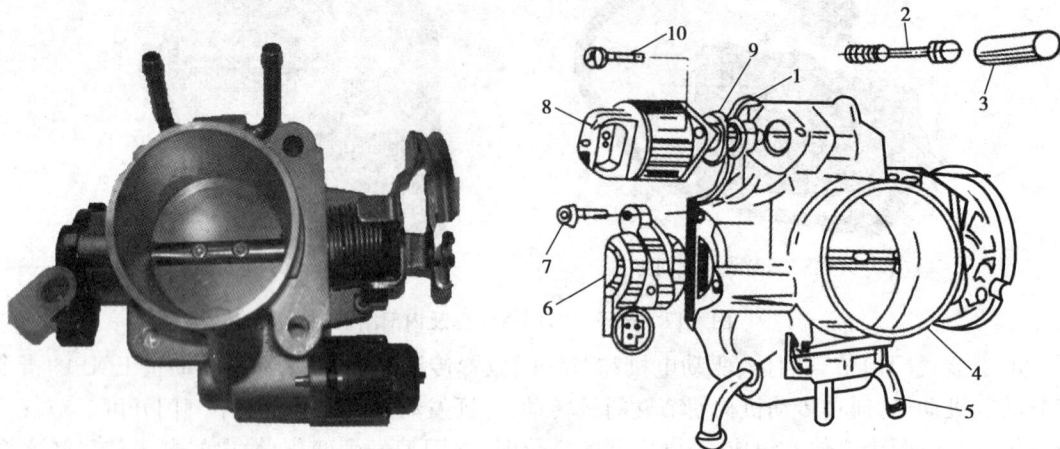

图 4.18　机械式节气门体外形结构

1—节气门体衬垫;2—节气门限位螺钉;3—螺钉孔护套;4—节气门体;5—加热水管;
6—节气门位置传感器;7—螺钉;8—怠速控制阀;9—"O"形密封圈;10—螺钉

与电子节气门体相比,机械式节气门体的控制精度低,无法实现车辆巡航控制、自动变速箱控制、车身电子稳定控制等功能。对怠速控制也只能辅之以步进电机。但它具有成本低的优势,因此在要求排放标准不高的条件下,还具有较大的需求。

(3)节气门体的检修

节气门体的检修主要是对节气门体上的节气门位置传感器的信号检测、节气门控制电动机的检测及对节气门进行检查、清洁与初始化。这里不再赘述,具体叙述见电子节气门结构与检修章节。

4.1.3　进气管的结构与检修

发动机进气管是发动机的重要零部件之一,它的几何形状对提高发动机的充气效率、改善燃烧性能和降低排放指标具有十分重要的影响。进气管必须保证足够的流通面积,避免转弯及截面突变,改善管道表面的光洁度等,以减小阻力。因此,在高性能的汽油机上采用了直线型进气系统,在进气系统直线化的同时,还应合理设计气道节流和进气管长度,布置适当的稳压腔容积等,以期达到高转、高功率的目的。

发动机除要求动力性外,还必须有好的经济性和排放性。在汽油机上,进气管还必须考虑燃烧的雾化、蒸发、分配以及压力波的利用等问题。在柴油机上,还要求气流通过进气道在汽缸中形成进气涡流,以改善混合气形成和燃烧。因此,为得到高速、高功率,进气管直径宜选大些,而为中、低速经济考虑,进气管直径宜选小些,考虑进气谐波。

(1)进气总管

进气总管是指空气滤清器至进气歧管之间的管道。为了提高发动机的充气效率,通常按有效利用进气压力波的原理设计进气管的长度、形状和结构。进气总管上常有各种形状的气室,以减小节气门开度频繁变化时的进气脉动。

(2)进气歧管

进气歧管(图 4.19)是指节气门体后到汽缸盖进气道之前的进气管路。其功用是将燃油混合气或洁净的空气经节气门体分配到各缸进气道。进气歧管必须将燃油混合气或洁净的空气尽可能均匀地分配到各个汽缸,为此进气歧管内气体通道的长度尽可能相等,为了减小气体流动阻力,提高进气能力,进气歧管内壁应光滑。进气歧管一般由铝合金制造,铝合金进气歧管质量轻、导热性好。近年来,进气歧管采用复合塑料的日渐增多,这种进气歧管质量极轻,内壁光滑,无须加工。

图 4.19　进气歧管

1)进气歧管加热

节气门体燃油喷射式发动机进气歧管的温度很重要。温度太低,汽油将凝结在管壁上。因此,应对此种类型的进气歧管适当加热以促进汽油蒸发。但温度过高将减少进入汽缸混合气的数量,且使发动机功率下降。一般进气歧管利用发动机排气或循环冷却液进行加热。利用排气加热进气歧管如图4.20 所示,当发动机工作时,高温排气流过进气歧管底部并对其加热。在排气歧管内装有热控阀,根据季节不同,改变热控阀位置,可调节流过进气歧管底部的废气量,进而调节进气歧管的加热程度。利用循环冷却液加热进气歧管需在进气歧管内设置水套,并使其与发动机冷却系统连通,让冷却液在进气歧管的水套内循环流动。气道式燃油喷射发动机的进气歧管无须加热。

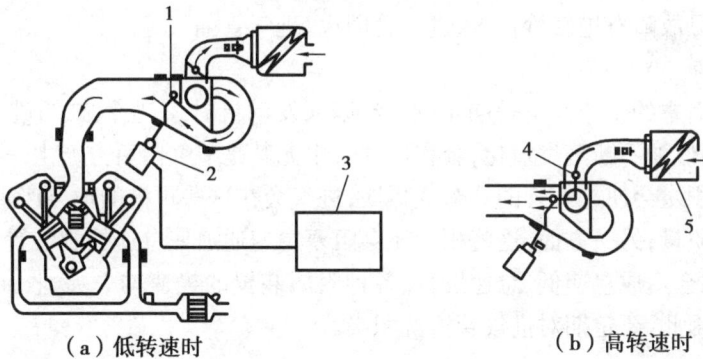

（a）低转速时　　　　　　　　　　（b）高转速时

图 4.20　可变长度进气歧管

1—转换阀;2—转换阀控制机构;3—控制单元;4—节气门;5—空气滤清器

2)可变进气歧管

为了充分利用进气波动和尽量缩小发动机在高、低速运转时进气速度的差别,从而达到改善发动机的经济性和动力性,特别是中、低速和中小负荷时的经济性和动力性的目的。因此,要求发动机在高转速、大负荷时装配粗短的进气歧管;在中、低转速和中、小负荷时装配细长的进气歧管。

可变进气歧管[图 4.21(a)]能根据发动机转速和负荷变化,自动改变有效长度的进气歧管。当发动机低速运转时,发动机电控装置指令转换阀控制机构关闭转换阀,此时空气经空气滤清器和节气门沿着弯曲而又细长的进气歧管流进汽缸。细长的进气歧管提高了进气速度,增强了气流惯性,使进气量增多。当发动机高速运转时,转换阀开启,空气经空气滤清器和节气门直接进入粗短的进气歧管。该类可变进气歧管进气阻力小,使进气量增多。可变长度进气歧管不仅提高了发动机的动力性,还提高了发动机在中、低速运转时进气速度而增强了汽缸内的气流强度,从而改善燃烧过程,使发动机中低速的燃油经济性提高。

可变进气歧管如图 4.21(b)所示,每个歧管都有两个进气通道,一长一短,根据发动机转速的高低,由旋转阀控制空气经哪一个通道流进汽缸中。当发动机在中、低速运转时,旋转阀将短进气管道关闭,空气沿长进气通道,经进气道、进气门进入汽缸;当发动机高速工作时,旋转阀使进气通道短路,将长进气通道变为短进气通道,这时空气同时经两个短进气通道进入汽缸。

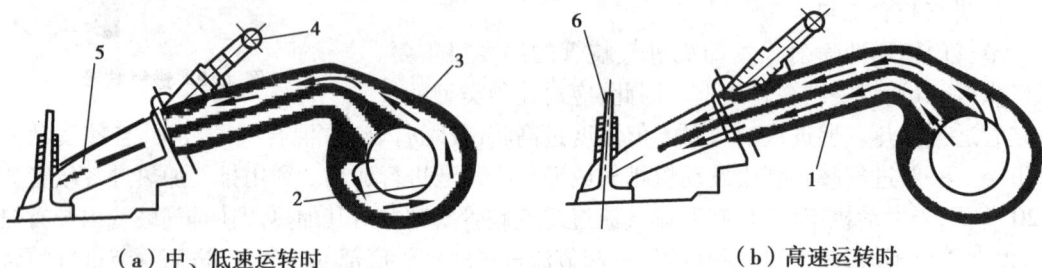

（a）中、低速运转时　　　　　　　　　　（b）高速运转时

图 4.21　双通道可变进气歧管

1—短进气通道;2—旋转阀;3—长进气通道;4—喷油器;5—汽缸盖上的进气道;6—节气门

(3)进气管的检修

进气管的常见故障有进气管积炭、进气管回火、进气管漏气等。

1)进气管积炭

发动机各个活塞的工作并不是同步的,当熄灭发动机时,有些汽缸的进气门不能完全关闭,一些未燃烧的燃油不断蒸发氧化,会在进气管中尤其是节气门后方产生一些较软的黑色积炭。一方面这些积炭会使进气管的管壁变粗糙,进气会在这些粗糙的地方产生旋涡,影响进气效果及混合气的质量;另一方面,这些积炭还会阻塞怠速通道使怠速控制装置卡滞或超出其调节范围,这样一来会造成怠速低、怠速发抖、各种附属装置的提速均失灵、收油灭车、尾气超标和费油等现象。因此,要定期对进气管清洗积炭。

2)进气管回火

原地慢加油时提速还可以,但急加油时进气管"回火",甚至"放炮"。汽车在道路上行驶时,慢加油发动机能缓慢提速,但急加油时汽车不能及时提速甚至抖动,稍微放松加速踏板发动机反而会提速;高速时急加油,时而有力,时而抖动,加速踏板踩到底不能及时提速。引起发动机进气管回火的常见故障原因是混合气过稀和点火时刻失准,此外,还有配气相位失准及汽缸压缩压力过低。混合气过稀的原因可能是空气流量计故障、节气门位置传感器信号失常、燃油压力过低、喷油器堵塞或进气管漏气。

3)进气管漏气

发动机进气管漏气会造成混合气过稀,发动机工作无力,进气管漏气的地方若在空气滤清器以后,还会造成发动机内部活塞、气门等部件提前过度损耗。应定期检查进气管是否老化、连接处是否可靠。

【任务实施】

（一）任务目标

1.会对空气供给系统的主要部件进行检修,如空气滤清器的维护与保养、空气流量计的检修、进气压力传感器的检修和节气门位置传感器的检修。

2.会进行节气门体的检修。

3.会清洗节气门体及进气管积炭的清洗。

（二）设备要求

发动机台架 6 台,每台 6~8 人,若干万用表、示波器、故障诊断仪(KT600)、教材、仪器说明书、汽车维修手册及多媒体课件。

（三）任务步骤

1.在发动机实训台架上找出空气供给系统的各组成部件,结合实物了解并掌握各组成部件的故障原理。

2.在实训台架上对空气滤清器进行检查维护及更换。

3.用万用表检测空气流量计、进气压力传感器、节气门位置传感器、进气温度传感器阻值及电压并记录,判断传感器端子与发动机 ECU 的连接情况,并判定是有源传感器还是无源传感器。

4.在实训台架上了解并掌握节气门体的结构及原理。

5.在实训台架上了解并掌握进气管的结构。

6.对节气门体和进气管进行积炭的清洗。

【项目小结】

空气供给系统分 L 型供给系统和 D 型供给系统,L 型与 D 型的区别在于:L 型用空气流量计检测进入汽缸的空气流量,而 D 型是用进气压力传感器间接测量进入汽缸的空气流量。空气供给系统主要由空气滤清器、空气流量计或进气压力传感器、节气门位置传感器、进气温度传感器等组成。应定期对空气供给系统进行查漏维护,一般要定期对空气滤清器进行检查、清洁与更换。

节气门体按照控制方式的不同主要分为机械式节气门体和电子式节气门体两种。节气门体是由节气门和怠速旁通气道等组成。节气门是用来调节汽油发动机的进气量,使发动机的输出功率和外载荷相平衡。怠速旁通气道为汽油发动机怠速工况提供所需的空气(对采用怠速旁通气道的怠速系统)。要定期对节气门进行积炭清洗,避免影响发动机的性能。

发动机进气管是发动机的重要零部件之一,它的几何形状对提高发动机的充气效率、改善燃烧性能和降低排放指标具有十分重要的影响。为了使发动机有更好的动力性、经济性和排放性,一般进气管的长度和直径是可变的,比如为得到高速、高功率,进气管直径宜选大些,而为中、低速经济考虑,进气管直径宜选小些,考虑进气谐波。进气管的常见故障有进气管积炭、进气管回火、进气管漏气等。

任务4.2　电控换气进气各子系统的检测与诊断

【任务引入】

案例一:一辆配备自动挡的皇冠3.3轿车,发动机型号为2JZ.GE,怠速不能起步,起步时只要松开加速踏板就熄火。案例二:一辆2004款帕萨特B5、1.8T、行驶里程为8 000 km。车辆行驶一段时间后停车30 min需启动3次才能发动,但冷车正常。案例三:奥迪A6轿车,三元催化装置失效导致启动困难,启动后怠速抖动且发动机转速无法达到4 000 r/min以上。案例一、案例二和案列三反映了电控换气系统的故障,维修人员要快速排除故障,必须了解电控换气系统即怠速控制系统、电子节气门、可变进气系统、废气涡轮增压、三元催化转化器、废气再循环控制系统、燃油蒸汽控制系统、曲轴箱通风系统结构组成及工作原理,并会用万用表、示波器、故障诊断仪进行相关检修。

【理论知识】

4.2.1　怠速控制系统的结构与检修

(1)怠速控制系统的功能与组成

怠速是指对外无功率输出时的稳定运转工况。此时,发动机的节气门开度最小,汽车处于空挡,发动机只能带动附件维持最低稳定转速。

怠速控制系统的功用:进气量随发动机负载变化而变化,随发动机内部摩擦力变化而变化,随水温变化而变化。当发动机负载增加时,输出动力要随之增加;当发动机负载减小时,输出动力随之减少。其主要有两点:一是用高怠速实现发动机启动后的快速暖机;二是自动维持发动机怠速在目标转速下稳定运转。

若怠速转速过高,会增加发动机的燃油消耗;若怠速转速过低,又会增加有害物的排放。另外,怠速还应根据冷却与电器负荷、空调装置、自动变速器、动力转向的介入情况而变化。目前大多数电控发动机都设有怠速转速控制装置,控制发动机以最佳的怠速转速运转,以降低怠速时的燃油消耗。

怠速控制系统主要由传感器、ECU和执行元件3个部分组成,如图4.22所示。

怠速控制系统的具体内容主要包括启动后控制、暖机过程控制、负荷变化时控制及减速时控制等。这些内容主要由发动机电控单元控制怠速控制阀来实现。

怠速控制的实质就是对怠速工况下的进气量进行控制。控制怠速进气量的方法可分节气门直动式和旁通道式两种基本类型,如图4.23所示。节气门直动式通过执行元件改变节气门的最小开度来控制怠速进气量,而在旁通道式怠速控制系统中设有旁通节气门的怠速空气道,由执行元件控制流经怠速空气道的空气量。

(2)节气门直动式怠速控制系统

节气门直动式怠速控制系统可直接控制节气门关闭位置,通过控制节气门的开启角度,调节空气通路的截面来控制充气量,实现对怠速的控制。现在桑塔纳、红旗、帕萨特、宝来及奥迪(A6 1.8L)都采用该类型的怠速控制系统。大众轿车也多采用节气门直动式怠速控制系统。

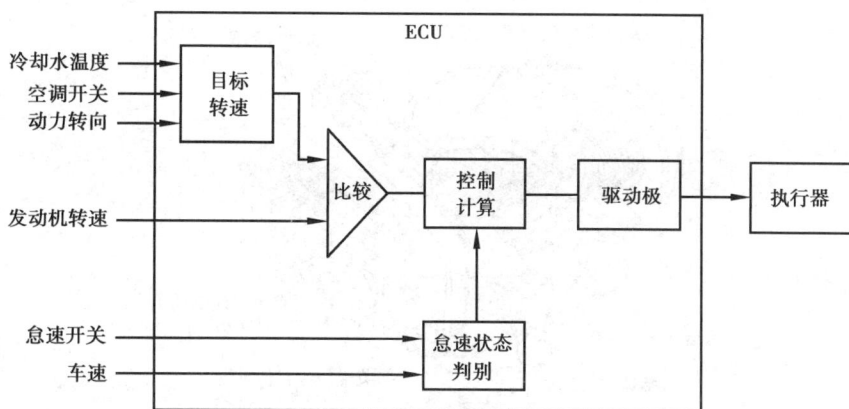

图 4.22 怠速控制系统的组成

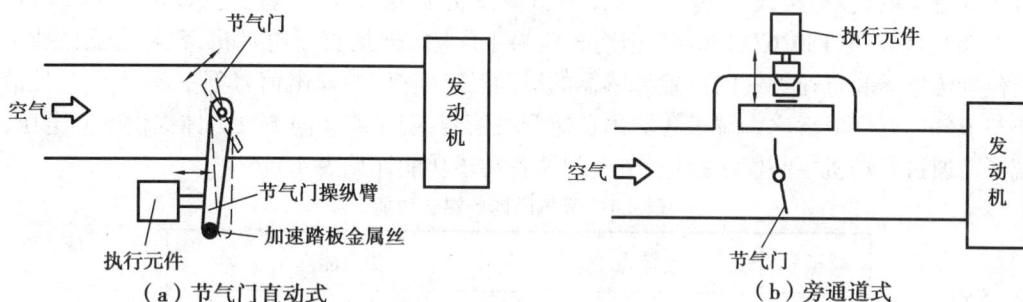

（a）节气门直动式　　　　　　　　　（b）旁通道式

图 4.23 怠速进气量的控制类型

1)结构原理

节气门直动式怠速控制系统主要由节气门位置传感器、怠速节气门位置传感器、怠速开关和执行器(怠速直流电动机)及一套齿轮驱动机构组成,如图 4.24 所示。节气门位置传感器和怠速节气门位置传感器都是由一个双轨形碳膜电阻和在其上滑动的触点组成。另外,在节气门体上有一个双齿轮,它是同轴的一个大齿轮和一个小齿轮组成的。与怠速直流电动机同轴的小齿轮与双齿轮的大齿轮啮合,扇形齿轮与节气门同轴并与双齿轮中大齿轮啮合。当驾驶员踩下加速踏板时,怠速开关断开,发动机控制模块根据节气门位置传感器的输入信号判断发动机的运行工况,并进行喷油和点火控制。当驾驶员不踩加速踏板时,节气门在回位弹簧的作用下关闭,怠速开关闭合。发动机控制模块收到怠速开关闭合的信号,得知发动机处于怠速运行状态,并根据怠速节气门位置传感器的信号和曲轴位置传感器的信号来控制低速直流电动机的动作,经过小齿轮、双齿轮和扇形齿轮将电动机的转动传递到节气门,使其打开相应的角度,使怠速转速达到最佳值。

2)检修

①机械检查。节气门在长时间使用后,在进气通道和节气门之间有可能形成积炭,进而造成节气门卡滞,出现怠速不稳等现象。此外节气门体在经受长期剧烈的振动后,有可能出现直流电动机轴承磨损、塑料齿轮断齿、阀门驱动机构卡滞、驱动机构盖板破裂等,出现这类故障时都无法修复,只能更换新的节气门体总成。在对节气门体检查时可先采用目测法检查。

②部件测试。a.节气体供电检测。如图 4.25(a)所示,拔下节气门体接头,有 8 个端子,其

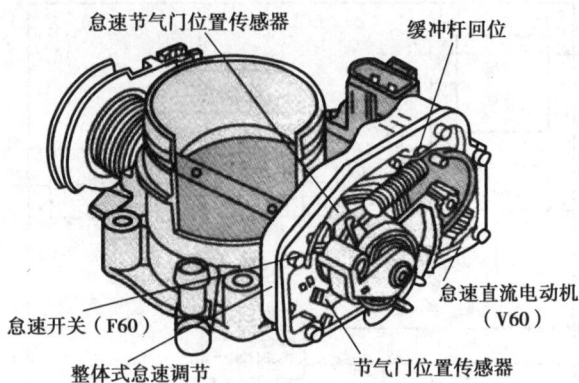

图 4.24　节气门直动式怠速控制系统结构

中端子 6 是空的(没有接线),端子 1、2、3、4、5、7、8 分别与 ECU 的端子 T80/66、T80/59、T80/69、T80/62、T80/75、T80/67、T80/75 相连。1、2 端子直接连接直流电动机,5、8 端子分别接节气门位置传感器和怠速节气门位置传感器的滑动触点,它们的输出信号都不超过 5 V,且信号电压与节气门开度成反比。端子 3 输出怠速开关信号,端子 4/7 向节气门体提供 5 V 电压,其中端子 7 通过发动机控制模块接地,节气门体各端子功能详见表 4.1。

表 4.1　节气门体各端子功能

端子号	连接点	功　能
1	T80/66(ECU)	怠速提高控制
2	T80/59(ECU)	怠速降低控制
3	T80/69(ECU)	怠速开关
4	T80/62(ECU)	传感器供电(5 V)
5	T80/75(ECU)	节气门位置传感器信号
6	空	
7	T80/67(ECU)	传感器接地
8	T80/75(ECU)	怠速节气门位置传感器信号

　　将点火开关置于"ON"(接通而不启动)位置,按如图 4.25(b)所示方法用万用表进行测量,端子 4 与端子 7 之间的电压为(5.0±0.5) V。若测量值与上述要求不符,将点火开关置于"OFF"挡,拔下 ECU 接头,用万用表进行线路检测,节气门体电路如图 4.26 所示。端子 4 与 ECU 接头端子 T80/62、端子 7 与 ECU 接头端子 T80/67 之间的电阻值小于 1.5 Ω,端子 4 与端子 7 之间的电阻值应为无穷大。若测量结果与上述要求不符,按电路图查找故障并排除。

　　b.怠速开关检测。将点火开关置于"OFF"挡,拆下节气门体接头。用万用表检测节气门全闭时端子 3 与端子 7 之间的电阻应小于 1 Ω;缓慢踩下加速踏板,端子 3 与端子 7 之间的阻

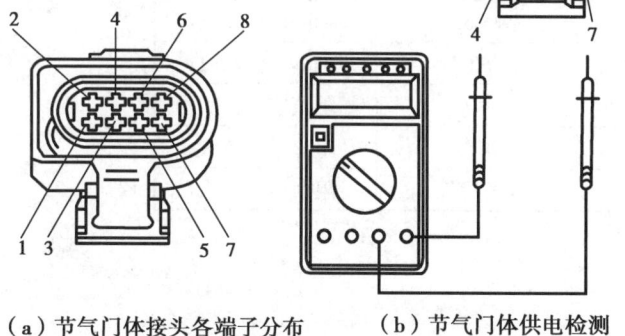

（a）节气门体接头各端子分布　　（b）节气门体供电检测

图4.25　节气门体接头端子的分布和供电检测

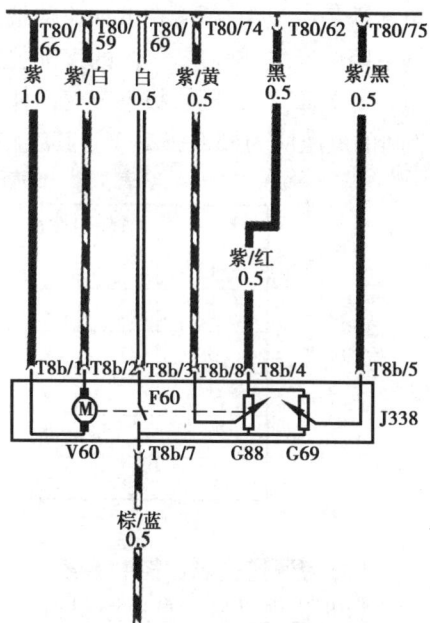

图4.26　节气门体电路图

值应无穷大,否则更换节气门体。

　　c.怠速节气门位置传感器性能检测。将探针插入节气门体端子8引线内,启动发动机,进行怠速运行。当冷却液温度达到80 ℃以上时,按如图4.27所示的方法用万用表测量探针检测点与蓄电池负极之间的电压应为2.8~3.6 Ω。

　　d.直流电动机检测。将点火开关置于"OFF"挡,拔下节气门体接头,用万用表测量节气门体接头端子1与端子2之间的阻值应为30~200 Ω,若不符合要求,则更换节气门体总成。

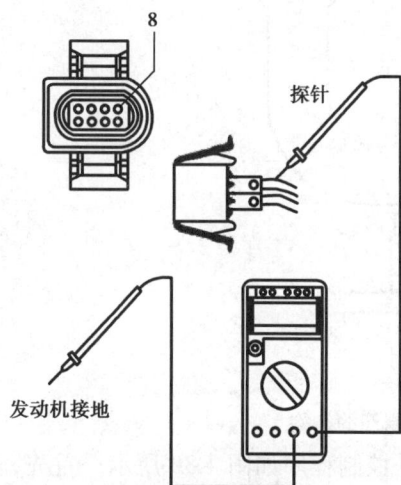

图4.27　怠速节气门位置传感器性能检测

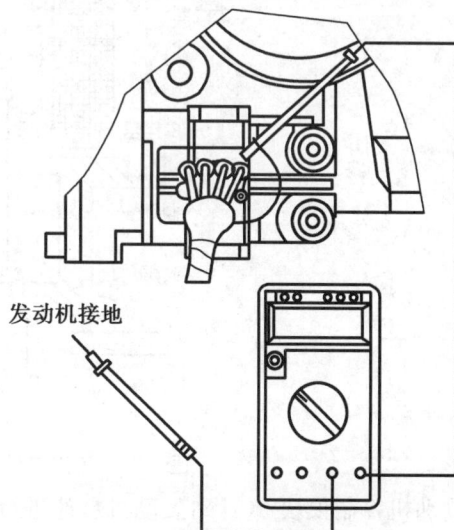

图4.28　节气门位置传感器检测

　　e.节气门位置传感器检测。打开点火开关,如图4.28所示。将万用表插入节气门体插座第 5 端子引线内,缓慢踩下加速踏板从关闭到全开,万用电压读数应随节气门开度的增大而缓慢下降。反之,随着节气门的逐渐关闭,万用表电压读数应逐渐上升,否则应进行供电和线路检查。关闭点火开关,拔下节气门体插座,再打开点火开关,检查节气门体接头端子 4 和端子 7 间的电压应为 (5.0 ± 0.5) V。其线路检查情况见表 4.2。

表 4.2　节气门体接头端子与 ECU 端子之间的电阻

序　号	节气门体接头端子	ECU 端子	测量结果
1	5	T80/75	阻值小于 1.5 Ω
2	4	T80/62	阻值小于 1.5 Ω
3	7	T80/67	阻值小于 1.5 Ω
4	4	T80/75	阻值应无穷大
5	7	T80/75	阻值应无穷大
6	4	节气门 7	阻值应无穷大

(3)旁通道式怠速控制系统

1)步进电动机式怠速控制阀

①步进电动机式怠速控制阀的工作原理。目前,奥迪 200、通用、赛欧、奇瑞、切诺基及雷克萨斯 LS400 等汽车都采用步进电动机来控制发动机的怠速。步进电动机式怠速控制阀结构如图 4.29 所示。步进电动机式怠速控制阀安装在节气门体上,发动机控制模块 ECU 根据各传感器的信号在怠速控制阀接头各端子上加电压,从而使电动机转子顺转或反转,使阀芯作轴向移动,改变阀芯与阀座之间的间隙,就可调节流过旁通空气道的空气量。阀芯与阀座之间的间隙小,进气量少,怠速低;阀芯与阀座之间的间隙大,进气量多,怠速高。

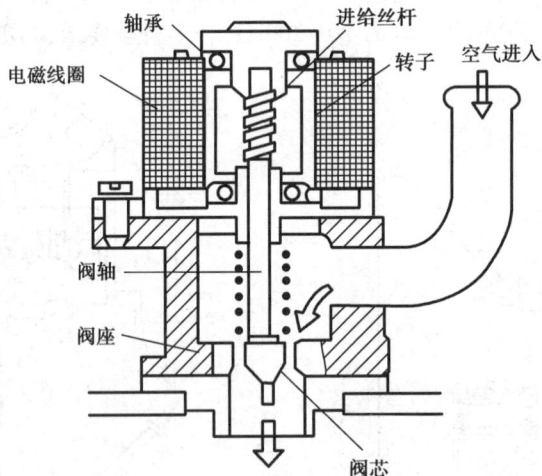

图 4.29　步进电动机式怠速控制阀的结构

发动机控制模块 ECU 对发动机怠速进行控制时,其控制程序如图 4.30 所示。首先,发动机控制模块根据节气门位置传感器 TPS 的信号和车速信号来判断发动机是否处于怠速状态,然后根据发动机冷却液温度传感器、空调开关、动力转向开关以及空挡启动开关等信号,按照存储器内存储的参考数据,确定相应的目标转速。一般情况下,怠速控制常采用发动机转速信号,作为反馈信号,实现怠速转速的闭环控制,即发动机的实际转速与目标转速进行比较,根据比较得出的差值,确定相应目标转速控制量,去驱动步进电机,使实际转速趋于目标转速。

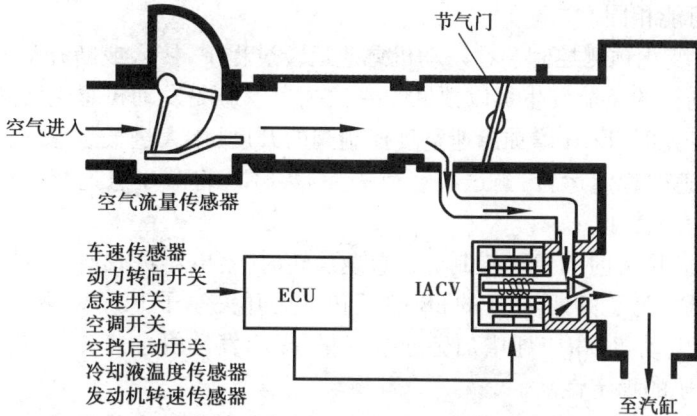

图 4.30　步进电动机式怠速控制系统的组成

步进电动机的控制电路如图 4.31 所示。发动机控制模块根据一定顺序,使功率管 V_1—V_2—V_3—V_4 适时导通,分别给步进电动机定子线圈供电,驱动步进电动机转子旋转,使前端的阀门移动,改变阀门与阀座之间的距离,调节旁通空气道的空气流量,使发动机怠速转速达到所要求的目标转速。

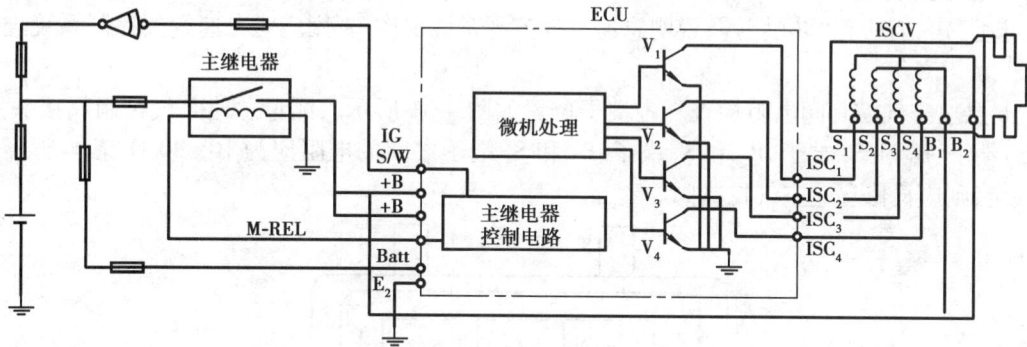

图 4.31　步进电动机的控制电路

②步进电动机式怠速控制阀的控制内容。

a.启动初始位置的设定。为了改善发动机的启动性能,在点火开关关闭,使发动机熄火后,ECU 的 M.REL 端子向 EFI 主继电器电磁线圈延续供电 2~3 s。ECU 将依次控制步进电动机工作 125 步级,进入启动初始位置,为下次启动做准备。

b.启动控制。发动机启动时,由于怠速控制阀被预先设定在全开位置,因此,在启动期间流经怠速空气道的旁通空气量最大,这有利于发动机顺利启动。

c.暖机控制。暖机控制又称快怠速控制。在暖机过程中,ECU 根据冷却液温度信号按控制特性控制怠速控制阀的开度,随着温度上升怠速控制阀开度逐渐减小。当冷却液温度达到 70 ℃时,暖机控制结束。

d.反馈控制。ECU 内有一个预编程的目标怠速值,它根据空调开关、空挡启动开关等信号变化。急速控制过程是将目标转速和实际转速进行比较并使急速转速逼近于目标转速的过程。若发动机的实际转速与 ECU 存储器中所存放的目标转速的差值超过一定值(一般为 20 r/min)时,ECU 将通过步进电动机控制急速控制阀,调节急速控制供给量,使发动机实际转速与目标转速尽可能相同。

e.发动机负荷变化预测控制。在发动机急速运转过程中,接入或断开空调开关,空挡启动开关等都将使发动机的负荷发生可以预见的变化。为了避免发动机急速转速波动或熄火,在发动机负荷出现变化时,ECU 增加急速空气控制阀的开度,增大进气量,提高发动机的急速转速,保证发动机急速时稳定运转;当这些载荷去除后,ECU 将减小急速空气控制阀的开度,使发动机恢复加载前的转速。

f.汽车电器负载增大时的急速控制。在急速运转时,若电器负载增大(如打开前照灯),蓄电池电压就会降低。为了保证 ECU 的+B 端子和点火开关端子 IGS/W 端子具有正常的供电电压,需控制步进电动机,相应地增加旁通空气量,提高发动机急速转速,提高发电机输出功率,维持蓄电池电压的稳定性。

g.发动机的急速学习控制。由于发动机在使用期间,其性能会发生变化,虽然步进电动机急速空气控制阀门的位置不变,但急速转速和初设值有可能不同。此时,ECU 可在反馈控制的基础上进行学习控制,使发动机转速达到目标值。与此同时,发动机控制模块将步进电动机转过的步数即急速自适应值存储在存储器中,以便在下次急速控制中使用。

③步进电动机式急速控制系统的检修。

a.急速控制工作情况检查。启动发动机,在关闭发动机的同时,倾听急速空气控制阀是否有"咔哒"声,若听到"咔哒"声,说明急速空气控制系统工作,否则应对急速空气控制系统进行检修。

b.急速空气控制阀电阻检查。各端子位置如图 4.31 所示。测量急速空气控制阀接头 B_1 和 S_1 端子、B_1 和 S_3 端子、B_2 和 S_2 端子、B_2 和 S_4 端子之间的电阻应为 $10\sim30~\Omega$,若电阻不符合规定,则应检修急速空气控制阀。

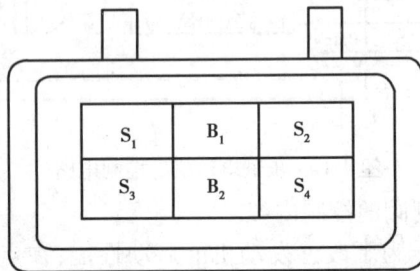

图 4.32　急速空气控制阀端子分布图

c.检测急速空气控制阀的运行。从节气门体上拆下急速空气控制阀,把蓄电池正极接线柱连接到急速空气控制阀 B_1 和 B_2 端子上,如图 4.32 所示。按顺序把负极依次接到端子 S_1、S_2、S_3 和 S_4,急速空气控制阀应向关闭的方向运动,如图 4.33(a)所示。按顺序把负极依次接到端子 S_4、S_3、S_2 和 S_1,急速空气控制阀应向打开的方向运动,如图 4.33(b)所示。若不符合上述规范打开和关闭急速空气控制阀,应更换急速空气控制阀。

2)旋转电磁阀式急速控制阀

目前,广州本田奥德赛、桑塔纳 2000、富康 1.6 L 及丰田佳美等轿车都采用旋转滑阀式急

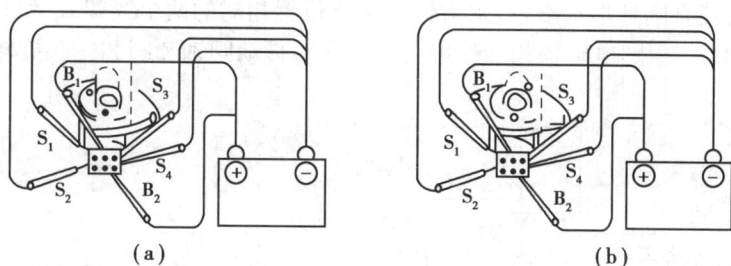

图 4.33 测试怠速空气控制阀

速控制阀。图 4.34 为广州本田奥德赛旋转滑阀式怠速控制阀实物图。

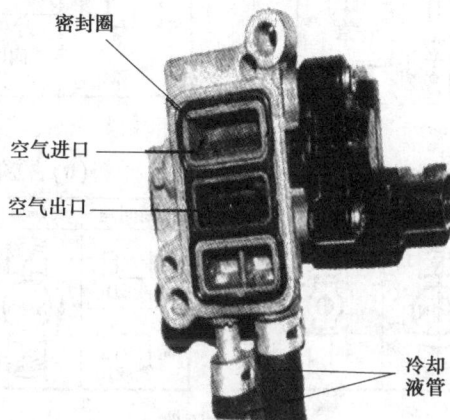

图 4.34 广州本田奥德赛旋转滑阀式怠速控制阀

①旋转电磁阀式怠速控制阀结构与工作原理。旋转电磁阀式怠速控制阀如图 4.35 所示。控制阀芯安装在阀轴的中部,可以随阀轴一同转动,从而改变怠速空气道的流通载面,控制流过怠速空气道的空气量。

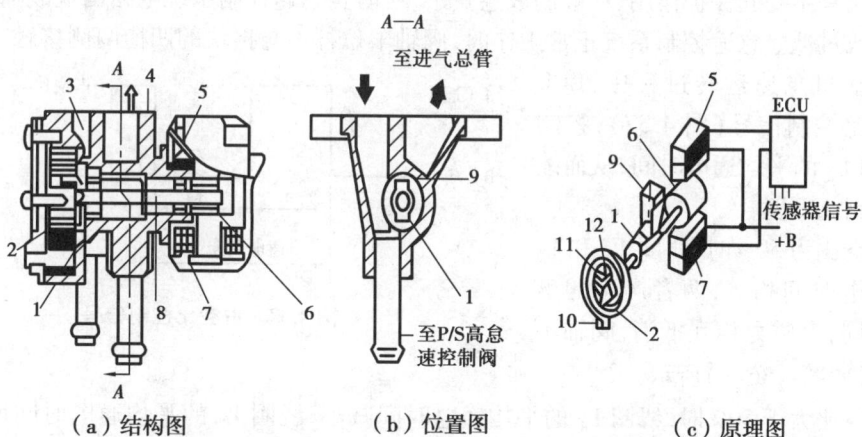

（a）结构图　　　（b）位置图　　　（c）原理图

图 4.35 广州本田奥德赛旋转电磁阀式怠速控制阀

1—控制阀芯;2—双金属片;3—冷却液腔;4—阀体;5—线圈 L_1;6—永磁铁;
7—线圈 L_2;8—阀轴;9—怠速空气口;10—固定销;11—挡块;12—阀轴限位杆

阀轴的一端装有圆柱形永磁铁,永磁铁上装有位置相对的两个线圈 L_1 和 L_2。永磁铁的磁场与线圈 L_1 和 L_2 产生的电磁场相互作用会使永磁铁带动阀轴和阀芯一起旋转,如图 4.36(a) 所示。

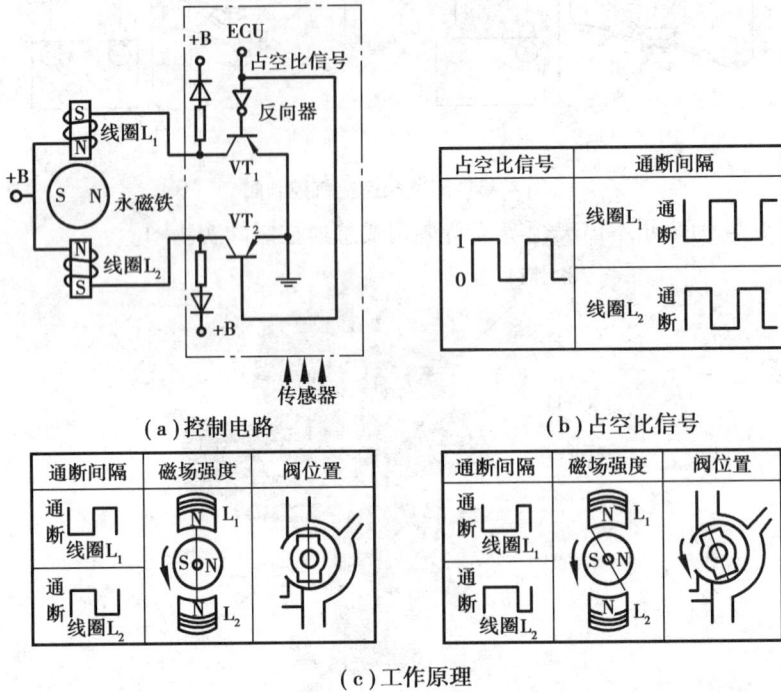

（a）控制电路　　　　　　　　　　（b）占空比信号

（c）工作原理

图 4.36　旋转电磁阀式怠速控制阀控制原理图

由 ECU 控制线圈 L_1 和 L_2 的通电或断电来改变两个线圈产生的磁场强度,并改变控制阀芯的位置,以实现对怠速空气量的控制。

双金属片主要起保护作用,一般制成卷簧形,可防止怠速控制系统电路出现故障时发动机转速过高或过低。怠速控制系统正常工作时,阀轴限位杆不与挡块的凹槽两侧接触。

在发动机怠速运转过程中,ECU 通过占空比控制信号（图 4.37）,控制线圈 L_1 和 L_2 的平均通电时间,从而改变怠速控制阀开度。

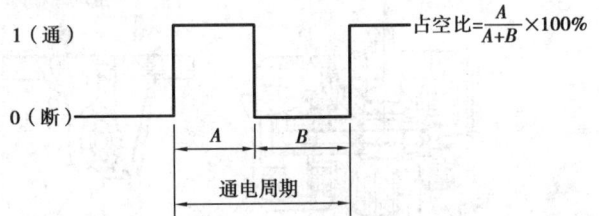

$$占空比 = \frac{A}{A+B} \times 100\%$$

图 4.37　占空比控制信号

当占空比为 50% 时,线圈 L_1 和 L_2 的平均通电时间相等,两者产生的磁场强度相同,电磁力相互抵消,阀轴不发生偏转,如图 4.36(c) 所示。

当占空比大于 50% 时,线圈 L_1 的平均通电时间减小,线圈 L_2 的平均通电时间增加,两者合成的电磁转矩将使阀轴带动阀芯逆时针转动,使控制阀开度增大。

当占空比小于 50% 时,线圈 L_1 的平均通电时间增加,线圈 L_2 的平均通电时间减小,两者合成的电磁转矩将使阀轴带动阀芯顺时针转动,使控制阀开度减小。

②旋转电磁阀式怠速控制阀的控制内容。旋转电磁阀式怠速控制阀的控制内容也包括启

动控制、暖机控制、反馈控制、发动机负荷增大时的控制和学习控制等内容。控制原理与步进电机式怠速控制阀类似,这里不再赘述。

(4)怠速控制阀的检修要点

①怠速控制阀容易脏污,需要定期进行清洗,一般在定期进行的进气系统的清洗中完成。如有需要也可单独对怠速控制阀进行清洗。

②怠速控制阀的性能检测。主要利用故障诊断仪执行元件测试功能,在怠速时通过诊断仪将怠速控制阀打开至不同开度,同时观察发动机怠速是否有相应变化,若没有变化,则说明怠速控制阀或其他线路存在故障。

③怠速控制阀的线路检查。主要检测电源,搭铁是否正常以及控制信号线路是否正常。如线路正常,怠速控制阀不能正常执行动作指令,则应更换怠速控制阀。

4.2.2　电子节气门控制系统的结构与检修

(1)电子节气门控制系统的功能

节气门的作用是控制进入发动机的空气量,决定发动机的运行工况。电子节气门控制系统(ETCS)是一种柔性控制系统,取消了传统节气门和油门间的拉索或杠杆机构,在电子控制单元的控制下,通过节气门体上的电动机驱动节气门,可实现节气门开度的快速精确控制,使发动机在最适宜的状态下工作,从而提高汽车的动力性、安全性及舒适性以及降低排放污染。ETCS 被广泛应用在发动机怠速控制、巡航控制、牵引力控制及车辆稳定性控制等汽车动力控制系统中。一汽大众奥迪 A6、上海大众帕萨特 B5 1.8T 及上海通用和广州本田等公司生产的部分高级轿车上都配置了 ETCS。

(2)电子节气门控制系统的结构及工作原理

电子节气门控制系统结构的组成如图 4.38 所示。由节气门体、加速踏板、加速踏板位置传感器、节气门位置传感器、节气门控制电动机和节气门电子控制单元(绝大多数和发动机 ECU 集成为一体)等组成。

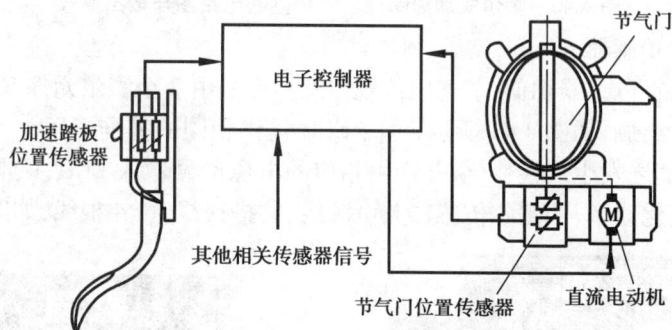

图 4.38　电子节气门控制系统结构

驾驶员操纵加速踏板,加速踏板位置传感器产生电压信号输入节气门控制单元,控制单元先对信号进行滤波,然后根据当前的工作状况、踏板移动量和变化率解析驾驶员意图,计算对发动机转矩的基本需求,得到相应的节气门转角基本期望值。再经过 CAN 总线与整车控制单元进行通信,获取其他工况信息及各传感器信号,如发动机转速、挡位、节气门位置等,由此计算整车需要的全部转矩,并对节气门转角期望值进行补偿,得到节气门最佳开度,并把相应的电信号发送到驱动电路模块,驱动控制电动机使节气门达到最佳开度位置。节气门位置传感器则把节气门开度信号反馈给节气门控制单元形成闭环控制。

1)加速踏板位置传感器

加速踏板位置传感器主要由两个霍尔元件和两个磁铁组成的两个霍尔传感器组成,如图4.39所示。两个霍尔传感器在同一基准电压下工作,基准电压由ECU提供。随着加速踏板位置的变化,传感器阻值也发生线性变化,由此产生反映加速踏板的变化量和在0~5 V变化的电压信号输送给ECU,如图4.40所示。

图4.39　霍尔式加速踏板位置传感器

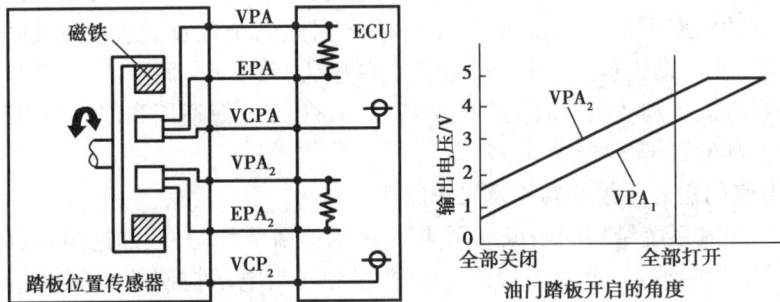

图4.40　霍尔式加速踏板位置传感器电路图与输出信号

2)节气门位置传感器

与加速踏板位置传感器相似,节气门位置传感器也是由2个霍尔元件IC与2个磁铁构成的两个霍尔传感器组成,如图4.41所示,也由ECU提供相同的基准电压。当节气门位置变化时,传感器阻值也随之发生线性变化,并产生相应的电压信号输入ECU,该电压信号反映节气门开度的大小和变化速率,两霍尔传感器共电源线、共搭铁线,用4根线,如图4.42所示。

图4.41　霍尔式节气门位置传感器

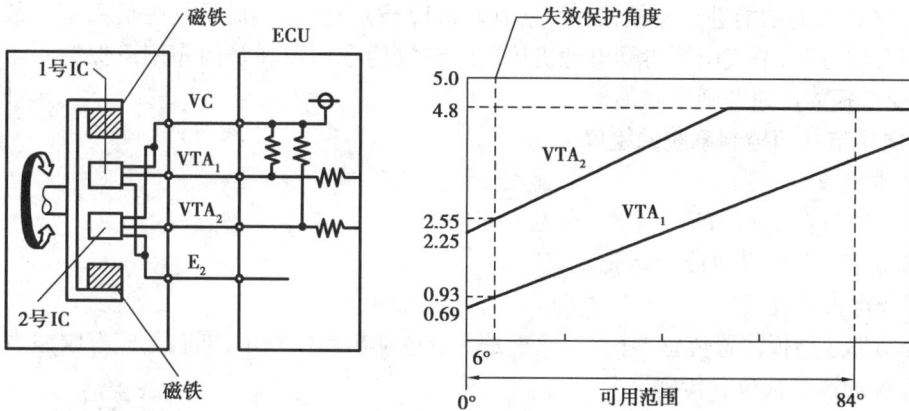

图 4.42　霍尔式节气门位置传感器电路图与输出信号

3）节气门控制电动机

节气门控制电动机一般选用步进电动机或直流电动机,经过两级齿轮减速来调节节气门开度,早期主要使用步进电动机,步进电机精度较高、能耗低、位置保持特性较好,但其高速性能较差,不能满足节气门的动态响应性能的要求,因此,现在多采用直流电动机,直流电动机精度高、反应灵敏、便于伺服控制,如图 4.43 所示。

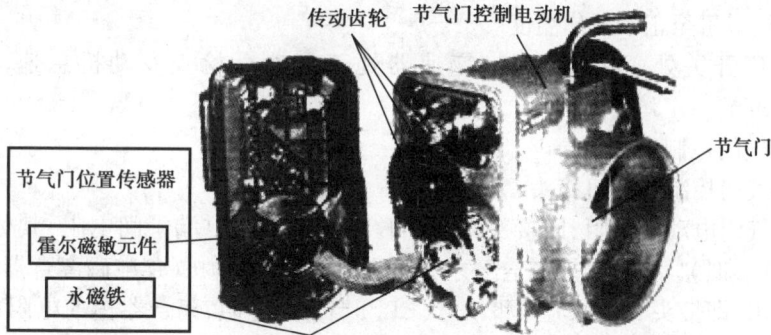

图 4.43　节气门控制电机

控制直流电动机采用脉冲宽度调制(PWM)技术,其特点是频率高、效率高、功率密度高、可靠性高。控制单元通过调节脉宽调制信号的占空比来控制直流电动机转角的大小,电动机方向是由和节气门相连的复位弹簧控制的。电动机输出转矩和脉宽调制信号的占空比成正比。当占空比一定,电动机输出转矩与回位弹簧阻力矩保持平衡时,节气门开度不变;当占空比增大时,电动机驱动力矩克服回位弹簧阻力矩,节气门开度增大;反之,当占空比减小时,电动机输出转矩和节气门开度也随之减小。

4）控制单元

控制单元是整个系统的核心,包括信息处理模块和电动机驱动电路模块。

信息处理模块接收来自加速踏板位置传感器的电压信号,经过处理得到节气门的最佳开度,并把相应的电压信号发送到电动机驱动电路模块。

电动机驱动电路模块接收来自信息处理模块的信号,控制电动机转动相应的角度,使节气门保持相应的开度。电动机驱动电路应保证电动机能双向转动。

ECU 对系统的功能进行监控,若发现故障,故障指示灯点亮,提示驾驶员系统有故障。同时电磁离合器分离,节气门不再受电动机控制。节气门在回位弹簧的作用下保持一个小开度的位置,使车辆能慢速开到维修地点。

(3)电子节气门控制系统的检修

1)基本检查

①检查节气门的运动是否平滑,有无卡涩现象。

②检查节气门电动机能否运转。

a.打开点火开关。

b.转动加速踏板位置传感器拉杆,检查是否有电动机动作响声,同时不应有摩擦声。

③检查加速踏板位置传感器。

a.将丰田手持式检测仪表连接到仪表台左下角的 DLC$_3$ 检测头上。

b.检查"CHECK ENGINE"警告灯不应点亮。

c.转动加速踏板位置传感器拉杆至全开位置,检查"CURRENT DATA(当前数据)"菜单下的节气门开度数值是否符合标准,标准节气门开度为 60%以上。若没有丰田手持式检测仪,则可测量 ECU 接头的"VAP"和"E$_2$"端子间的电压,标准电压值为 3.2~4.8 V。

④检查发动机怠速。

a.启动发动机,检查"CHECK ENGINE"警告灯不应点亮。

b.使发动机暖机至正常工作温度。

c.空调 A/C 开关处于关闭状态(变速器处于空挡),检查发动机怠速,标准怠速值为(700±50)r/min。

2)检查节气门控制电动机

①拆下节气门控制电动机接头。

②测量节气门电动机电阻,即接头 1 号(M$_+$)和 2 号(M$_-$)端子间电阻,其标准电阻值为 0.3~100 Ω(20 ℃时)。若阻值不符合要求,则更换节气门电动机(连电磁离合器)。用欧姆表测量离合器电阻,即接头 3 号(CL$_-$)和 4 号(CL$_+$)端子间电阻,离合器标准电阻值为 4.2~5.2 Ω(20 ℃时)。若阻值不符合要求,则更换节气门电动机(连电磁离合器)。

3)检查节气门位置传感器

①拆下节气门位置传感器接头。

②用欧姆表测量"VC"和"E"端子间电阻,标准电阻值为 1.25~2.35 kΩ(20 ℃时)。若阻值不符合要求,则更换节气门位置传感器。

4)检查加速踏板位置传感器

①拆下加速踏板位置传感器接头。

②用欧姆表测量"VC"和"E"端子间电阻,标准电阻值为 1.64~3.28 kΩ(20 ℃)。若阻值不符合要求,则更换加速踏板位置传感器。

5)故障码的读取与清除

若发动机 ECU 确认 ETCS 系统有故障,ECU 即切断节气门电动机和电磁离合器的电源供应,进入失效保护状态。同时,组合仪表上的多元信息屏将显示"CHECK ENGINE"信息。此时,可由以下方法读取故障码。

①打开点火开关。

②用跨接线跨接 DLC$_3$ 之 13 号(TC)和 4 号(CG)端子。

③由多元信息屏上读取故障码,若出现"EFI…·89",则表明 ETCS 有故障。更详细的故障码应由组合仪表上的"ECT SNOW"指示灯(非一般国家规格)或"ETCS"指示灯(一般国家规格)闪烁读取。

故障码清除,取下 EFI 保险丝即可。

丰田车系 ETCS 故障代码表,见表 4.3。

表 4.3　丰田车系 ETCS 故障代码表

代　码	故障原因	故障部位
21	节气门控制电动机电路故障	①节气门控制电动机电路开路或断路 ②节气门控制电动机 ③发动机 ECU
22	电磁离合器电路故障	①电磁离合器电路开路或断路 ②电磁离合器 ③发动机 ECU
23	电子节气门控制系统执行器电源电路故障	①电子节气门控制系统执行器电源电路开路或断路 ②发动机 ECU
31	节气门控制电动机锁止故障	①节气门控制电动机 ②节气门体 ③发动机 ECU
32	电子节气门控制系统故障	电子节气门控制系统
33	ECU 故障	ECU

注:若多元信息屏出现"EFI…·19"(加速踏板位置传感器线路)或"ER…·41"(节气门位置传感器线路),同样会使 ECU 切断节气门电动机和电磁离合器的电源供应,进入失效保护状态,应检修相应元件及线路。

6)清洗、初始化电子节气门

①清洗电子节气门。采用电子节气门的汽车,一般不设置发动机故障指示灯(MIL),电子节气门指示灯取代了发动机故障指示灯的功能。电子节气门指示灯(ETC)点亮,则表明电子节气门系统有故障,例如,怠速抖动或偶尔熄火,制动时汽车出现"后坐"现象,转向沉重,故障码显示 CAN 通信失败和空调系统进入失效保护状态等。此时应当查询发动机的故障码,一般需要清洗节气门。

将电气节气门体拆下来,使用专门用的电子节气门清洁剂,将内部的节气门和进气道表面附着的灰尘和积炭等去除,并清除阀体背面的灰尘。清洗时,重点清洗节气门体腔、节气门及节气门轴等部位,直至没有污物为止。清洗后反复扳动节气门操纵机构,检查节气门开关是否自如。另外,还应清洗进气管道与节气门体的接合面,清洗前拆下密封胶圈,以防被腐蚀。

②电子节气门初始化。电子节气门经清洗后,一定要做节气门的基本设定,让 ECU 读取节气门的最大开度及关闭位置等信息。保证整个系统运行良好。

a.电子节气门总成在下列情况下需要进行初始化:清洗、更换或修复电子节气门总成;蓄电池断电;更换了发动机电控单元;对发动机电控单元进行编程或编码。

b.电子节气门总成初始化的一般条件为:点火开关打开,发动机关闭;蓄电池电压超过10 V;加速踏板不动;车辆静止(无车速信号);水温为5~100 ℃;进气温度高于5 ℃。

丰田系列发动机电子节气门总成的初始化方法如下:

a.将点火开关置于"ON"位置并保持30 s(注意:在此过程中不得踩踏加速踏板);

b.断开点火开关15 s(发动机电控单元在EEPROM中记录节气门初始化参数),然后拔下点火开关钥匙(注意:在断开点火开关15 s时间内不能重新接通点火开关)。

帕萨特B5轿车发动机电子节气门初始化的具体操作过程如下:

a.连接电脑解码器,打开点火开关;

b.选择"发动机系统",按"Q"键确认;

c.选择"基本调整功能",按"Q^+"键确认;

d.输入组号"098",按"Q"键确认。

按下"Q"键后,电子节气门初始化开始进行,节气门控制器运行到最大、最小开度及中间开度等几个位置。ECU在存储器内记下多个节气门角度,随后节气门短时间保持在启动位置,然后关闭。

4.2.3 可变进气系统的结构与检修

(1)可变进气系统的作用

发动机工作时,在进气行程中,进气管内会产生周期性的压力波动,人们通常将进气管内的这种动态效应视为惯性效应和波动效应共同作用的结果。

在进气行程中,新鲜空气在进气管内外压力差的作用下,向汽缸内流动,并在进气管内得到加速。当进气行程接近时,进气门在迎着已获得充分加速的气流关小时,会引起进气管内短暂的压力升高,在压缩行程初始阶段,汽缸压力比较低,推迟进气门关闭,可有效利用气流的惯性来增加进气量。这种利用气流动能进行充气提高充气量的效应,称为惯性效应。

发动机工作时,由于活塞是运动的,在进气行程中,进气管内会产生周期性的压力波动。进气行程开始时,活塞下行使缸内和进气门口处产生一定的真空度,形成负压波,它以膨胀波的形式沿进气管以$a-u$的速度向进气口处传播(a为音速,u为气流速度)。当膨胀波到达稳压室等空腔的开口端时,又向汽缸方向反射回传播速度为$(a+u)$的压缩波。理想状况是根据气门正时调节进气管道长度和直径,使压力峰值到达进气门时,正值进气门关闭的前夕,这种附加的压力能使缸内压力处于一个比较高的状态,即提高了进气终了时汽缸内的压力,提高了实际进入汽缸的新鲜空气量,提高了发动机的充气效率。

为了有效利用进气管内的动力效应来增加充气量,高速时应使用粗而短的进气管,低速时应使用细而长的进气管。可变进气系统能根据发动机的转速自动地变换进气管的形状,以有效地利用进气管内的动态效应。利用进气管道的动态效应,可在较大的转速范围内增加汽缸充气量,提高发动机的输出转矩和功率。可变进气系统能够根据发动机的实际运行工况,自动改变进气管的长度和直径,以获得最佳的充气效率和动力性。

(2)可变进气系统的结构原理

1)进气管长度可变的进气系统

①长度有级变化的可变进气系统。如图4.44所示为大众公司的1.8L ANQ发动机中有一

个具有双进气道的进气歧管,它能够在长进气道和短进气道之间进行切换。发动机在低转速时,空气经长进气道进入汽缸,使汽缸充气最佳,且转矩增大;发动机在高转速时,空气流经短进气道,可提高效率。

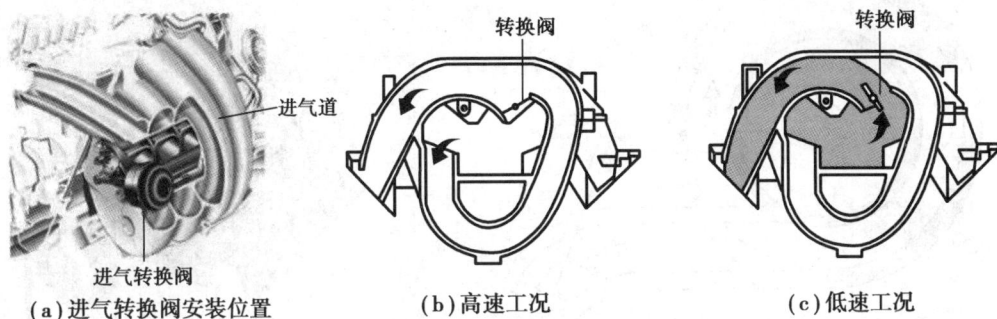

(a)进气转换阀安装位置　　(b)高速工况　　(c)低速工况

图 4.44　大众公司的 1.8L ANQ 发动机的可变进气系统

发动机的进气歧管内有一个受真空控制的膜片式转换阀,如图 4.44 所示。转换阀膜片室中的压力受进气歧管转换阀电磁阀(三通电磁阀见图 4.45)控制,而三通电磁阀由发动机 ECU根据发动机的转速控制。

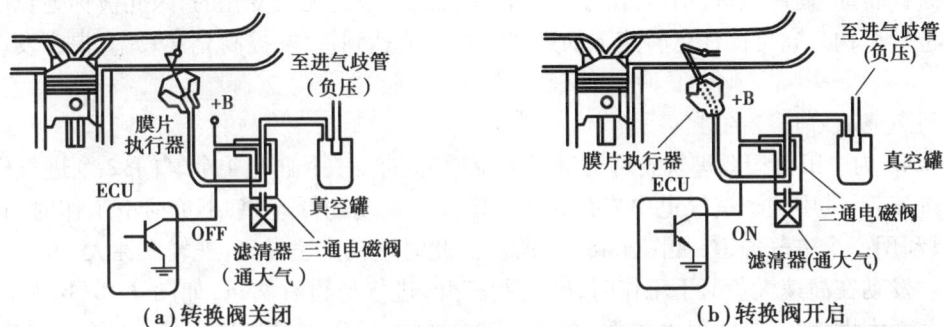

(a)转换阀关闭　　　　　　(b)转换阀开启

图 4.45　可变进气系统的控制原理

当发动机转速低于约 4 100 r/min 时,发动机 ECU 使三通电磁阀断电。膜片气室与大气之间的通道被切断,与真空罐之间形成通路,真空作用在转换阀膜片室。膜片带动拉杆,关闭进气转换阀,如图 4.45(a)所示。转换阀的活动阀门关闭,空气通过路径较长而截面较小的进气管进入汽缸。此时进气流速高,具有较大的惯性,起到惯性增压的作用,可获得较大的发动机转矩。

当发动机转速高于 4 100 r/min 时,发动机 ECU 给三通电磁阀通电。膜片气室与真空罐之间的通道被切断,转而与大气接通,大气作用在转换阀膜片气室。膜片带动拉杆,打开进气转换阀,如图 4.45(b)所示。转换阀阀门打开,形成了路径较短而截面较大的进气管道。此时空气通过较短的路径进入汽缸,降低了进气阻力,增加了发动机高速时的功率。

②长度无级变化的可变进气系统。无级变化的可变进气系统代表目前可变进气管技术的最高水平,其结构模型如图 4.46 所示。当发动机低速运转时,转鼓处于图示位置,空气经过进气口→转鼓的开口→进气通道和进气门→汽缸,进气管较长。当发动机转速升高时,转鼓逆时针转动,进气管路变短。

BMW 发动机上采用了长度无级可变的进气系统,如图 4.47 所示。进气管箱体的中央,有一个空气转鼓,其内腔与上游进气管(空气滤清器端)接通,空气出口通往进气道。空气转鼓与电动机轴相连,电动机带动转鼓转动,可以改变进气管有效长度,使之与发动机转速相匹配。

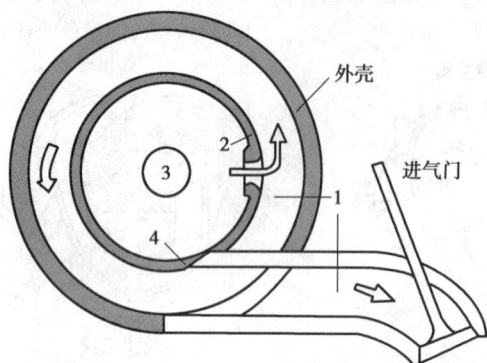

图 4.46　长度无级变化的进气管结构模型　　图 4.47　BMW 发动机的无级可变进气系统
1—进气通道;2—转鼓;3—进气口;4—进气管路

在低转速下,发动机 ECU 使电动机逆时针转动,使用长进气管;在高转速下,电动机带动转鼓顺时针转动,使用短进气管。由于进气管长度的调节是无级变化的,因此被称为长度无级可变的进气机构。它可使任意转速下的进气管长度值达到最佳,提高充气效率,提升发动机的性能。

2)进气管直径可变的进气系统

图 4.48 为丰田公司双进气管可变进气系统原理图。一个缸有 4 个气门,2 个进气门各配有一个进气管,其中一个进气道中装有进气转换阀。发动在低速中、小负荷下工作时,转换阀关闭,只利用一个进气通道,如图 4.48(a)所示。此时进气流速提高,进气惯性大,可提高发动机转矩。发动在高速大负荷下工作时,转换阀打开,进气通道有两条,如图 4.48(b)所示。此时进气截面大大增加,进气阻力减小,汽缸充气量增加,使发动机高速大负荷时的动力性得到提高。

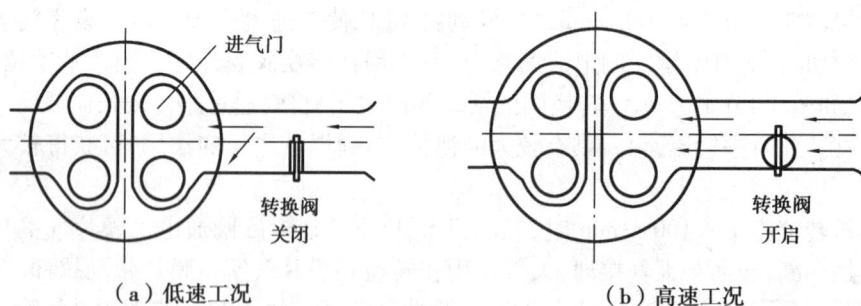

（a）低速工况　　　　　　　　　　（b）高速工况

图 4.48　丰田公司双进气管可变进气系统原理图

3)进气谐振控制系统

进气谐振控制系统由发动机 ECU、电磁阀、进气增压控制阀等组成,如图 4.49 所示。

以丰田汽车进气谐振控制系统为例,丰田汽车公司四缸发动机的可变进气系统的特点是:在进气管中间通道上设置了与各缸进气管相连通的第二稳压箱,并在联通部位上安装了可变进气控制阀,其进气管的有效长度可以调节,如图 4.50 所示。

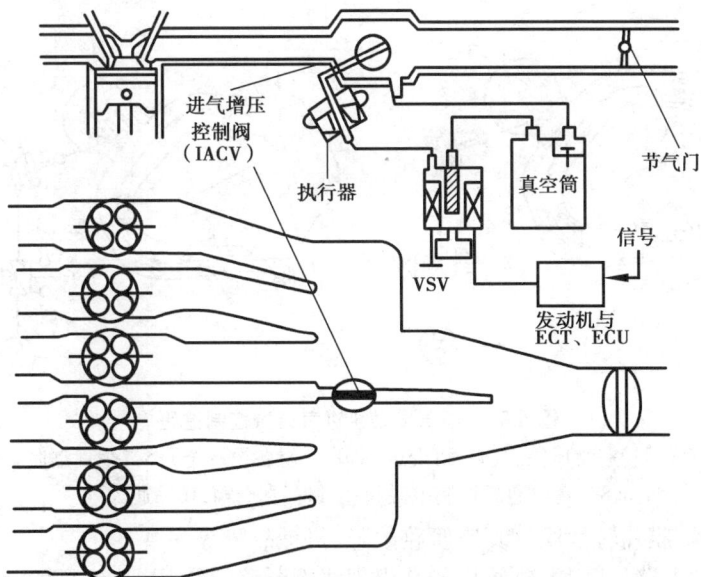

图 4.49　进气谐振控制系统

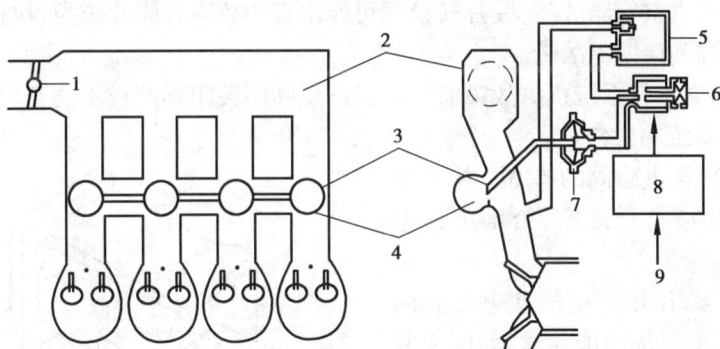

图 4.50　丰田汽车进气谐振系统

1—节气门;2—第一稳压箱;3—进气控制阀;4—第二稳压箱;5—真空箱;
6—真空通断控制电磁阀;7—真空促动阀;8—发动机 ECU;9—发动机转速信号

如图 4.51 所示为丰田汽车进气谐振系统在发动机低、中速和高速条件下可变进气的基本原理。ECU 根据发动机转速信号控制真空通断控制电磁阀的通断,进而控制进气控制阀的开闭。

低速时,真空通断控制电磁阀电路不通,真空通道关闭,真空罐的真空度不能进入真空气室,受真空气室控制的进气控制阀处于关闭状态。此时进气管长度长,改善了进气效率,提高了发动机在低、中转速范围的扭矩输出。

高速时,ECU 接通真空通断控制电磁阀的电路,真空通道打开,真空罐的真空度进入真空气室,吸动膜片,从而将进气控制阀打开,进气管长度变短,以提高高转速范围内的功率输出。

(3)可变进气系统检修

1)可变进气系统常见故障

可变进气系统发生故障时,通常会出现车辆动力不足、油耗升高等症状。其常见故障有电

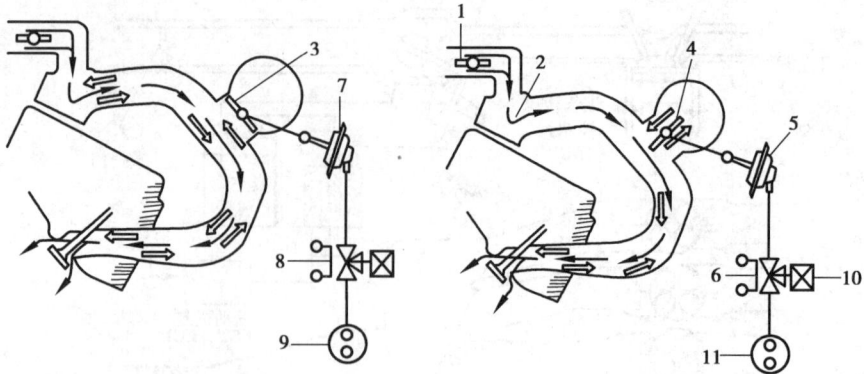

图 4.51　丰田发动机进气谐振控制过程

1—节气门;2—稳压箱;3,4—可变进气阀(每缸各设一个);5,7—真空促动阀;
6,8—真空通断控制电磁阀;9,11—真空箱;10—通大气

磁阀控制电路故障、膜片转换阀计真空管路故障、机械故障等。

电磁阀及控制电路故障:电磁阀可能会出现线圈断路、阀芯卡滞和通气口堵塞等故障。控制电路可能会出现断路、短路、接触不良和接触电阻过大等故障。

膜片转换阀及真空管路故障:膜片转换阀可能出现的故障有膜片破裂、拉杆变形等。真空管路可能出现泄漏和堵塞等故障。

机械故障:可变进气系统机械故障有因积炭产生阀门关闭不严或不能开启等。

2)可变进气系统的检修

①可变进气转换电磁阀的检查。检查电磁阀线圈的阻值,应符合规定,否则更换电磁阀。

在断电状态下,用压缩空气从电磁阀的通大气口处吹入,空气应不能通过,如图 4.52 所示;用压缩空气从电磁阀的通真空口(通进气口)处吹入,空气应从通膜片式转换阀的接口处流出,否则应更换电磁阀。

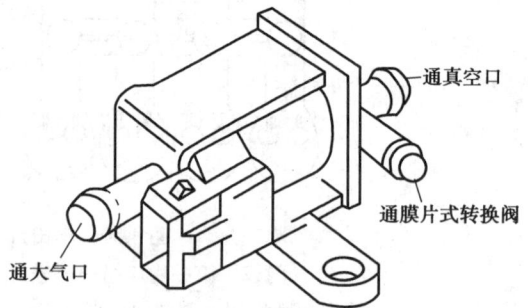

在通电状态下,用压缩空气从电磁阀的通大气口处吹入,空气应从通膜片式转换阀

图 4.52　进气歧管转换电磁阀

的接口处流出;用压缩空气从电磁阀的通真空口处吹入,空气应不能通过,否则应更换电磁阀。

②膜片式转换阀的检查。检查膜片式转换阀是否有卡死、变形等现象。

检查膜片式转换阀是否泄漏时,可用手动真空泵连接到膜片室转换阀,并施加真空度到一定的值,然后观察在一定时间内真空度的变化情况。若真空度下降,则说明存在泄漏,需要更换膜片室转换阀。

4.2.4　涡轮增压控制系统的结构与检修

所谓发动机增压,就是将空气滤清器管道送来的空气进行预压缩,然后再供入汽缸的一种措施。它通过提高进气密度来增加进气量,从而提高发动机的功率。实践证明,

在小型轿车发动机上采用增压技术后,不仅可以获得良好的动力性,而且燃油经济性也有所提高。

根据增压装置使用的动力源不同,增压装置可分为废气涡轮增压和动力增压两种类型。废气涡轮增压是利用发动机排出的废气量驱动增压装置工作,而动力增压是利用发动机输出动力或电源驱动增压装置工作,由于废气涡轮增压的结构简单又不消耗发动机动力,因此,目前多采用废气涡轮增压的方式,这里介绍废气涡轮增压的结构及原理。

涡轮增压器由涡轮室和增压器两部分组成。涡轮室进气口与排气歧管相连,排气口接在排气管上,增压器进气口与空气滤清器管道相连,排气口接在进气歧管上。涡轮和泵轮分别装在涡轮室和增压器内,二者同轴刚性连接。

废气涡轮与进气涡轮同轴连接,它们都有叶片、涡轮和泵轮各自装在控制并引导废气和进气的螺旋形腔室内。连接涡轮和泵轮的轴装在轴承中。排气气流由喷嘴引导冲向涡轮叶片。当发动机负荷足够大时,就有足够的废气气流使涡轮和轴高速旋转,从而产生涡流。同时位于轴另一端的泵轮也随涡轮轴一起旋转,如图 4.53 所示。泵轮安装在进气系统中,当泵轮旋转时,空气被吸入泵轮中心,泵轮叶片带动空气旋转,使空气在离心力作用下甩出。空气在压力作用下离开泵轮壳进入进气歧管,进气管内的压力增加,使得进入汽缸的燃油混合气增多,提高发动机的功率。

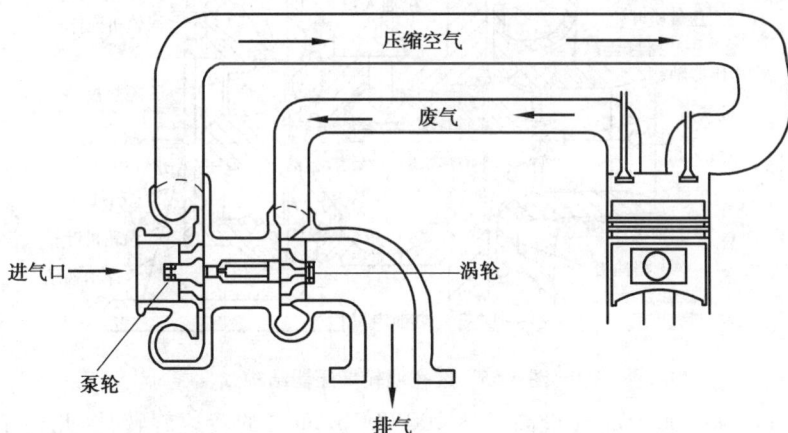

图 4.53　废气涡轮增压工作原理

废气涡轮增压系统主要由涡轮增压器、进气旁通阀、排气旁通阀、排气旁通阀控制装置及中冷器等组成,如图 4.54 所示。

(1)涡轮增压器

涡轮增压器包括涡轮壳体、压缩壳体、涡轮、泵轮、全浮式轴承、排气旁通阀和执行器等,如图 4.55 所示。涡轮和泵轮装配在同一根轴上,通过两个浮动轴承分别安装于涡轮壳体和压气机壳体,中间体内有润滑和冷却轴承的油道,还有防止机油漏入压气机或涡轮机的密封装置等。

涡轮机叶轮、压气机叶轮和密封套等零件构成涡轮增压器转子,安装在增压器轴上。来自排气歧管的废气使涡轮高速运转,同轴上的泵轮也跟着旋转,把进气压入汽缸。转子因直接受到排气的冲击变得特别热而且高速运转,所以必须耐热并且耐磨损。因此,涡轮用超耐热的合金或陶瓷制成。

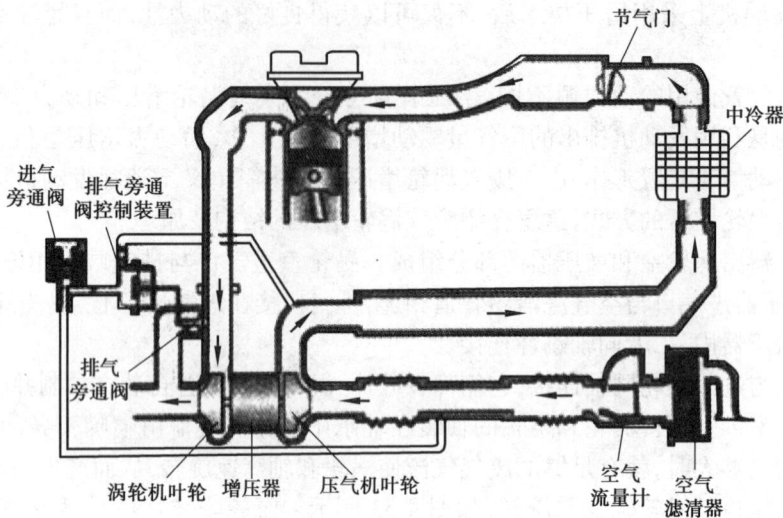

图 4.54　废气涡轮增压系统结构组成

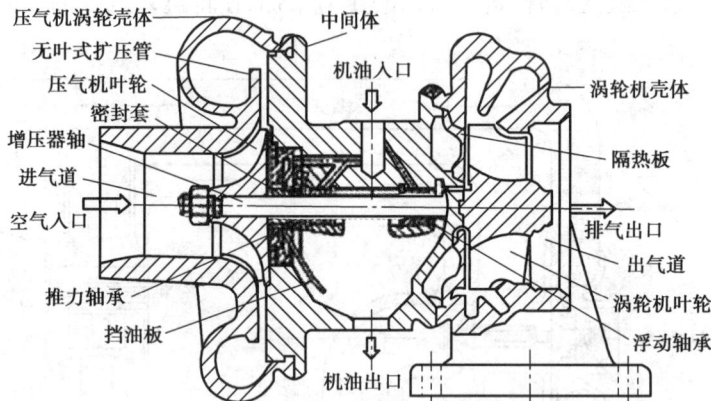

图 4.55　废气涡轮增压器结构

转子以超过 100 000 r/min(最高可达 200 000 r/min)的转速旋转,因此转子的平衡很重要。增压器轴在工作中承受弯曲和扭转交变应力。一般由韧性好、强度高的合金钢 40Cr 或 18CrNiWA 制造。增压器轴承的结构是车用涡轮增压器维持可靠性的关键之一。现代车用涡轮增压器都采用浮动轴承。浮动轴承实际上是套在轴上的圆环,圆环与轴以及圆环轴承座之间都有间隙,形成双层油膜,圆环浮在轴与轴承座之间,一般内层间隙为 0.05 mm 左右,外层间隙约为 0.1 mm。轴承壁厚 3~4.5 mm,用铅锡青铜合金制造,轴承表面镀一层厚度为 0.005~0.008 mm 的铅锡合金或金属铟。在增压器工作时,轴承在轴与轴承座中间运转。

增压器工作时产生轴向推力,由设置在压气机一侧的推力轴承承受。为了减少摩擦,在整体式推力轴承两端的止推面上各加工有 4 个布油槽;在轴承上还加工有进油孔,以保证止推面的润滑和冷却。

(2)增压压力的调节

进、排气旁通阀是用来调节汽车涡轮增压系统中的增压压力,排气旁通阀的工作原理如图 4.56 所示。控制膜盒中的膜片将膜盒分为上、下两个室。上室为空气室,经连通管与压气机出口相通;下室为膜片弹簧室,膜片弹簧作用在膜片上,膜片通过连动杆与排气旁通阀连接。当压气机出口压力(即增压压力)低于限定值时,膜片在膜片弹簧的作用下左移,并带动连动杆将排气旁通阀关闭,当增压压力超过限定值时,增压压力克服膜片弹簧力推动膜片右移,并带动连动杆将排气旁通阀打开,使部分排气不经涡轮机直接进入排气总管中,从而达到控制增压压力及涡轮转速的目的。

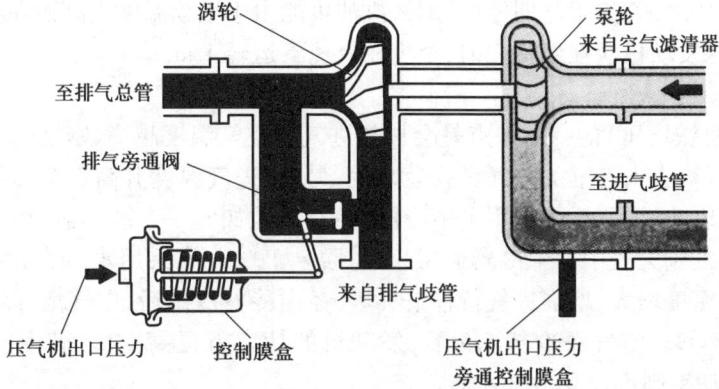

图 4.56　排气旁通阀工作原理示意图

在有些发动机上,排气旁通阀的开闭由电磁阀控制。ECU 根据发动机的工况,由预存的增压压力脉谱图确定目标增压压力,并与增压压力传感器检测到的实际增压压力进行比较,然后根据其差值来改变控制电磁阀开闭的脉冲信号占空比,以此改变电磁阀的开启时间,进而改变排气旁通阀的开度,控制排气旁通量,因此能够精确地调节增压压力。

(3) 涡轮增压器的润滑及冷却

涡轮增压器的润滑油路及冷却水套如图 4.57 所示。来自发动机润滑系统主油道的机油,经增压器中间体上的机油进口进入增压器,润滑和冷却增压器轴和轴承。然后,机油经中间体上的机油出口返回发动机油底壳,在增压器轴上装有油封,用来防止机油窜入压气机或涡轮机蜗壳内。油封损坏将导致机油消耗量增加和排气冒蓝烟。

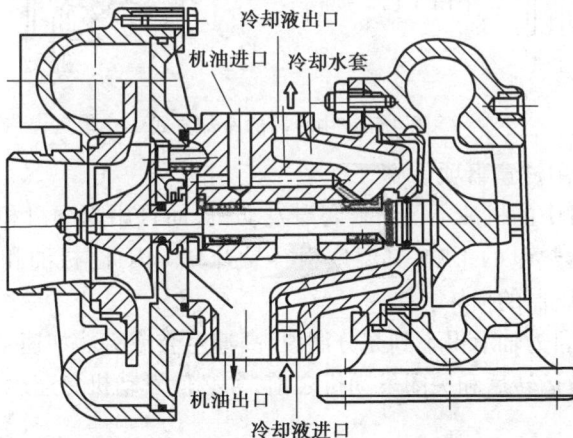

图 4.57　涡轮增压器的润滑油路及冷却水套

由于汽油机增压器的热负荷大,因此要在增压器中间体的涡轮机侧设置冷却水套,并用软管与发动机的冷却系统相连。冷却液自中间体上的冷却液进口流入中间体内的冷却水套,从冷却液出口流回发动机冷却系统。冷却液在中间体的冷却水套中不断循环,使增压器轴和轴承得到冷却。

有些涡轮增压器在中间体内不设置冷却水套,只靠机油及空气对其进行冷却,在发动机大负荷或高转速工作之后,如果立即停机,那么机油可能由于轴承温度太高而在轴承内燃烧。因此,这类涡轮增压发动机应在停机之前,至少在怠速下运转 1 min。

(4)中冷器

涡轮增压(机械增压)的一个缺点是会加热进气。空气温度越高,密度越小。随着空气的温度升高,进气行程进入汽缸的空气量就会减少,另外,进气温度升高也会导致爆震问题。为了克服这些不利影响,增压系统采用了中冷器,中冷器就如同一个散热器,将增压系统中的热量转移出去并散发到大气中。中冷器通常采用风冷方式,也有采用水冷方式的,如图 4.58 所示。空气冷却后密度增大,增加进气行程空气量,经中冷器冷却后,空气离开增压器进入汽缸前的温度约为 38 ℃。空气每冷却 5.5 ℃,发动机的功率就提高 1%。若中冷器将空气冷却 38 ℃,发动机的功率则可提高 10% 左右。

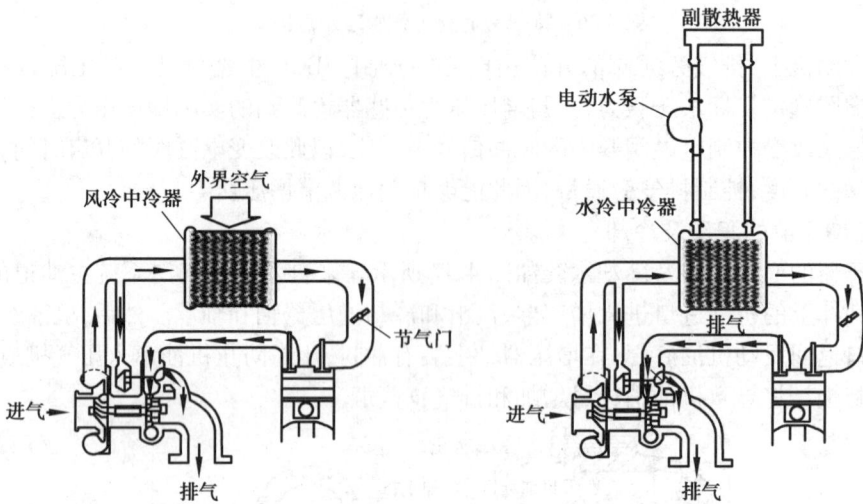

图 4.58　中冷器的冷却方式

(5)涡轮增压器使用注意事项

①涡轮增压发动机中的机油不仅用来润滑发动机,而且用来润滑和冷却涡轮增压器。发动机机油受涡轮增压器热量的影响,其温度很容易升高。因此,机油和机油滤清器应定期更换,否则会导致涡轮增压器的损坏。

②在冷机启动时,因为轴承得不到充分润滑,高速空转或突然加速会导致轴承损坏。

③在发动机高负荷运转后和关闭发动机之前,务必使发动机怠速运转数分钟。

【任务实施】

(一)任务目标

①会用万用表、故障诊断仪、示波器对电控换气系统的常见故障进行诊断检修。

②会用故障检测仪进行数据流分析。

(二)设备要求

轿车 5 台,每台 6~8 人,若干万用表、示波器、故障诊断仪、教材、仪器说明书、汽车维修手册及多媒体课件。

(三)任务步骤

①在整车上分析电控进气系统常见故障现象及常见故障部位。

②用故障诊断仪、数字万用表或示波器对照汽车维修手册对常见故障进行排查。

③对电控进气系统的故障部位进行检修。

④用故障检测仪对进气系统的数据流进行分析。

【项目小结】

(1)进气谐波增压系统:进气管长度变长时,压力波波长变长,可使发动机中低速转速区功率增加;进气管长度变短时,压力波波长变短,可使发动机高速区功率增加。

(2)可变配气相位控制系统:系统根据工况连续变更气门正时,即改变进气、排气提前角和迟闭角,以使发动机输出功率增加,减少排放。

(3)废气涡轮增压系统:海拔每升高 1 000 m,大气压力下降 10%,同等条件下进入汽缸的气体质量随之减少 10%,发动机输出功率下降 10%,油耗增加 5%。进气增压可以很好地解决这一问题。同时消减怠速时充气量不足的问题,为大负荷时减少油气混合气浓度提供可能性,从而提高燃油经济性,减少排放。

【知识拓展】

进气控制系统除了怠速控制系统、电子节气门控制、可变进气系统控制、涡轮增压控制相关技术外,还有可变配气相位及气门升程控制系统。比较典型的可变配气相位技术是丰田公司的 VVT-i 技术,配气相位角的大小可根据转速和负载的不同进行调节,高低转速下都可获得理想的进气量,从而提升发动机燃烧效率。其工作原理是系统由 ECU 协调控制,来自发动机各部位的传感器随时向 ECU 报告运转工况。由于 ECU 中储存有气门最佳正时参数,因此 ECU 会随时控制凸轮轴正时控制液压阀,根据发动机转速调整气门的开启时间,或提前,或滞后,或保持不变。市面上大部分气门正时系统都可以实现进气门正时在一定范围内无级可调,而少数发动机还在排气门也配备了 VVT 系统,从而在进、排气门都实现气门正时无级可调(就是 D-VVT,双 VVT 技术),进一步优化了燃烧效率。

最典型的气门升程控制是本田公司的 VTEC(Variable Valve Timing and Lift Electronic Control),保证了发动机中低速与高速不同的配气相位及进气量的要求,使发动机无论在何种速率运转都能达到动力性、经济性与低排放的统一与极佳状态。本田的 VTEC 发动机技术已推出了近十年,事实证明这种设计是可靠的。i-VTEC 技术是在现有 VTEC 系统的基础上,添加一个"可变正时控制"VTC,即一组进气门凸轮轴正时可变控制机构,通过 ECU 控制程序,控制进气门的开启关闭。随后奥迪、三菱和丰田厂商也都研发了自己的可变气门升程技术。日产和宝马则以更为精巧的设计率先推出了自己的连续可变气门升程技术,实现了气门升程的无级可调,如日产的 VVEL 技术。相比分段可调的 i-VTEC 技术,连续可变气门升程不仅提供各转速区域内更强的动力,也使得动力的输出更加线性,这项技术最先就被应用在 G37 的 VQ37VHR 发动机上。此外,宝马的 Valvetronic 技术是依靠改变摇臂结构来控制气门升程的,同样可以实现气门升程无级可调。目前,可变气门升程技术基本还只停留在进气端,因此可变气门升程技术在未来还有很大的提升空间。

据统计,有30%的油耗发生在怠速工况,标准排量1.6 L的发动机怠速时平均油耗为41.6 mL/min,1 L汽油平均只能怠速空转23.8 min,怠速3 min能使汽车在高速公路行驶1 km。在2012 年,欧洲新上市的车中已有50%配备怠速启停控制系统。据统计,这套系统能在城市工况下达到15%的节油能力,具备超强的环保表现。

【思考与练习】

一、填空题

1.空气流量计的作用是_____。

2.空气供给系统由_____、_____、_____、_____、_____及_____等组成。

3.进气歧管压力传感器装在_____后。

4.空气流量计的类型有_____、_____及_____。

5.节气门位置传感器的作用是_____。

6.怠速控制阀控制的内容包括_____、_____、_____、_____、_____、_____等。

7.怠速控制阀安装在发动机节气门体上或节气门体附近,怠速控制阀分为_____、_____和占空比型电磁阀式 3 种。

8.控制怠速进气量的方法有_____和_____两种类型。

9.怠速控制的实质就是对怠速时的_____进行控制。

二、选择题

1.不属于空气供给系统组成部件的是(   )。

A.空气滤清器   B.空气流量计   C.节气门   D.二次空气进气阀

2.汽油喷射发动机的怠速通常是由(   )控制的。

A.自动阻风门   B.怠速调整螺钉   C.步进电动机   D.继电器

3.下列(   )不是怠速稳定性修正控制信号。

A.车速传感器信号   B.空调开关信号

C.冷却液温度信号   D.节气门位置传感器信号

4.发动机启动时,怠速控制阀预先设定在(   )位置。

A.全开   B.全关   C.半开   D.任意位置

5.汽车的目标怠速主要是根据(   )信号来确定。

A.冷却液温度传感器   B.曲轴位置传感器

C.氧传感器   D.节气门位置传感器

6.控制增压压力的方法中,(   )是通过控制涡轮受力有效截面,从而改变废气流经涡轮速度,实现对增压压力控制。

A.旁通阀式   B.节流阀式   C.可调叶片式   D.以上都不是

三、判断题

1.空气流量计与进气管绝对压力传感器相比,检测的进气量精度更高一些。　　（　　）

2.怠速控制的实质就是对怠速工况下的空气供给量进行控制。　　（　　）

3.涡轮增压器损坏会造成发动机动力性能下降。　　（　　）

4.在谐波增压控制系统中,当气体惯性过后,进气门附近被压缩的气体膨胀而流向与进气相同的方向。　　（　　）

四、简答题

1.怠速控制阀 ISC 的功能是什么？

2.怠速控制阀的控制内容有哪些？

3.冬季,发动机冷车启动后,水温传感器输出电压应较高还是较低？如果此时传感器信号线断路,怠速控制阀开度将减小还是增大？

4.电子节气门的功能有哪些？

5.对 L 型系统,当进气管漏气时,混合气浓度会发生什么变化,氧传感器输出电压会偏低还是偏高？

6.氧传感器的作用是什么？当氧传感器输出 0.1 V 的电压时,喷油量应怎样调节？发动机大负荷运行时,氧传感器的输出电压应接近多少伏？

7.简述废气涡轮增压控制系统的工作原理。

8.废气涡轮增压器控制增压压力的方法有哪些？基本原理是什么？

项目 **5**
排放控制系统的故障诊断与检修

【项目目标】

1.熟悉三元催化转换器的作用及基本结构；

2.掌握氧传感器的作用、基本结构、工作原理；

3.掌握氧传感器的工作原理与喷油量闭环控制原理；

4.了解废气再循环系统的作用,掌握废气再循环的基本结构；

5.了解曲轴箱强制通风系统的作用,掌握曲轴箱强制通风系统的基本结构；

6.了解汽油蒸汽排放控制系统的作用,掌握汽油蒸汽排放控制系统的基本结构；

7.熟悉二次空气喷射系统的结构及工作原理；

8.掌握三元催化转换器系统的检修；

9.掌握曲轴箱强制通风系统的检修。

【知识脉络图】

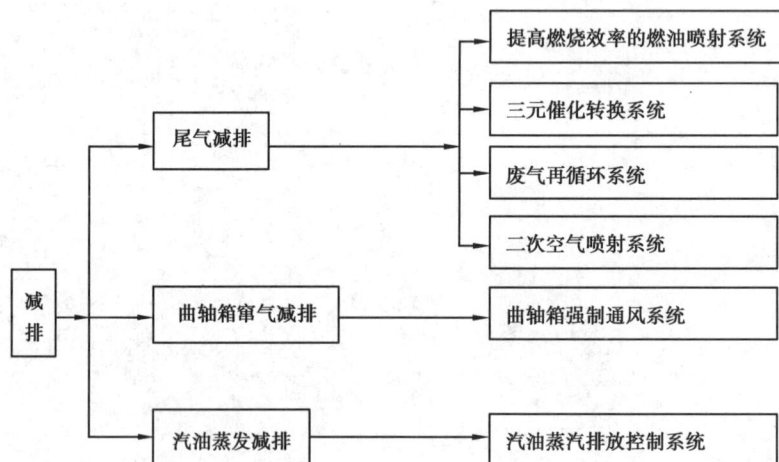

任务 5.1 排放控制系统主要元件的拆检

【任务引入】

一辆 2.8 L 奥迪 A6 汽车,发动机急速时严重发抖,加速无力,且故障灯点亮。首先调取故障码,读出空气流量计故障,并且氧传感器信号无变化。根据故障码,首先检查空气流量计,发现其线路及信号均正常。检查氧传感器信号,该车三元催化转换器前后有两个氧传感器,发现其中有一个氧传感器信号电压一直在 0.02 V 左右不变,另一个变化也非常缓慢。于是,进行急加速动作,让转速稳定在 2 000 r/min 时,氧传感电压依然没有变化。更换氧传感器,消除故障码,热车后故障灯依然亮起,而且故障代码仍显示为氧传感器信号不良。再次检查氧传感器信号电压,发现有一个氧传感器信号电压正常,另一个不正常。做发动机基本维护,测试喷油及点火,均正常。对三元催化器做触媒还原,故障仍存在。判定三元催化器存在故障。

【理论知识】

汽车虽然是 21 世纪最重要的交通工具,但它有许多弊端。进入 21 世纪,汽车污染日益成为全球性问题。随着汽车数量越来越多、使用范围越来越广,它对世界环境的负面效应也越来越大,尤其是危害城市环境,引发呼吸系统疾病,造成地表空气臭氧含量过高,加重城市热岛效应,使城市环境转向恶化。

环境与发展是世界各国普遍关注的焦点问题,发展不仅是满足当代人的需要,还要考虑不损害后代人的生存条件。因此,保护人类赖以生存的环境成为世界共同关心的问题。汽车污染是环境污染的主要途径,为了人类的可持续发展,防治汽车污染已成了刻不容缓的全球性问题,这就需要人们共同努力通过科技创新、节能减排等方式来防治汽车污染。

5.1.1 汽车排放污染物的来源及危害

(1)一氧化碳(CO)

形成原因:烃类燃料在燃烧过程中因缺氧而未能完全燃烧的产物。

危害:无色、无味的窒息性易燃有毒气体。CO 与人体血红蛋白亲和,能降低血液输送氧气的能力,导致人体心脏、大脑等器官严重缺氧,并引起恶心、头晕、头痛等症状,严重时使人窒息、死亡。

(2)碳氢化合物(HC)

形成原因:

①不完全燃烧,混合气过浓或过稀;雾化不良或混入废气过多;混合气不均匀。

②激冷效应,温度较低的燃烧室壁面对火焰的迅速冷却。

③缝隙效应,在膨胀和排气过程中,缸内压力下降,当缝隙内未燃混合气压力高于汽缸压力时,缝隙内的气体重新流回汽缸并随燃气一起排出。

④壁面油膜和积炭吸附。

危害:HC 对人的眼、鼻和呼吸道黏膜有刺激作用,可引起结膜炎、鼻炎、支气管炎等疾病;有难闻的气味,含有致癌物质;当氮氧化物和碳氢化合物在太阳紫外线的作用下,会产生一种具有刺激性的浅蓝色烟雾,其中包含有臭氧、醛类、硝酸酯类等多种复杂化合物。这种光化学烟雾对人体最突出的危害是刺激眼睛和上呼吸道黏膜,引起眼睛红肿和喉炎。1952 年 12 月,伦敦发生的光化学烟雾,4 天中死亡人数较常年同期多了 4 000 人,45 岁以上的死亡最多,约为平时的 3 倍;1 岁以下的约为平时的 2 倍。

(3)氮氧化合物(NO_x)

形成原因:高温、富氧、停留时间长。

危害:能刺激人眼黏膜,引起结膜炎等疾病;危害人的呼吸系统,是光化学烟雾的组成成分。

(4)微粒物(PW)

形成原因:烃类燃料在高温和局部混合气过浓的条件下裂解生成。

危害:危害人体健康,降低能见度。

5.1.2　三元催化转化器的结构与检修

三元催化转换器(Three-way Catalyst Converter,TWC)俗称三元催化,能同时处理 CO、HC、NO_x 3 种有害气体,串联在排气系统中,是目前汽车上采用最多的一种排气污染物处理净化技术。其功能是利用转换器中的三元催化剂(铂、钯和铑的混合体),将发动机排出废气中的有害气体 CO、HC、NO_x 转变为 CO_2、H_2O 和 N_2 排出。

(1)三元催化转换器的结构

三元催化转换器安装在排气管前部,三元催化转换器主要由外壳、金属丝网、载体和催化剂等组成,如图 5.1 所示。三元催化剂一般为铂和铑的混合物,铂能促使排气中的有害成分 CO、HC 被氧化成 CO_2 和 H_2O,铑能加速有害气体 NO_x 被还原成 N_2 和 O_2,从而起到净化排气的作用。三元催化剂的表面活性是由排气热量激发的,其使用温度范围以活性开始温度为下限,以过热引起三元催化转换器故障的极限温度为上线。

根据催化剂载体的结构特点,三元催化转化器可分为颗粒型和蜂巢型两种。颗粒型将催化剂沉积在颗粒状氧化铝载体表面,蜂巢型将催化剂沉积在蜂巢状氧化铝载体表面,氧化铝表面有形状复杂的表层,可增大催化剂与废气的实际接触面积。

(2)三元催化转换器的转化效率

催化转换器的转化效率是指实验车辆或发动机按照某种指定的工况运行时,催化转换器前后某种污染物排放量的变化率。

催化转换器将有害气体转变为无害气体的效率受诸多因素影响,其中影响最大的因素是排气温度和混合气浓度。如图 5.2 所示为 TWC 的转换效率与空燃比的关系曲线。由图可知,只有当混合气的浓度在理论空燃比 14.7∶1 运转时,三元催化转化器的转化效率最佳,因此必须使用氧传感器(O_2S)组成发动机电控燃油喷射闭环控制系统才能将混合气的空燃比精确地控制在 14.7∶1 附近。TWC 的转化效率除了与混合气的浓度有关外,还与排气温度有关。TWC 只有在催化剂的温度达到 300 ℃以上时才开始工作,一般发动机启动预热 5 min 后才能达到此下限温度,当催化剂的温度超过 400 ℃时,TWC 的转换效率将接近 100%。但若排气温度过高(超过 815 ℃)时,催化剂有可能与氧化铝载体烧结产生热老化,导致活化表面积减小,使催化剂失效,因此一般 TWC 上安装排气温度报警装置,当报警装置发出报警信号时,应熄火检查车辆,查明排气温度过高的原因。汽车行驶过程中,排气温度过高多因发动机长时间在大负荷下工作或某些故障造成不完全燃烧。

TWC 工作时会由于氧化反应产生大量的热量,在正常工作期间,TWC 内部的温度将达到 500 ℃ 以上,表面温度为 370 ℃ 以上。

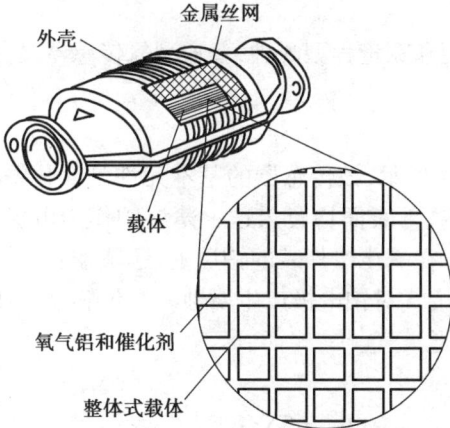

图 5.1　三元催化转化器结构

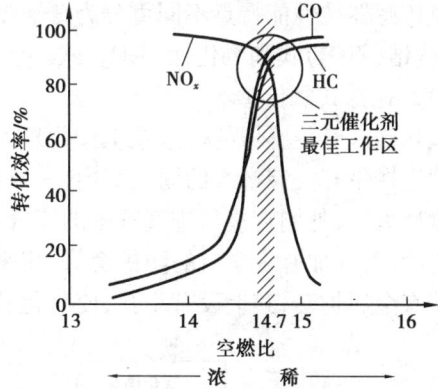

图 5.2　三元催化转化器转化效率与空燃比关系图

(3)三元催化转化器与空燃比反馈控制系统

为了将实际空燃比精确控制在 14.7∶1 附近,在发动机电控系统中普遍采用氧传感器组成的空燃比反馈控制方式,即闭环控制,如图 5.3 所示。在三元催化转化器前面的排气歧管或排气管内装有氧传感器,其功用是检测排气中的氧气含量,对实际空燃比与理论空燃比进行比较,并向 ECU 反馈相应的电压信号。ECU 根据氧传感器反馈的空燃比信号,对喷油量进行修正,使实际空燃比更接近理论空燃比,进而提高三元催化转化器的效率。

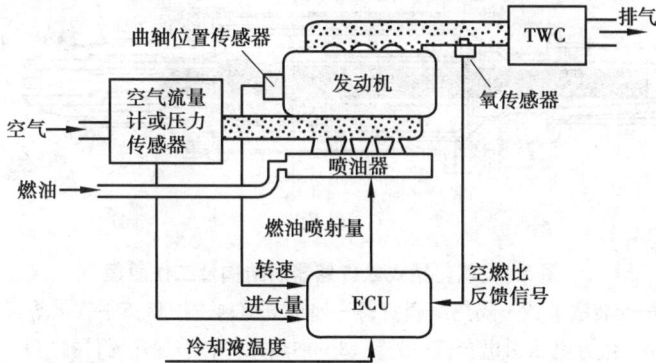

图 5.3　闭环控制原理图

在闭环控制过程中,实际空燃比小于理论空燃比(混合气浓时),氧传感器向 ECU 输入高电平信号(0.75~0.90 V),此时 ECU 将减小喷油量,使实际空燃比增大;实际空燃比增大到理论空燃比 14.7∶1 时,氧传感器输出电压信号突变下降至 0.1 V 左右,此信号输入 ECU,ECU 立即控制增加喷油量,使实际空燃比减小;当实际空燃比减小到理论空燃比以下时,氧传感器输出电压信号又突变升至 0.75 V 以上,此信号输入 ECU,ECU 又减小喷油量,如此反复进行。

氧传感输入 ECU 的信号电压在低电平（0.1~0.3 V）与高电平（0.7~0.9 V）之间的变化频率为 10 次/min 以上。若氧传感信号电压变化过慢（低于 10 次/min）或电压保持（高电平或低电平）不变，则说明氧传感有故障。

（4）氧传感器

氧传感器按性能特点不同可分为普通型、热型和宽量程型 3 种，普通型氧传感器又分为两种：氧化锆（ZrO_2）式和氧化钛（TiO_2）式。

1）氧化锆式氧传感器

氧化锆式氧传感器的构造及工作原理如图 5.4 所示，该传感器的基本元件是氧化锆，将氧化锆固定在带有安装螺纹的固定套内，在氧化锆内、外表面均覆盖这一薄层铂作为电极，传感器内侧通大气，外侧直接与排气管中的废气接触。在氧化锆外表的铂层上，还覆盖着一层多孔的陶瓷涂层，并加有带槽口的防护套管，用来防止废气对铂电极产生腐蚀。在传感器的线束插接器端有金属护套，其上设有小孔，使氧化锆内侧通大气。

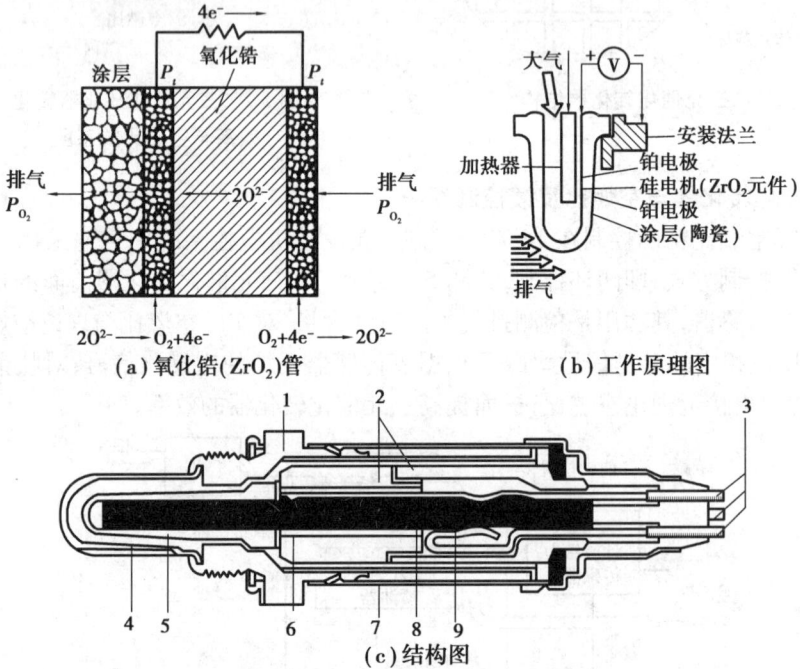

（a）氧化锆（ZrO_2）管　（b）工作原理图

（c）结构图

图 5.4　氧化锆式氧传感器的结构及工作原理

1—安装法兰；2—隔热陶瓷管；3—连接电缆；4—护套；5—氧化锆管；
6—信号电压引出套；7—外壳；8—加热元件；9—加热元件接电片

氧化锆式氧传感器实质上是一个化学电池。在 400 ℃ 以上的高温时，若氧化锆管内、外表面接触的气体中氧的浓度有很大的差别，则在氧化锆管内外表面的两个铂电极之间将会产生电动势。发动机工作时，由于氧化锆管内表面接触的大气中的氧浓度是固定的，而与外表面接触的废气中的氧浓度是随空燃比变化的，所以将氧化锆管内、外表面两个电极间产生的电动势输送给 ECU，即可作为判断实际空燃比的依据。

①混合气较浓时，排气气流中的氧气含量较低，CO 的浓度较高，这是在锆管负极铂膜的催化作用下排气气流中的氧气几乎全部参加反应，使得锆管外表面附近的氧离子浓度几乎为零，

此时锆管内外之间的氧气浓度差很大,正、负电极之间的电势差为 0.8~1.0 V。

②当混合气较稀时,排气气流中的氧气含量较高,CO 的浓度则较低,这时即使 CO 全部与氧气发生反应,锆管外部还是存在多余的氧气,可见锆管内外两侧氧气的浓度差较小,此时正、负电极之间的电势差较低,约为 0.1 V。

如图 5.5 所示为氧化锆式氧传感器的输出特征曲线图。从图中可知,氧化锆式氧传感器的输出电压在理论空燃比 14.7∶1 附近发生突变,当混合气的空燃比稍高于理论空燃比 14.7∶1 时,输出电压接近 0 V;当混合气的空燃比稍低于理论空燃比 14.7∶1 时。输出电压接近 1 V。发动机 ECU 就根据氧传感器的输出电压不断地修正喷油量,使混合气的空燃比尽可能地保持在理论空燃比 14.7∶1 附近。

由于氧化锆式氧传感器只有在 400 ℃以上的高温下才能正常工作,为保证发动机在进气量少,排气温度低时也能正常工作,氧化锆式氧传感器装有加热丝,带加热器的氧传感器称为热型氧传感器。

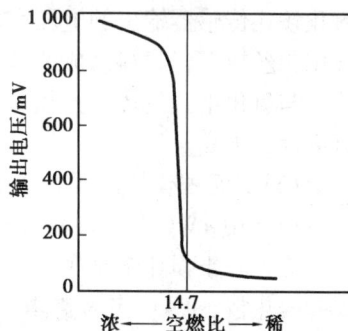

图 5.5　氧化锆式氧传感器的输出特性曲线

2)氧化钛式氧传感器

氧化钛式氧传感器是利用化学反应强、对氧气敏感、易于还原的半导体材料氧化钛与氧气接触时发生氧化还原反应,使晶格结构发生变化,从而导致电阻值变化的原理工作,它是一种电阻型氧传感器。

氧化钛式传感器的结构原理与输出特性如图 5.6(a)、(b)所示。它主要由二氧化钛元件、导线、金属外壳和接线端子等组成。

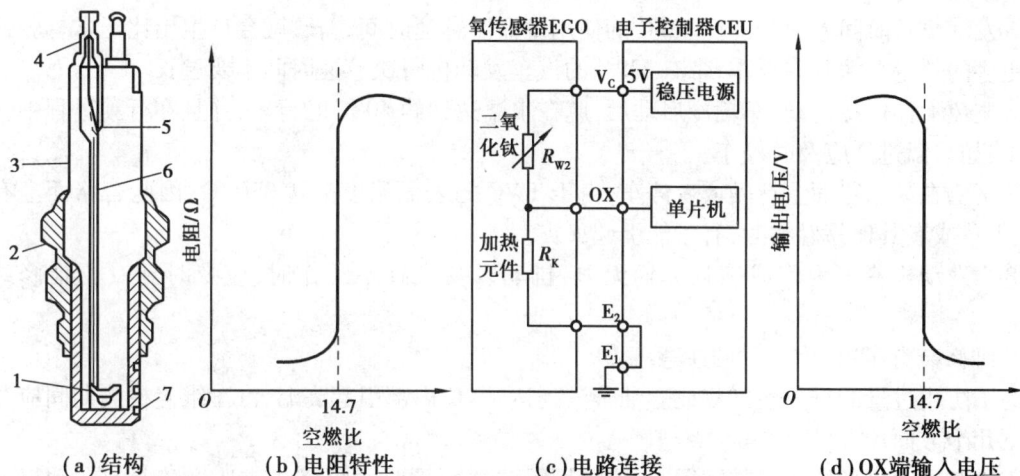

(a)结构　　(b)电阻特性　　(c)电路连接　　(d)OX 端输入电压

图 5.6　氧化钛式氧传感器的结构原理及工作特性

1—二氧化钛元件;2—金属外壳;3—陶瓷绝缘体;4—接线端子;5—陶瓷元件;6—导线;7—金属保护套

如图 5.6(c)所示为氧化钛式氧传感器与发动机 ECU 的连接示意图,通过 ECU 的 3 脚给氧化钛式氧传感器提供 1 V 的工作电压。当混合气较浓时,排气气流中的氧含量较低,二氧化钛的阻值降低,氧传感器通过 ECU 的 4 脚给 ECU 输入一个较高的电压信号;反之,当混合气较稀时,排气气流中的氧含量较高,二氧化钛的阻值升高,氧传感器给 ECU 输入的电压信号就会降低,实验证明氧传感器的输入信号会在理论空燃比 14.7∶1 附近发生突变,如图 5.7(d)所示。

二氧化钛的电阻值除了与表面的氧浓度有关外,还与温度有关。排气气流的温度会影响氧化钛式传感器输出的电压大小。为了消除排气温度的影响,氧化钛式氧传感器在其内部增设用钨丝或陶瓷材料制成的电加热元件,使其在恒定温度下工作。

与氧化锆式氧传感器相比,氧化钛式氧传感器的结构简单、造价低廉,并且抗腐蚀能力和可靠性都更高。

(5)三元催化转换器的使用与检修

1)使用 TWC 时的注意事项

为了防止损坏车身底部,避免热量进入发动机机舱和驾驶室内,在汽车底部都安装有隔热罩和隔热板。TWC 多为整体不可拆卸式,使用中不需要定期维护,但为了长久保持良好的排放,在使用中需要注意以下几个方面。

①装有氧传感器和 TWC 的汽车,禁止使用含铅汽油,以防止催化剂"铅中毒"而失效。

②TWC 固定不牢或汽车在不平路面上行驶时的颠簸,容易导致转化器中的催化剂载体损坏,从而使催化器和排气系统堵塞。

③发动机的排气温度过高(815 ℃以上)时,TWC 的转换效率将明显下降。有些 TWC 中装有排气温度报警装置,当报警装置发出报警信号时,应停机熄火,查明排气温度过高的原因,予以排除。在实际使用中,排气温度过高一般是发动机长时间在大负荷下工作或故障而燃烧不完全所致。

④装用蜂巢型 TWC 的汽车一般每行驶 80 000 km 时就应更换转换器芯体。装用颗粒型 TWC 的汽车,其颗粒型催化剂的质量低于规定值时,应全部更换。

⑤发动机长时间怠速会降低 TWC 的使用寿命。怠速时间越长,就会产生出比正常行驶速度下更多的热量。尤其在夏季,带有 TWC 的汽车发动机每次怠速时间不要过长。

⑥避免大油门冷启动,车辆冷启动后,应在水温达到约 40 ℃时行车,并且在行驶过程中注意水温,如水温过高应及时停车。

⑦不要在易燃路面上行驶或者停车,由于 TWC 的表面温度高达 370 ℃,因此若路面上有酒精、干草或者其他易燃物时,有可能引起火灾。

⑧当发动机着车困难或感觉车辆无力、抖动以及汽缸不工作时,应及时到专业维修站修理。

2)维修装有 TWC 汽车时的注意事项

为了防止过量的排放污染物或燃油蒸汽到达 TWC 内部引起高温,汽车维修检测期间应注意以下几个方面。

①检车发动机各缸的工作情况时,最好用示波器而不要用短路法或从运转着的发动机上拔下高压线的方法试火或进行断缸实验,若没有示波器,那么用卸下火花塞导线或短路法检查可疑汽缸时,发动机的运转时间切勿超过 30 s。

②当出现不正常的工作状况时,如自燃、严重喘振、回火或重复性失速时,应及时停机修理,这些状况可导致 TWC 永久性损坏。

③行驶着的车辆切勿切断点火开关。

④当发动机间断性点火时,启动发动机的时间不要超过 30 s。

(6)氧传感器的检修

氧传感异常会影响 TWC 的转化效率及混合气空燃比,造成排气污染加剧、油耗过大、怠速不稳等故障。氧传感器常见的故障有氧传感器敏感元件老化、受碳烟、铅化物、硅胶、机油等污染而失效,内部加热元件损坏等。

1)外观检查

从排气管上拆下氧传感器后,首先检查氧传感保护外壳上的气孔是否被堵塞,然后观察氧传感顶尖部位的颜色。呈淡灰色,说明氧传感器工作正常;呈棕色,说明氧传感器铅中毒,严重时应更换氧传感器;呈白色,说明氧传感器硅中毒,应更换氧传感器;呈黑色,说明氧传感器积炭严重,排除积炭故障后,氧传感器仍可使用。

2)加热元件检查

拆下氧传感器的线束插头,用数字万用表检查加热元件的电阻值,参考车型维修手册应符合规范要求,若不符合,应更换。打开点火开关,用数字万用表检查加热元件的工作电压,标准值应为 12 V,若不正常,应检查氧传感器与 ECU 之间的线束和插接器及 ECU 的供电端是否正常。

3)信号检查

氧传感器信号的检测有通过万用表检测、读取氧传感器波形和读取氧传感器数据流 3 种方法。以上 3 种方法都可以分析氧传感器的好坏。

①用万用表检测:连接好氧传感器线束插接器,使发动机高速运转,直到氧传感器工作温度达到 400 ℃以上。保持发动机的转速为 1 500 r/min 左右时,观察万用表指针是否在 0~1 V来回摆动,记录 10 s 内指针摆动的次数。正常情况下,氧传感器的输出电压在 10 s 内变化次数不应低于 6~8 次。反复踩动加速踏板,并测量氧传感器输出电压,加速时应输出高电压0.75~0.90 V,减速时应输出低电压 0.10~0.40 V。

前氧传感器电压是在 0.1~0.9 V 变化,中间值为 0.45 V;如果电压一直处在 0.45 V 以下为混合气稀,处于 0.45 V 以上为混合气浓,处于 0.45 V 不变,则 3 种情况都可能为氧传感器失效(前氧传感器检测数据)。后氧传感器电压为 0.1~0.3 V 变化,如无变化,则为氧传感器失效。

②用示波器进行波形分析(图 5.7):在某些车辆三元催化转化器前后各安装一个加热型氧传感器,发动机用这两个传感器的信号监测三元催化转化器的工作性能。

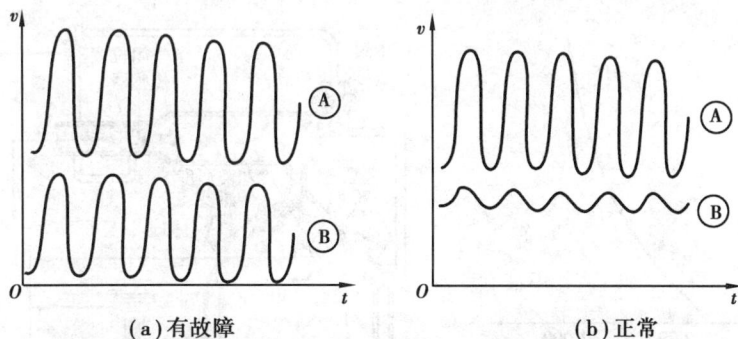

(a)有故障　　　　　　　　　(b)正常

图 5.7　前后氧传感器波形图

③读取氧传感器数据流:一辆捷达,行驶 20 万 km,怠速 1 000~1 500 r/min 抖动严重。用

故障检测仪 V.A.G.1552 查故障码:显示为 A 前氧传感器故障;B 氧调节值超出范围。

01-08-030 　　　(111)

01-08-033 　　　(−25%,0.8 V)

5.1.3　废气再循环控制系统的结构与检修

废气再循环(Exhaust Gas Recirculation,EGR)的作用是把一部分废气引入进气系统中使其和新鲜空气混合一起进入汽缸中参与燃烧,其主要目的是减少氮氧化合物(NO_x)排放。

NO_x 是空气中的氮气与氧气在高温、高压条件下生成的。发动机排出 NO_x 的量主要与汽缸内的最高温度有关,汽缸内最高温度越高,排出的 NO_x 量越多,如图5.8所示。减少 NO_x 的最有效方法是降低燃烧室的温度。

废气再循环是目前用于减少 NO_x 排放量的一种有效措施。因为排气中的主要成分是 CO_2、H_2O 和 NO_2 等,它们的比热容较高,能降低最高燃烧温度,这样就抑制了 NO_x 生成。但是,过度的废气再循环会影响发动机的正常运行,尤其是在怠速、低速小负荷及冷机运行时,再循环的废气将明显降低发动机的性能。因此废气再循环量必须有一定的控制范围,并能根据发动机的运行工况自行调节再循环的废气量。废气再循环量的多少一般用废气再循环率(EGR 率)来表示,EGR 率是指废气再循环量与进入汽缸内的气体总量的比率,即

$$EGR\ 率 = \frac{EGR\ 气体流量}{吸入空气量 + EGR\ 气体流量} \times 100\%$$

废气再循环控制系统有机械式和电控式两种。一般机械式控制系统控制的 EGR 率的范围为 5%~15%。而电控式控制系统控制的 EGR 率的范围为 15%~20%,并且结构简单,所以现代汽车电控发动机上通常采用电控式 EGR 控制系统。电控式 EGR 控制系统主要有两种,即开环控制 EGR 系统和闭环控制 EGR 系统。

(1)开环控制 EGR 系统

日产 NISSAN 轿车 VG30 型发动机所采用的废气再循环系统就是一种开环控制 EGR 系统,如图5.9所示。它由 EGR 控制电磁阀、EGR 阀、曲轴位置传感器、节气门位置传感器、冷却液温度传感器、启动信号及发动机的 ECU 等组成。EGR 阀安装在废气再循环通道中,用以控制废气再循环量。EGR 控制电磁阀安装在通向 EGR 阀的真空通道中,ECU 根据节气门开度、

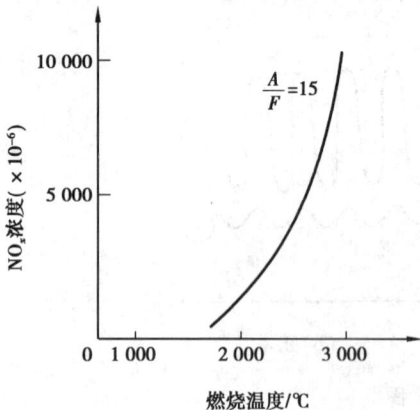

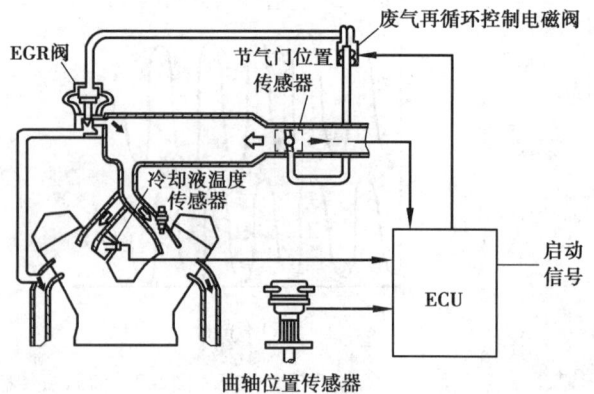

图5.8　燃烧温度与 NO_x 排放量的关系　　　图5.9　日产 NISSAN 轿车 VG30 型发动机 EGR 控制系统

转速、发动机冷却液温度和启动等信号来控制电磁阀的通电或断电。ECU 控制 EGR 电磁阀不通电时,EGR 阀的真空通道接通,EGR 阀开启,系统进行废气再循环 ECU 控制 EGR 电磁阀通电时,EGR 阀的真空通道被切断,EGR 阀关闭,系统停止废气再循环。

在发动机工作时,ECU 控制 EGR 电磁阀通电,停止废气再循环的工况有:

①启动工况(启动开关信号)。

②怠速工况(节气门位置传感器怠速触点闭合信号)。

③暖机工况(冷却液温度信号)。

④转速低于 900 r/min 或高于 3 200 r/min 的工况(转速信号)。

除上述以外的其他工况,ECU 均控制 EGR 电磁阀不通电,系统均进行废气再循环。废气再循环量取决于 EGR 阀的开度,而 EGR 阀的开度直接由真空度控制。真空管口设在靠近节气门全闭位置的上方,随发动机转速和负荷(节气门开度)的增大,真空管口处的真空度增加,EGR 阀的开度增大;随发动机转速和负荷的减小,EGR 阀的开度也减小。

在有些发动机的 EGR 控制系统中,EGR 电磁阀采用占空比控制型电磁阀,ECU 通过占空比控制真空电磁阀的开度,调节作用在 EGR 阀上的真空度,控制 EGR 阀的开度,以实现对废气再循环量的控制。在此系统中,通向 EGR 阀的真空管口一般设在节气门之后。

(2)闭环控制 EGR 系统

在开环控制 EGR 系统中,EGR 率只受 ECU 预先设置好的程序控制,系统不能检测发动机各种工况下的 EGR 率,因此无反馈信号。而在闭环控制 EGR 系统中,ECU 以 EGR 率或 EGR 阀开度作为反馈信号实现闭环控制,其控制精度更高。

用 EGR 阀开度作为反馈信号的闭环控制 EGR 系统,如图 5.10 所示。EGR 阀开度传感器为电位计式,其工作原理与电位计式节气门位置传感器类似。EGR 阀开度传感器与 ECU 之间有 3 条连接线路,分别为电源线、搭铁线和信号线。ECU 通过电源线为传感器提供 5 V 的标准电压,传感器将 EGR 阀开度变化转换为电信号经信号线输送给 ECU。闭环控制 EGR 系统工作时,ECU 可根据 EGR 阀开度传感器的反馈信号修正电磁阀的开度,使 EGR 率保持在最佳值。

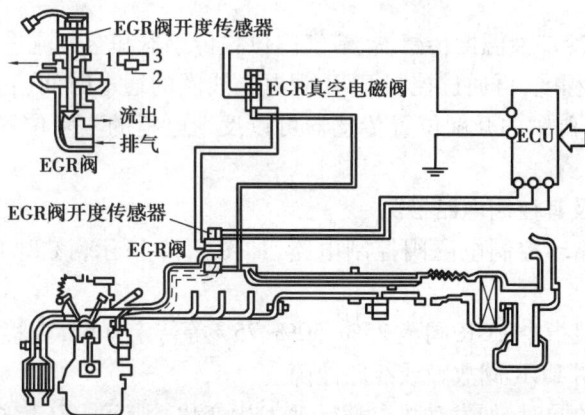

图 5.10 用 EGR 阀开度作为反馈信号的闭环控制 EGR 系统

用 EGR 率作为反馈信号的闭环控制 EGR 系统控制原理,如图 5.11 所示。ECU 根据 EGR

率传感器信号对 EGR 阀实行反馈控制。新鲜空气经节气门进入稳压箱,参与再循环的废气经 EGR 阀进入稳压箱。EGR 率传感器安装在稳压箱上,检测稳压箱内气体中的氧浓度(氧浓度随 EGR 率的增大而降低),并转换成电信号输送给 ECU,ECU 根据此反馈信号修正 ECU 阀的开度,使 EGR 率保持在最佳值,从而有效地减少 NO_x 的排放量。

(3)电磁式 EGR 阀

电磁式 EGR 阀由发动机 ECU 控制,电磁式 EGR 阀由电磁线圈、电枢、锥形阀、EGR 阀开度位置传感器等组成,如图 5.12 所示,发动机 ECU 控制电磁线圈通电,使电枢向上运动,当其带动锥形阀离开阀座后,废气就可以进入进气歧管。

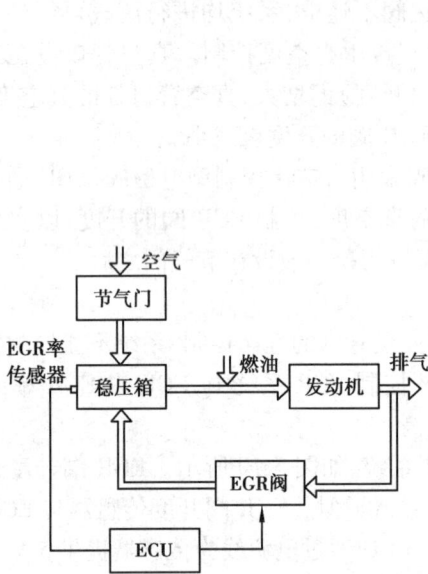

图 5.11　用 EGR 率作为反馈信号的
闭环控制 EGR 系统控制原理图

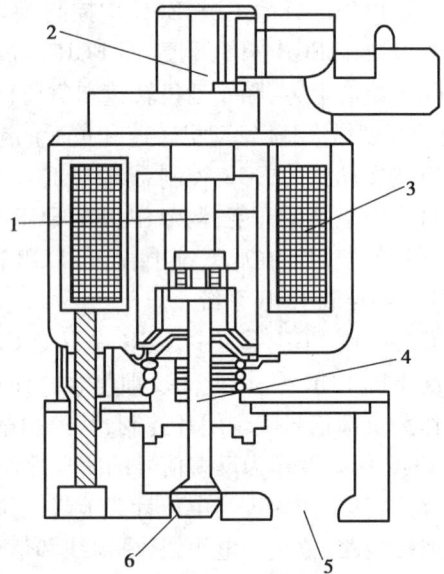

图 5.12　电磁式 EGR 阀结构
1—弹簧;2—位置传感器;3—电磁线圈;
4—阀杆;5—通道;6—EGR 阀;7—阀体

发动机 ECU 根据冷却液温度传感器、节气门位置传感器和空气流量传感器的输入信号确定最佳的 EGR 阀开启程度,再通过控制 EGR 阀电磁线圈的通电时间(占空比信号)控制电枢的最佳开启位置,EGR 阀中的开度位置传感器可以反馈电枢的实际位置,从而可以实现 EGR 系统的闭环控制。

(4)电磁式 EGR 及其控制电路检测

凯越轿车废气再循环控制电磁阀控制电路,如图 5.13 所示,该 EGR 阀主要进行的检测如下:

①使用故障诊断仪指令 EGR 阀至 25%、50%、75% 等待定开度,观察发动机怠速转速是否变化,如无变化,则说明 EGR 阀故障或线路故障。

②发出以上指令的同时,如发动机怠速转速发生变化,则读取 EGR 阀开度是否增大,如无变化,则说明开度传感器或线路故障。

③如①中怠速转速无变化,应检测 EGR 阀电源端子的电压,是否为 12 V 电压。

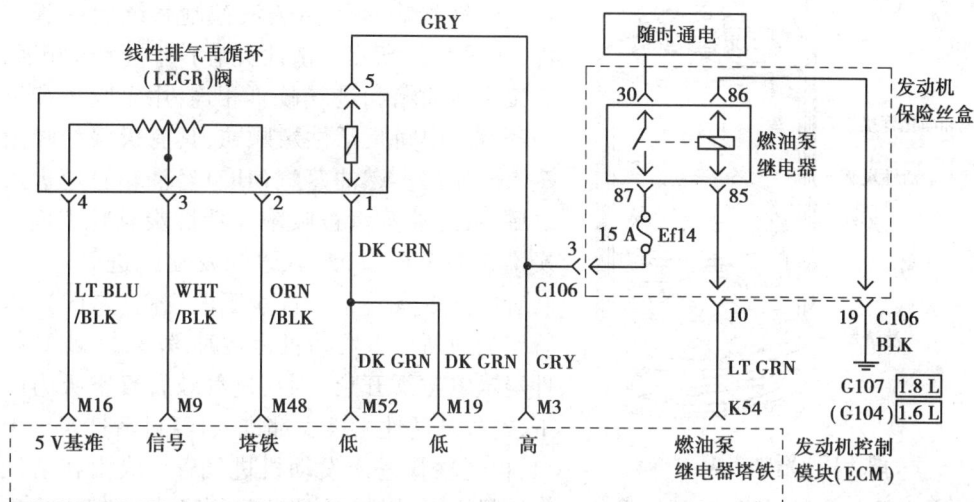

图 5.13　凯越轿车废气再循环控制电磁阀控制电路

5.1.4　燃油蒸汽控制系统的结构与检修

(1)燃油蒸汽控制系统的功能

汽车排放物中大约有 20% 来自燃油蒸发。燃油蒸汽控制(EVAP)系统能够存储燃油系统产生的燃油蒸汽(HC),阻止燃油蒸汽蒸发泄漏到大气中,减少环境污染;同时将收集的燃油蒸汽适时地送入进气歧管,与正常混合气混合后进入发动机燃烧,使汽油得到充分利用,提高燃油的经济性。

(2)燃油蒸汽控制系统的基本组成与原理

典型的燃油蒸汽控制系统如图 5.14 所示。它主要由燃油箱、活性炭罐、活性炭罐控制电磁阀及发动机 ECU 等组成,能够提供比较精确控制的燃油蒸汽量。

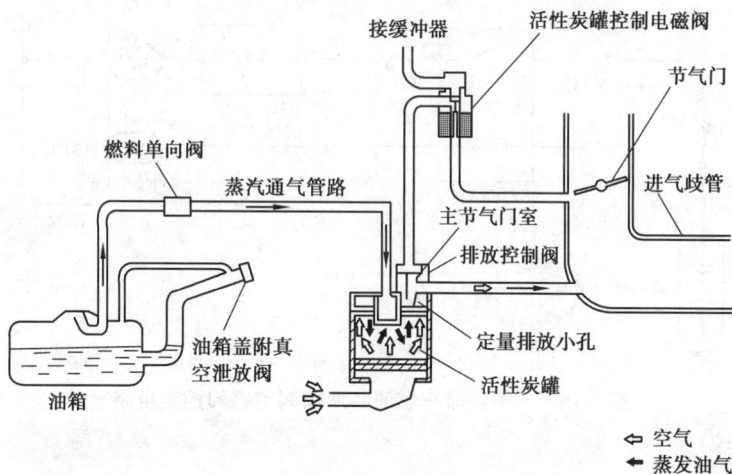

图 5.14　燃油蒸汽控制系统示意图

137

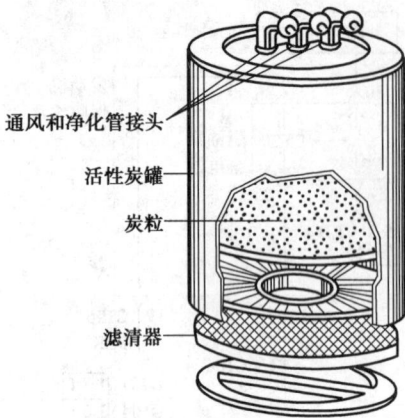

图 5.15　活性炭罐

活性炭罐是燃油蒸汽控制系统储存蒸汽的部件,如图 5.15 所示。活性炭罐下部与大气相通,上部有接头与油箱和进气歧管相连,用于收集和清除燃油蒸汽。中间是活性炭颗粒,具有极强的吸附燃油蒸汽的作用。燃油蒸汽(HC)经油箱管道进入活性炭罐后,燃油蒸汽被吸附在活性炭颗粒表面。活性炭罐有一个出口,经软管与发动机进气歧管相通。软管中部设有一个活性炭罐电磁阀(常闭),以控制管路的通断。当发动机运转时,发动机 ECU 控制活性炭罐电磁阀开启,则在进气歧管真空吸力的作用下,空气从活性炭罐底部进入,经过活性炭至上方出口,再经软管进入发动机进气管。吸附在活性炭表面的燃油分子又重新脱附,随新鲜空气一起被吸入发动机汽缸燃烧。当活性炭罐电磁阀关闭时,燃油蒸汽储存在活性炭罐中。

活性炭罐与燃油箱之间设有蒸汽回收管和单向阀,当汽油箱内的汽油蒸汽超过一定压力时,单向阀开启,燃油蒸汽经蒸汽回收管进入活性炭罐。

燃油蒸汽回收进入发动机进气管时必须控制蒸汽量,以防止破坏发动机正常工作时的混合气成分,影响发动机正常工作。通常,当发动机温度低于正常值、发动机停机及怠速运转时,ECU 控制电磁阀不通电,电磁阀的阀门处于关闭状态,燃油箱中的燃油蒸汽被活性炭罐吸收并临时储存。当发动机温度达到正常值并且发动机在中、高速运转时,ECU 控制电磁阀通电,电磁阀的阀门开启,储存在活性炭罐内的燃油蒸汽经软管被吸入发动机汽缸内燃烧。此时,由于发动机进气量较大,少量的燃油蒸汽进入发动机不会影响混合气浓度。

(3)燃油蒸汽控制电磁阀电路与检修

卡罗拉轿车燃油蒸汽控制电磁阀控制电路,如图 5.16 所示。

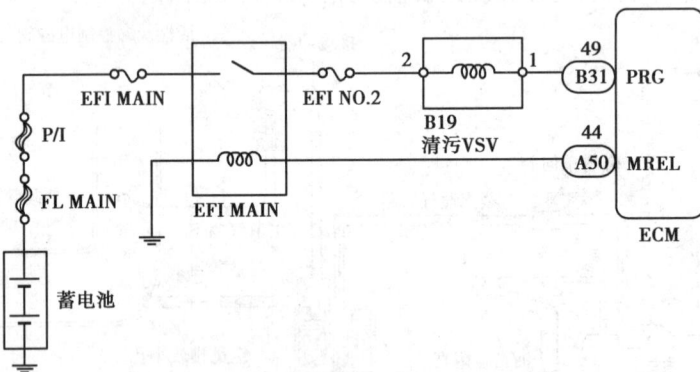

图 5.16　卡罗拉轿车燃油蒸汽控制电磁阀控制电路

1)一般维护

①在使用中,应经常检查各连接管路有无破损或漏气,必要时更换连接软管。

②检查活性炭罐壳体有无裂纹,底部进气滤芯是否有脏污,必要时更换炭罐或滤芯。

③一般汽车行驶 20 000 km,应更换活性炭罐底部的进气滤芯。

2）电磁阀及其电路检查

①拆开电磁阀进气管一侧的软管。

②发动机怠速运行时，使用故障诊断仪执行主动测试，当执行打开电磁阀动作时，听软管是否有吸气的声音，如没有需对电磁阀及其电路作进一步的检测。

③拆开电磁阀线束插接器，测量电磁阀两端子间的电阻，阻值一般应为 36~44 Ω。

④测量电磁阀线束侧电源端子间的电压，应为 12 V。

5.1.5　曲轴箱通风系统的结构与检修

（1）曲轴箱通风系统的功用

在发动机工作时，一部分可燃混合气和废气经活塞组与汽缸之间的间隙窜入曲轴箱内，窜入曲轴箱的汽油蒸汽凝结后，使机油稀释，降低机油的使用性能，加速机油的氧化和变质。废气的高温和废气中的酸性气体及水蒸气将腐蚀机体零件。此外，窜气还会使曲轴箱的压力增大，破坏曲轴箱的密封，使机油渗漏。

曲轴箱的通风方式有自然通风和强制通风两种。自然通风是利用汽车行驶时的背压作用，在排气管的出口处形成一定的真空度，将曲轴箱内的气体抽出，新鲜空气则从进气管经空气滤清器和节流阀总成进入曲轴箱，因为自然通风不利于保护环境，所以基本被淘汰。这里主要介绍曲轴箱强制通风。

曲轴箱强制通风（PCV）系统能将窜入曲轴箱内的混合气、废气及机油产生的油雾吸入发动机汽缸燃烧，同时吸入新鲜空气，形成不断的对流，以保护环境。

（2）曲轴箱强制通风系统的结构及原理

广州本田雅阁曲轴箱强制通风系统，如图 5.17 所示。其主要由通风软管、PCV 软管和 PCV 阀等组成。PCV 阀是由柱塞式阀门和弹簧构成，位于汽缸盖罩的顶部。进气歧管的负压决定 PCV 阀的关闭及开启程度，从而控制窜缸气体被吸入进气歧管的数量。

当发动机工作时，经空气滤清器、空气软管进入汽缸盖罩，再由汽缸盖和机体上的孔道进入曲轴箱内，与窜气混合后，通过汽缸盖罩，经 PCV 阀控制，流入进气系统，其流量随节气门开度的变化自动调节。

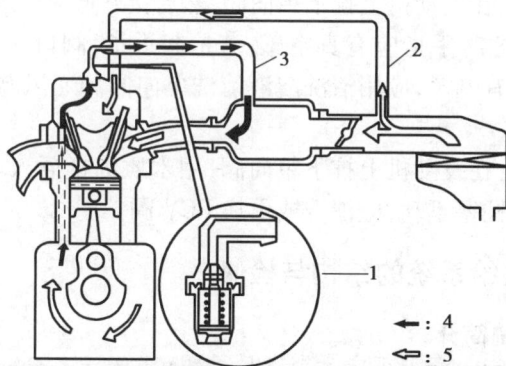

图 5.17　广州本田雅阁曲轴箱强制通风系统原理图
1—PCV 阀；2—通风软管；3—PCV 软管；4—窜气；5—新鲜空气

①当发动机不运转时，PCV 阀不工作，真空通道关闭，如图 5.18（a）所示。

②发动机在怠速工况、节气门完全关闭时,进气歧管的负压较大,PCV 阀的开度较小,因而吸入进气歧管的窜气也较少,以保持怠速稳定,如图 5.18(b)所示。

③发动机在中、大负荷工况和加速时,节气门开度较大,进气歧管的负压较小,PCV 阀在其弹簧力的作用下开度较大,使较多的窜气被吸入汽缸再燃烧,如图 5.18(c)所示。

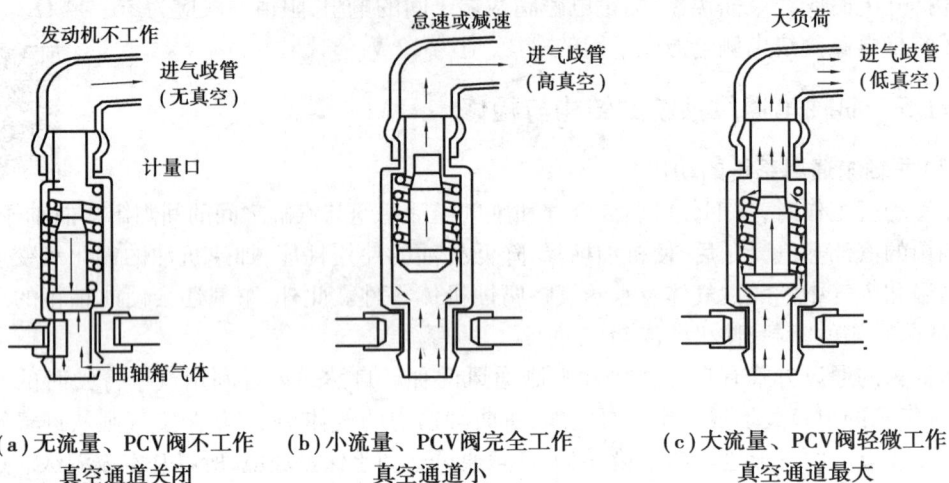

(a)无流量、PCV 阀不工作　　(b)小流量、PCV 阀完全工作　　(c)大流量、PCV 阀轻微工作
　　真空通道关闭　　　　　　　　真空通道小　　　　　　　　真空通道最大

图 5.18　PCV 阀故障原理

(3)曲轴箱强制通风系统的检修

1)检查管路

①拆下曲轴箱通风装置的出气软管和回流软管,拆下有关部件(单向阀或油气分离器)。

②检查管路有无压扁、坏、漏等情况,然后清洗干净,并用压缩空气吹净。

2)检查 PCV 阀

若单向阀粘着而一直打开或阻塞,就不能保证曲轴箱的正常通风。当阀粘住阻塞后时,发动机大负荷通风不足,箱内的油气将窜入大气,污染环境;当阀门一直打开时,就会使发动机的机油消耗量过大。

①检查阀的真空情况:在发动机上拧下单向阀,然后接好通风软管,怠速运转发动机,把手指放在单向阀的开口端,这时手指应有真空感,若抬起手指,阀口应有"啪、啪"的吸力响声。如果手指没有真空感或没有响声,应用清洗溶液清洗单向阀和通风软管再检查,如仍不行,应更换 PCV 阀。

②检查阀的运动情况:在发动机上拧下单向阀,用木质细杆插入单向阀,这时阀的柱塞应前后运行自如。如果阀的柱塞不动,应清洗或更换 PCV 阀。

5.1.6　二次空气供给系统的结构与检修

(1)二次空气供给系统简介

二次空气供给系统主要有两个作用:一是通过对排气管喷入新鲜空气用以减少排气中的 HC 和 CO 的排放量;二是加热三元催化器,使其快速达到工作温度。

工作时间:二次空气喷射系统只在部分时间工作,只在发动机冷/热启动后一段时间工作,冷启动工作 100 s,热启动 10 s。

排气管除了有三元催化器还是不够的,因为三元催化工作最低温度在200 ℃以上,发动机刚启动是达不到三元催化正常工作温度的,所以才有了二次空气喷射系统。

当汽车冷启动时需要较浓的可燃混合气进入汽缸才能更容易启动,过浓的混合气会使尾气产生大量的一氧化碳(CO)、碳氢化合物等大气污染物,而这些污染气体可以通过氧化减少危害。通过二次空气喷射向排气管中喷入新鲜空气以使废气中的一氧化碳(CO)以及碳氢化合物(HC)在高温环境下再次燃烧,再次燃烧的热量使三元催化转换器快速达到正常工作温度。

(2)二次空气供给系统分类及工作原理

按空气喷入的部位分为以下两类:

第一类,新鲜空气被喷入排气歧管的基部,即排气歧管与汽缸体相连接的部位,因此,排气中的HC、CO只能从排气歧管开始被氧化。

第二类,新鲜空气通过汽缸盖上的专设管道喷入排气门后(汽缸盖内)的排气通道内,排气中HC、CO的氧化更早进行。二次空气喷射系统按照结构和工作原理可分为空气泵型和吸气器型两种结构类型。

目前所用的二次空气供给方法有两种:一种是空气泵系统(图5.19),即利用空气泵将压缩空气导入排气系统;另一种是脉冲空气喷射系统(图5.20),即利用排气压力将空气导入排气系统。

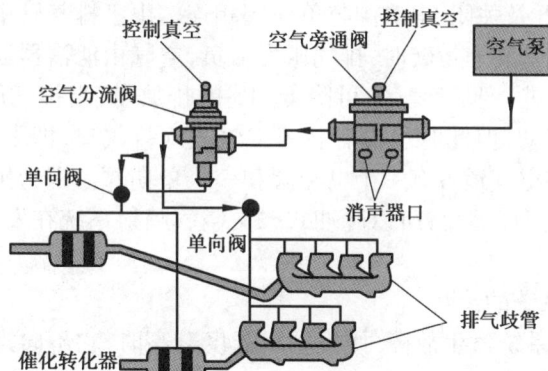

图5.19　空气泵系统

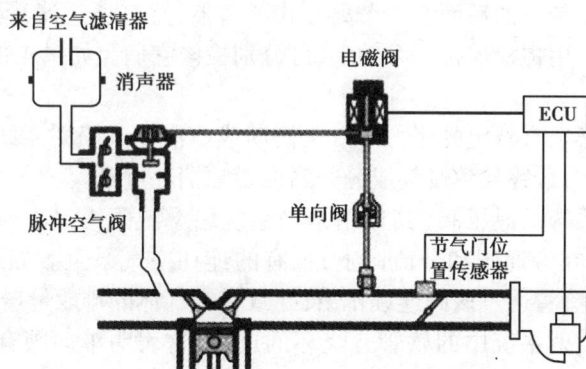

图5.20　脉冲空气喷射系统

空气泵系统有以下几种工作方式：

①在发动机刚启动后，发动机控制模块控制电磁阀在断电状态，电磁阀切断旁通阀和分流阀的真空。从空气泵来的空气通过旁通阀流到大气中。这种工作状态持续的时间取决于发动机的温度，温度越低，持续时间越长。

②发动机暖机时，发动机控制模块给旁通电磁阀和分流电磁阀通电，空气从空气泵经旁通阀流到分流阀，分流阀再将空气导入排气口。进入排气口的空气使 HC 排放物在排气歧管中燃烧，同时使氧传感器快速加热。这种工作模式下，发动机控制模块以空燃比开环方式工作。

③发动机在正常工作温度下运行时，发动机控制模块以空燃比闭环方式工作。发动机控制模块只给旁通电磁阀通电，而使分流电磁阀断电，切断供入流阀的真空。这样，从空气泵来的空气经旁通阀流至分流阀后被导入催化转换器，并与 HC 和 CO 燃烧，减少 HC 和 CO 的排放量。旁通阀和分流阀都有一个卸压阀，如果系统堵塞或阻力过大时，卸压阀可释放压力以防止空气泵压力过高。在发动机处于正常工作温度时，二次空气喷射系统不可向排气口泵入空气，否则排气流中的附加空气会使来自氧传感器的信号变弱。

发动机控制模块对这些弱信号的响应是增加燃油喷射脉冲，因而会增加燃油消耗和 CO 的排放量。

同空气泵系统相比，脉冲空气系统不需动力源注入空气，而是依靠大气压力与废气真空脉冲之间的压力差使空气进入排气歧管，减少成本及功率消耗。空气来自空气滤清器，发动机控制模块控制电磁阀的打开及关闭，电磁阀与单向阀相连。由于排气管中压力是正负交替的脉冲压力波，当发动机以较低转速运转时，排气压力为负，空气由滤清器通过电磁阀和单向阀进入排气口，与排出的 HC 进一步燃烧，故可降低 HC 的排放量；当排气压力为正时，固有单向阀，所以空气不能反向流动，但此时也没有新鲜空气进入排气口，即不能降低 HC 的排放量。脉冲空气系统的上、下游空气道各有一个电磁阀和一个单向阀。因为排气口的低压脉冲持续时间随发动机转速的提高而缩短，所以脉冲式二次空气喷射系统在发动机转速较低时，降低 HC 排放的效果更好。

（3）二次空气喷射系统的诊断

如果二次空气喷射系统发生故障，则发动机温度升高时，它不向排气口泵入空气，HC 的排放量也会升高。进行测试时，应注意以下几点：

①诊断二次空气喷射系统，首先要检查该系统上所有真空软管和电路连接是否完好。

②此外空气泵在皮带轮的后面有一个离心式滤清器，空气通过滤清器将灰尘过滤后流入气泵。皮带轮与滤清器用螺栓连接在泵轴上，可分别检修它们。如果皮带轮或滤清器弯曲、磨损或损坏，应将其更换。

③空气泵的皮带必须有特定的张力。带轮松动或二次空气喷射系统有故障，会导致二次喷射系统不能正常工作，最终导致废气成分升高或燃油消耗过量。

④二次空气喷射系统的泄压阀（其作用是当系统堵塞或阻力过大时，释放压力以防止空气泵压力过高）有的连在旁通阀和分流阀上，也有的连在空气泵上。如果泄压阀卡在开启位置，来自空气泵的空气流将通过该阀连续排出，导致有害气体的排放量增加。

⑤如果二次空气喷射系统中的软管有烧坏的迹象，这表明单向阀有泄漏，使排气进入该系统。

⑥空气歧管和管道的泄漏会导致废气漏出和产生大量噪声。

⑦如果在旁通阀电磁阀或分流阀电磁阀中或相应的导线内有故障,或者是来自空气泵的气流连续逆流(从空气泵流至排气口)或顺流(从空气泵至催化转换器),二次空气喷射系统可能会在发动机控制模块内设置故障码。应使用故障诊断仪检查与二次空气喷射系统有关的所有故障代码。在对系统进行进一步诊断之前,应查明这些代码的原因。

【任务实施】

（一）任务目标

①会进行三元催化转化器、发动机燃油蒸气控制系统、废气再循环系统、曲轴箱通风系统故障检修。

②会用示波器对氧传感进行数据流检测。

③会进行废气再循环阀和废气再循环阀及 PCV 阀的检修。

④会进行故障诊断仪的连接,查询故障代码,排除故障并清除故障代码。

（二）设备要求

每组准备一台完好的发动机电控台架,每台 6~8 人,若干万用表、示波器、故障诊断仪（KT600）、教材、仪器说明书、汽车维修手册及多媒体课件。

（三）任务步骤

对三元催化转化器进行外观检查是否有碰伤、破裂、失效或堵塞的情况。

在实训台架上了解并掌握废气再循环系统的结构原理,并用数字万用表对 EGR 电磁阀进行电阻检测。

对燃油蒸汽控制系统进行电气连接情况及外观检查,并用数字万用表对 EVAP 电磁阀进行电阻检测。

在实训台架上了解并掌握曲轴箱通风系统的结构原理,并对 PCV 阀进行检修。

用故障诊断仪排除故障,打开点火开关,启动发动机,用示波器对氧传感器进行数据流检测。

任务 5.2 电控换气系统故障的检测与诊断

【任务引入】

一辆迈腾 1.8T 自动舒适型轿车,行驶里程为 50 000 km。发动机怠速抖动严重,并伴随异响。经诊断:启动发动机,发动机怠速抖动严重,发动机上部偶尔发出"唧唧"的异响,似有缺缸故障。使用诊断仪读取发动机控制单元存储的故障,为 1 缸和 2 缸有断火故障;读取数据流发现氧传感反馈动态电压处在 0.45 V 以下,过低;数据流 14/15/16 组断火次数一直增加。使用废气分析仪对尾气成分进行测量,O_2、HC 值高于标准值,CO_2 值低于标准值,推测混合气过稀将导致发动机汽缸失火。用真空表测量发动机怠速时进气管真空度,偏小,且空气流量计数值也偏小,说明进气系统有泄漏。经仔细排查,发现用手堵住进气歧管上曲轴箱通风管后,怠速正常,异响消失。拆下 PCV 阀,发现其膜片破裂,怠速时 PCV 阀开度过大,漏气。要快速排除故障维修人员必须掌握换气系统的故障特征,会对换气系统的常见故障进行检测并诊断。

【理论知识】

5.2.1 电控换气系统的故障特征

电控换气系统常见故障为进气歧管压力过低、进气歧管压力过高和排气背压过高,发动机不能启动或启动困难,怠速运转时发抖,转速不稳;发动机动力不足,加速不灵,排气管冒黑烟或放炮,发动机有时回火,水温过高,油耗增加。

电控换气系统常见的故障部位为空气滤清器、电子节气门、EGR 阀、废气涡轮增压器、PCV 阀、三元催化转化器、汽油蒸汽控制系统。

5.2.2 电控换气系统故障的检测

对换气系统常发生故障的部位进行检测,主要检测内容有电控换气系统的维护、电子节气门体的检修、PCV 阀的检修、EGR 阀的检修、涡轮增压器的检修、三元催化器的检修、氧传感器的检修。

(1)电控换气系统的维护

1)检查和修理进排气系统的泄漏或损坏

进气系统泄漏或损坏的检查方法通常有直观检查法和泄漏检查法两种。

①直观检查法通过看、听、摸等方法检查进气系统是否存在漏气现象,重点是检查各个连接在进气歧管上的真空软管是否脱落,是否破损漏气等。例如,废气再循环、燃油蒸汽控制系统、涡轮增压器、可变进气道或进气涡流等所在的真空软管是否脱落或破损漏气。若发现泄漏处,对连接处应重新安装并紧固,对老化破损部件应更换。

②泄漏检查法是全面地将泄漏检查液喷洒在进气系统部件上,发动机工作时,由于进气系统的真空度,泄漏检查液与漏气一同被吸入,泄漏检查液改变了混合气的可燃性,会导致发动机 λ 值和转速的改变。以大众车系为例,连接故障诊断仪 V.A.G.1551(V.A.G.1552),选择发动机电子控制单元的读取测量数据块,进入发动机转速和 λ 传感器电压显示界面。在发动机怠速运转状态下,用泄漏检测液全面地喷洒到进气系统部件,观察发动机转速和 λ 传感器电压的变化情况。如果发动机转速或 λ 传感器电压不变,则进气系统密封性良好。如果发动机转速下降或 λ 传感器电压变化,则进气系统存在泄漏故障,进一步检查进气系统各部件表面泄漏检验液的变化情况,可确定泄漏具体部件。注意,此项检查操作必须严格遵守安全规定。

排气系统的泄漏或损坏采用直观检查法,检查排气系统各部件连接处、密封件或衬垫是否泄漏,排气歧管是否开裂,消音器焊接是否损坏,催化转化器有无外壳压扁、开裂或严重腐蚀之类的外观损害,排气歧管吊挂是否损坏或脱落。在发动机工作时,特别是在加速时,排气系统的泄漏处通常会有尾气溢出,有时甚至产生放炮声,排气管接头松动处和损坏的催化转化器内可能会产生异响。若发动机冷机启动后不久,排气歧管至催化转化器有明显的烧红现象,发动机冷却后,催化转化器前部有泛蓝或产生铁屑现象,则催化转化器损坏。若发现有泄漏或损坏,则应紧固部件到规定的扭矩,更换泄漏的密封件或衬垫,修理或更换损坏部件。

2）检查、清洁与更换空气滤清器

纸质干式空气滤清器滤芯不太脏时，可用不大于 0.5 MPa 的压缩空气从里向外吹净空气滤清器滤芯，视情况更换机油；检查上下衬套，上下衬套应无残缺，密封良好，否则应更换。

3）检查、清洁与初始化电子节气门

前面电子节气门结构与检修章节已介绍，这里不再赘述。

4）清洗进气系统

进气系统的清洗有两种方法：一种是把部件拆下来清洗，这种方法应用于脏污程度较严重的情况；另一种是使用专用设备和清洗剂的免拆卸清洗。目前进气系统的免拆卸清洗装置及清洗液种类很多，常用的免拆卸清洗装置有两种：一种是利用空气加压代替燃油泵，给发动机提供清洗剂；另一种是在发动机运转时，利用进气歧管中的真空吸力，通过软管将清洗剂吸入进气歧管中。发动机运转过程中，清洗剂可有效清除节气门、进气道、气门、喷油器、燃烧室等部件的积炭、油污等脏污。

评价进气系统免拆卸清洗作业的质量，不仅要关注积炭、油泥等脏污的清洗效果，还要考虑清洗剂对发动机内的油封及其他密封件是否造成损伤、清洗作业对发动机原有润滑效果和三元催化转化器的影响等。

（2）电子节气门的检修

不同型号的电子节气门，其结构及电路参数也不同，因此，很难用一种简单而统一的方法对其进行检查及测量。所以，对电子节气门的检查应根据其工作原理、电路特点、功能以及在车上的具体连接、工作情况，选用适当的方法进行故障检查和判断。具体检测方法详见电子节气门结构与检修，这里不作叙述。

（3）PCV 阀的检修

用真空表或压力表在机油塞尺处检查怠速为额定转速时的曲轴箱压力，真空度或压力不得超过正常范围，如超过，则应进一步查明曲轴箱强制通风装置各部件的工作状况，特别是 PCV 阀的技术状况。

PCV 阀的技术状况检查有两种方法，即就机检查法和离机检查法。

①就机检查法，在发动机怠速时，用手指或钳子轻轻夹住 PCV 阀与进气歧管之间的软管，确认 PCV 阀中发出"咔哒"声响。如果不发出"咔哒"声响，则检查 PCV 阀的密封圈是否破裂或损坏，如果密封圈正常，则更换 PCV 阀并重新检查。

或者在发动机怠速运转时，将 PCV 阀从座上拔下，用手指堵住阀的进气口，如果手指能感觉到较强的真空吸力，并能听到"嘶嘶"的声响，则说明 PCV 阀工作正常，否则应予以更换。

②离机检查法，将 PCV 阀拆下，将清洁的软管连接到 PCV 阀上，从进气口侧向阀内吹气，如图 5.21（a）所示，用手感觉空气，空气应该很容易通过该阀。若从出气口侧向阀内吹气，如图 5.21（b）所示，空气应该很难通过该阀。用手甩动 PCV 阀，若听到"咔哒"声，说明 PCV 阀灵活可用。否则应更换 PCV 阀。通常不要将 PCV 阀清洗后再次使用。

发动机维护时，应检查曲轴箱强制通风装置连接管路是否完好，胶管是否有破裂、老化、脱落，如有，应更换或紧固；检查每根软管是否畅通，在曲轴箱强制通风系统中软管堵塞是一个主要故障，若发现某根软管堵塞，可用高压空气吹或用细铁丝进行通风，也可用专用清洁剂清洗，除去污垢后，涂上少许机油继续使用。

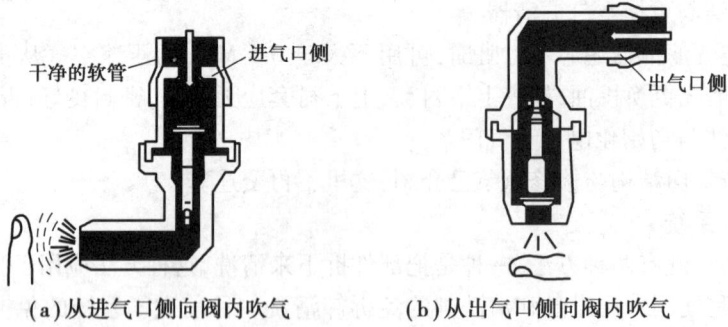

(a)从进气口侧向阀内吹气　　　(b)从出气口侧向阀内吹气

图 5.21　PCV 阀检修

(4)EGR 阀的检修

不同型号的发动机的废气再循环系统,其 EGR 阀的结构、工作方式及参数不同,下面以奥迪 A6 为例,介绍 EGR 阀的检修方法。奥迪 A6 采用电控 EGR 系统,如图 5.22 所示。发动机工作时,EGR 根据发动机转速、负荷、温度、EGR 阀开度等传感器的输入信号,结合各种工况下理想的 EGR 阀开度控制目标,通过调节 EGR 控制电磁阀的电流,改变施加到 EGR 阀的真空,实现对再循环废气的控制。

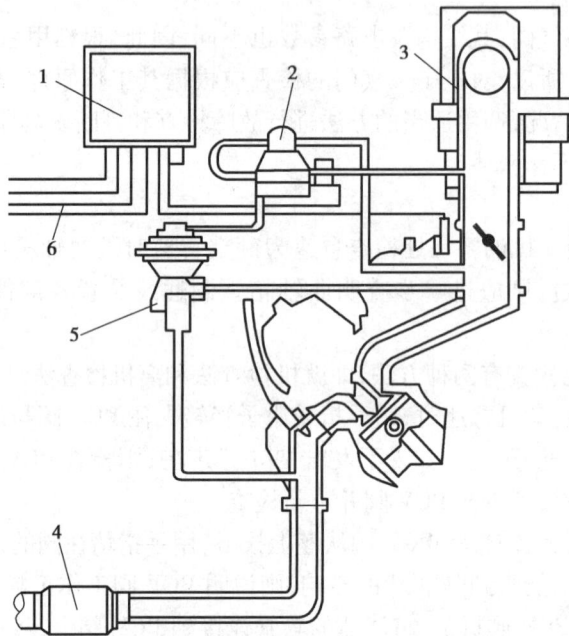

图 5.22　奥迪 A6 EGR 系统

1—ECU;2—EGR 控制电磁阀;3—空气滤清器;
4—三元催化转化器;5—EGR 阀;6—传感器信号

1)EGR 阀的检修

使发动机怠速运转,拔下 EGR 阀上的真空软管,用手抽真空器对 EGR 阀膜片室施加约 20 kPa的真空度,若此时发动机怠速运转情况变差甚至熄火,说明 EGR 阀状况正常;若发动机运转转速无变化或变化对应的真空度过低,说明 EGR 阀损坏,应更换。

拆下 EGR 阀,从排气入口侧向阀内吹气,空气应很难通过该阀;否则,说明 EGR 阀损坏,应更换。

2)废气再循环控制阀的检测

将点火开关置于 OFF 挡位置,拆下控制电磁阀线束接头,测量两引脚间的电阻值应为 20~35 Ω,若不符合标准,则更换。

拆下废气再循环控制阀,检查管口之间的通气情况。在电磁阀线圈不接电源时,通大气口应关闭,进气歧管与 EGR 阀真空室相通;电磁阀线圈通电时,进气歧管的真空通道关闭,通大气口打开,EGR 阀真空室与大气相通。否则,电磁阀损坏,应更换。

3)EGR 温度传感器检测

拆下 EGR 温度传感器,放入 80~100 ℃水中,测量其电阻值应为 80~160 kΩ,否则不正常,应更换。

(5)废气涡轮增压器的检修

当出现发动机输出功率不足、润滑油耗过快、排气冒黑烟或蓝烟和工作噪声过大等故障现象时,应进行废气涡轮增压系统的检修。

1)在发动机上进行检查

①检查空气滤清器是否过脏、机油压力是否过低或机油污染是否严重、涡轮增压器系统油管和接头是否有渗漏等现象;无金属撞击或摩擦声,无喘振或强烈的振动现象,若有上述现象应先排除。

②检查涡轮增压器是否有漏油、漏气现象,增压器壳体是否有过热、变色、裂纹等现象,如有应立即查明原因,并加以排除或更换。启动发动机,使其在怠速和中等转速下运转,观察涡轮增压器的工作状况,转速应稳定壳的温度不烫手。当涡轮增压器出现异响时,绝不能继续使用,应找出原因加以排除。

③发动机怠速运转熄火后,应能听到涡轮增压器的均匀运转声。

④用手指拨动压气机叶轮,转子回转应当不发涩,无卡滞,无碰擦,并可依靠惯性旋转3 圈。

2)拆下涡轮增压器检修

①检查涡轮壳是否因过热、咬合、变形或其他损坏而产生裂纹,如有应更换涡轮壳。

②检查涡轮和压气机叶轮是否弯曲、有毛刺、损坏、腐蚀或背面有接触痕迹,如有应成组更换涡轮或压气机叶轮。

③检查转子轴和轴承是否弯曲、磨损或损坏,如有应更换转子轴或轴承。

④检查密封圈(环)、挡油环、止推套和止推轴承是否损坏或磨损超限,如有应更换密封挡油环、止推套和止推轴承。

(6)用故障诊断仪进行故障检测

用 V.A.G.1551/1552 故障检测仪检测上海桑塔纳 2000 GSi 轿车 AJR 发动机电控数据流为例说明。

数据流的检测方法与步骤见表 5.1。数据流分析(部分与电控换气系统相关)见表 5.2。

表 5.1　数据流的检测方法与步骤

仪器连接	读取条件	操作步骤
启动发动机并保持息速运转,连接故障检测仪 V.A.G.1552	①冷却液温度不低于 80 ℃ ②关闭所有用电设备(检测时,散热风扇不允许转动) ③关闭空调 ④故障存储器中应该没有故障存储	①连接 V.A.G.1552 故障检测仪,并让发动机息速运转,选择地址代码"01",进入"发动机电子控制系统" ②按"0"和"8"键选择读取测量数据模块,按"Q"键确认输入 ③输入所选组号并按"Q"键确认输入,显示组号和内容如下: 车辆系统测试　帮助 选择功能　×× ← 08 读取测量数据块　帮助 输人显示组号　×× 000 读取测量数据块 0 1 2 3 4 5 6 7 8 9 10 ④选择显示组号,也就选择了相应功能和部件检查,显示组相互之间进行切换时,V.A.G.1552 可用"3"键和"1"键进行上下切换

表 5.2　数据流分析

显示组号	屏幕显示	内　容
01 基本功能	读取测量数据块 1 800 r/min　2.20 ms 3∠°　12°bef.TDC	第 1 位:"发动机转速",正常值为(830±30)r/min,若不在此范围内,检查并调整发动机息速 第 2 位:"发动机负荷(曲轴每转喷油持续时间)",正常值为 1.00~2.5 ms,如果显示值小于 1.00 ms,则说明进气系统漏气或者燃油系统压力太高,如果显示值大于 2.5 ms,则说明发动机负荷太大,在发动机息速转速正常的条件,一般表示空气流量传感器性能不良 第 3 位:"节气门角度值",正常值为 0~5∠°,如果显示值>5∠°,则说明节气门控制器 J338 没有进行基本设定;节气门拉索调整不当,节气门控制器 J338 损坏 第 4 位:"点火提前角",正常值为(12±4.5)°(上止点前),如果不在正常范围内,则检修电子点火系统,如果点火系统正常,则说明发动机负荷太大

续表

显示组号	屏幕显示	内　容
02 基本功能	读取测量数据块 2 800 r/min　2.20 ms 3.48 ms　2.9 g/s	第 1 位:"发动机转速",正常值为(830±30)r/min,若不在范围内,应调整发动机怠速 第 2 位:"发动机负荷(曲轴每转喷油持续时间)",正常值为 1.00~2.5 ms,若显示值小于 1.00 ms,则说明进气系统漏气或燃油系统压力太高,若显示值大于 2.5 ms,则说明发动机负荷太大,在发动机怠速转速正常的条件,一般表示空气流量传感器性能不良 第 3 位:"发动机每循环喷油持续时间",正常值为 2.0~5.0 ms,若显示值小于 2.0 ms,则说明从燃油蒸发控制系统排入进气歧管的燃油蒸汽比例较高(可能是活性炭罐电磁阀常开),如果显示值大于 5.0 ms,则说明发动机负荷太大,在发动机怠速转速正常的条件,一般情况下表示空气流量传感器性能不良 第 4 位:"进气空气质量",正常值为 2.0~4.0 g/s,如果显示值小于 2.0 g/s,则说明进气系统有漏气故障存在,如果显示值大于 4.0 g/s,则说明发动机负荷太大
03 基本功能	读取测量数据块 3 800 r/min　14.000 V 93.6 ℃　39.1 ℃	第 1 位:"发动机转速",正常值为(830±30)r/min,若不在此范围内,应检查并调整发动机怠速 第 2 位:"蓄电池电压",正常值为 10.0~14.5 V 第 3 位:"冷却液温度",正常值为 80~105 ℃,如果显示值小于 80 ℃,则说明发动机没有暖机,应该在发动机暖机后再检测,如果暖机后此显示值仍大于 80 ℃,则说明冷却液温度传感器有故障,如果显示值大于 105 ℃,则说明冷却液温度传感器有故障 第 4 位:"进气温度",正常值随外界环境温度的变化而变化,如果显示值始终为 19.1 ℃不变化或与环境温度不符,则说明进气温度传感器有故障
04 怠速稳定	读测量数据块 4 3∠°　-0.23 g/s 0.00 g/s　Leerlauf	第 1 位:"节气门角度值",正常值为 0~5∠°。如果显示值大于 5∠°,则说明节气门控制器 J338 没有进行基本设定;节气门拉索调整不当;节气门控制器 J338 损坏,用 V.A.G.1552 微机故障检测仪对节气门控制器进行基本设定,如果该数据仍大于 5∠°,则更换节气门控制器 J338 第 2 位:"变速器在空挡时的怠速稳定的自适应值",正常值为-1.7~+1.7 g/s,如果显示值小于-1.7 g/s,则说明节气门泄漏故障;如果显示值大于+1.7 g/s,则说明进气系统有泄漏或进气系统有堵塞故障 第 3 位:"怠速空气质量测量值(自动变速器)",手动变速器数值正常值为 0.00 g/s 不变,如果有变化,则说明发动机怠速不稳,应调整发动机怠速 第 4 位:"工作状态",正常显示为"Leerlauf",如果有其他显示,则更换怠速开关

续表

显示组号	屏幕显示	内　容
05 怠速稳定	读测量数据块 5 810 r/min 800 r/min　−1.7% 2.9 g/s	第 1 位:"发动机转速(测量值)",正常值为(830±30)r/min,若不在此范围内,应检查并调整发动机怠速 第 2 位:"怠速转速规定值",正常显示值为 800 r/min,在发动机处于怠速运转时该值保持不变 第 3 位:"怠速稳定控制值",正常显示值为−10%～+10%,表示发动机处于怠速运转状态 第 4 位:"进气量",正常值为 2.0～4.0 g/s,如果显示值小于 2.0 g/s,则说明进气系统有漏气故障存在,如果显示值小于 4.0 g/s,则说明发动机负荷太大
06 怠速稳定	读测量数据块 6 800 r/min　−0.7% −2.3%　13.5°V.OT	第 1 位:"发动机转速",正常值为(830±30)r/min,若不在此范围内,应检查并调整发动机怠速 第 2 位:"怠速稳定控制值",正常显示值为−10%～+10%。表示发动机处于怠速运转状态 第 3 位:含义是"混合气 λ 控制",正常显示值为−10%～+10% 第 4 位:"点火提前角",正常值为(12±4.5)°(上止点前),如果不在正常范围内,则检修电子点火系统,如果点火系统正常,则说明发动机负荷太大
07 λ 控制和 ACF 阀系 统数据流	读测量数据块 7 −2.3%　0.115 V 0%　1.00	第 1 位:"混合气 λ 控制",正常显示值为−10%～+10% 第 2 位:含义是"λ 传感器电压",正常显示为电压不断地在 0.1～1.0 V 范围内跳动(表示 λ 调节正常),如果电压始终在 0.1～0.3 V,说明排气中残余的氧较多,混合气太稀,如果电压始终在 0.7～1.0 V,说明排气中残余的氧较少,混合气太浓,如果电压保持在 0.45～0.5 V,则说明 λ 传感器不工作 第 3 位:"活性炭罐电磁阀 N80 占空比",显示值为 0%,说明电磁阀关闭,显示值为 99%,说明电磁阀打开 第 4 位:"燃油蒸发控制系统动作时混合气修正因素",如果显示值为小于 1.00,说明燃油蒸发控制系统输送浓混合气,λ 控制减少燃油喷射持续时间,如果显示值等于 1.00,说明油箱没有排气或输送标准混合气(λ=1),如果显示值大于 1.00,说明燃油蒸发控制系统输送稀混合气,λ 控制增加燃油喷射持续时间
08 λ 调节值	读测量数据块 8 3.4 ms　−3.9% −0.7%　λ.Adaption	第 1 位:"发动机每循环喷油持续时间",正常值为 2.0～5.0 ms,若显示值小于 2.0 ms,则说明从燃油蒸发控制系统排入进气歧管的燃油蒸汽比例较高(可能是活性炭罐电磁阀常开);若显示值大于 5.0 ms,则说明发动机负荷太大,应检测或更换空气流量传感器 第 2 位:"怠速时 λ 调节值",正常显示值为−10%～+10% 第 3 位:"部分负荷时 λ 调节值",正常显示值为−8%～+8% 第 4 位:"燃油蒸发控制系统",如果显示为"TE Aktive",说明活性炭罐电磁阀动作,如果显示为"TE n. Aktive",说明活性炭罐电磁阀关闭,如果显示为"λ.Adaption",说明活性炭罐电磁阀关闭,λ 调节在起作用

续表

显示组号	屏幕显示	内　容
13 爆震控制 数据流	读测量数据块 13 2.3°KW　1.9°KW 2.5°KW　2.4°KW	第 1 位:"第 1 缸爆震控制点火滞后角",正常值为 0°~15°的曲轴转角,若不在此范围应检修爆震控制系统 第 2 位:"第 2 缸爆震控制点火滞后角",正常值为 0°~15°的曲轴转角,若不在此范围应检修爆震控制系统 第 3 位:"第 3 缸爆震控制点火滞后角",正常值为 0°~15°的曲轴转角,若不在此范围应检修爆震控制系统 第 4 位:"第 4 缸爆震控制点火滞后角",正常值为 0°~15°的曲轴转角,若不在此范围应检修爆震控制系统
16 爆震控制 数据流	读测量数据块 16 0.760 V　0.800 V 1.120 V　1.120 V	第 1 位:"第 1 缸爆震传感器信号",正常值为 0.3~1.4 V 第 2 位:"第 2 缸爆震传感器信号",正常值为 0.3~1.4 V 第 3 位:"第 3 缸爆震传感器信号",正常值为 0.3~1.4 V 第 4 位:"第 4 缸爆震传感器信号",正常值为 0.3~1.4 V

5.2.3　电控换气系统常见故障的诊断

(1)进气歧管压力过低

1)故障现象

发动机运转时,进气歧管压力过低或真空度过高;发动机怠速运转时发抖,转速不稳;发动机动力不足,加速不灵,排气管冒黑烟或放炮,耗油增加。

2)故障主要原因及处理方法

①空气滤清器过脏或堵塞,清洁或更换空气滤清器滤芯。

②电子节气门开度不足或打开动作迟缓,清洁、初始化电子节气门,更换节气门电动机、检修加速踏板位置传感器。

③涡轮增压器增压效果不良,检修或更换进气压力传感器、涡轮增压器的泄(限)压装置或涡轮增压器。

④增压器后进气道泄漏或中冷器堵塞,检查、紧固进气道各连接处,清洁中冷器。

⑤PCV 阀发卡不能开启或 PCV 阀脏堵,清洁或更换 PCV 阀。

3)故障诊断方法

进气歧管压力过低故障诊断流程如图 5.23 所示。

(2)进气歧管压力过高

1)故障现象

发动机运转时,进气歧管压力过高或真空度过低;发动机怠速不稳;发动机动力不足,加速不灵;发动机有时回火;水温过高。

2)故障主要原因及处理方法

①进气系统泄漏,需检查、紧固或更换废气再循环、汽油蒸汽排放系统、涡轮增压器、可变进气道或进气涡流控制装置、制动助力装置等的真空控制器或执行器所用的各个真空软管。

②电子节气门关闭动作迟缓,清洁、初始化电子节气门、电子节气门电路,更换节气门电动

进气歧管压力过低

外围存在漏油、漏气、电器插座松动、真空管脱落或破裂 → 根据检查结果确定故障部位

否

自诊断，是否存在故障码？ 是 → 按故障码确定故障部位

否

空气滤清器是否过脏？ 是 → 空气滤清器过脏

否

打开点火开关，连续改变加速踏板位置，观察节气门位置变化是否符合要求？ 是 → 电子节气门或加速踏板位置传感器故障

是

用钳子连续交替夹紧、松开PCV阀至进气管的软管，观察发动机转速是否变化？ 否 → PCV阀发卡或PCV阀滤清器脏

是

涡轮增压器泄压阀是否处于关闭位置？ 否 → 泄压阀故障

是

涡轮增压器故障

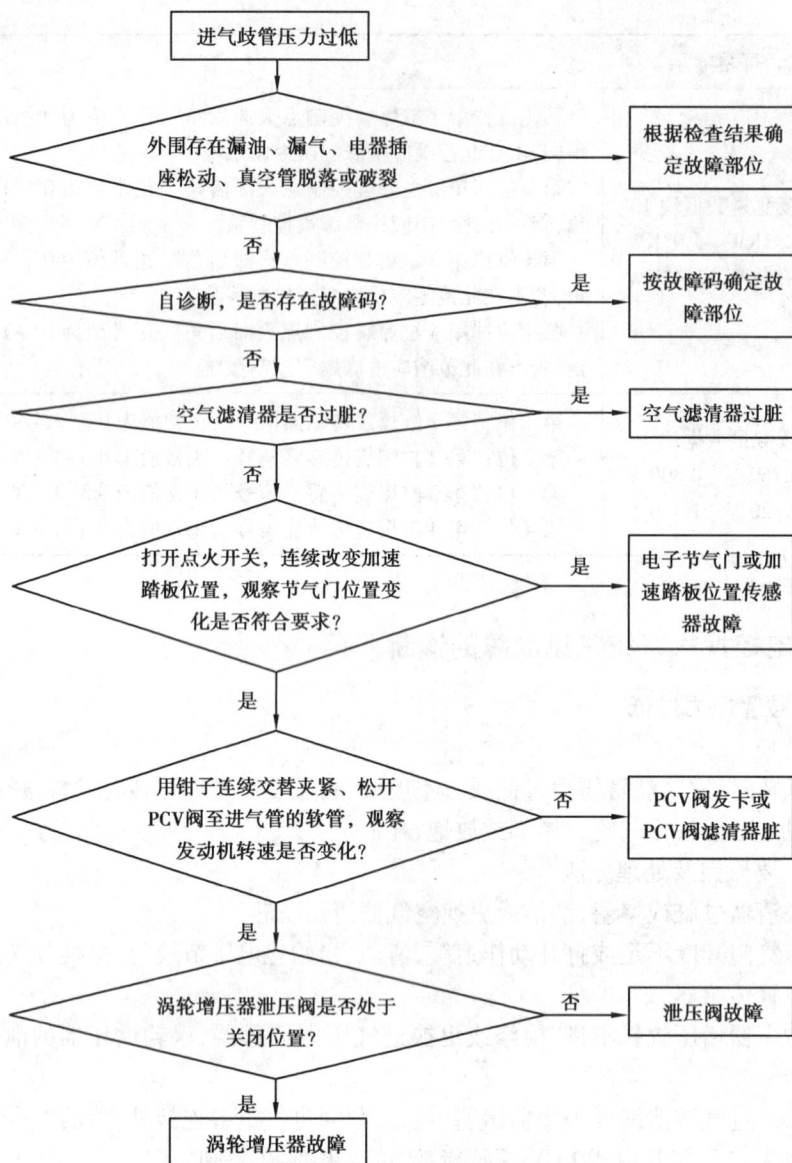

图 5.23　进气歧管压力过低故障诊断流程

机、加速踏板位置传感器。

③PCV阀卡在大开度位置，清洁或更换PCV阀。

④EGR阀废气循环时机不当或循环量过大，检修EGR阀的控制电气部件，清洗或更换EGR阀。

⑤汽油蒸发控制系统阀常开，检修或更换炭罐控制阀。

⑥涡轮增压器压力过高，检修或更换增压压力控制单元软管和泄（限）压装置。

⑦催化转化器堵塞，更换催化转换器。

3）故障诊断方法

进气歧管压力过高故障诊断流程如图 5.24 所示。

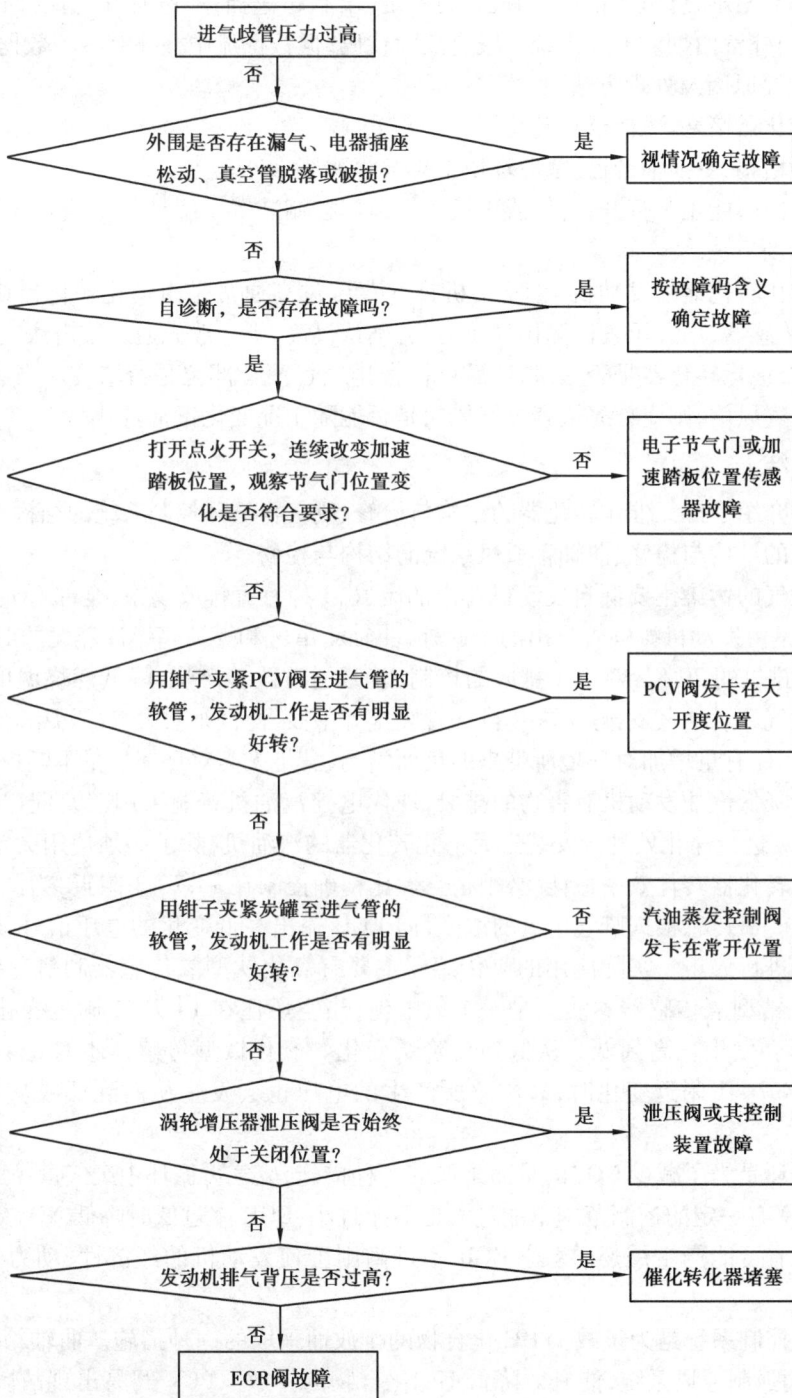

图 5.24　进气歧管压力过高诊断流程

（3）排气背压过高

1）故障现象

发动机启动困难，怠速不稳；发动机动力不足，没有超速挡；加速时进气管"回火"，急加速熄火，进气管向外冒白烟。电控系统一般有故障代码，但数据流中往往有多项数据不正常。

2）故障主要原因及处理方法

①催化转化器堵塞，更换催化转化器。

②消音器堵塞，更换消音器，寒冷环境下排气管冰堵除外。

③废气风门不能正常打开，检修或更换废气风门控制装置。

3）故障诊断方法

在装有催化转化器的发动机上，发动机排气背压过高通常是由催化转化器堵塞引起的。因此，拆下氧传感器，用气压表检测排气压力，若确认过高，则一般先通过敲击法或内窥镜检查法等方法，检查催化转化器是否堵塞，然后再检查排气管消音部位是否堵塞。当然，若发动排气系统装有废气风门，则应首先检查废气风门是否能随工况变化正常打开。

【项目小结】

本节主要介绍了三元催化转化器的结构与检修、废气再循环控制系统的结构与检修、燃油蒸汽控制系统的结构与检修、曲轴箱通风系统的结构与检修。

汽车对大气的污染主要源自发动机排出的废气，3种有害排放物中，全部 CO、NO_x 和约占 60% 的 HC 都是由发动机排气管排出的。此外，曲轴箱窜气和燃油箱燃油蒸发的 HC 排放各约占汽车 HC 总排放的 20%。对汽车排放的控制，就是通过改善燃烧、降低燃烧温度、阻断曲轴箱窜气进入大气和燃油蒸发排放、净化排气管废气等手段，使汽车对大气的污染降低到最低限度，以缓解汽车保有量增加对环境所带来的负面影响、满足人类对环境质量不断提高的要求。

为了有效降低汽油发动机有害物的排放，现代电控汽油机普遍采用三元催化转化器对废气 CO、HC、NO_x 进行净化处理。安装三元催化转化器的汽油机，除了必须使用无铅汽油外，为了使三元催化转化器转化效率最佳，必须把空燃比精确控制在 14.7：1 附近，为此普遍采用氧传感反馈控制。氧传感根据废气中氧的浓度，向 ECU 输出高低变化的电压信号，ECU 据此对实际喷油时间进行修正。实际应用的氧传感器主要有氧化钛型氧传感器和氧化锆型氧传感器两种。氧化锆型氧传感器本质上是一个氧电池，当空燃比在 14.7：1 附近变化时，氧传感所产生的电压会发生从高到低或从低到高阶跃变化。氧化钛型传感器本身是一个氧电阻，当空燃比在 14.7：1 附近变化时，氧传感所产生的电压也会发生从高到低或从低到高阶跃变化。

废气再循环是为了减少 NO_x 的量而采取的一种措施，废气再循环中废气量一般用 EGR 率来衡量，EGR 率有一定的控制范围不能过大也不能过小，EGR 率过低时降低 NO_x 效果不明显，并且发动机还有可能产生爆燃、爆震，EGR 率过高则会使发动机的经济性、动力性及排放性恶化。

燃油蒸汽控制系统是为了减少 HC 化合物的排放而采取的一种措施。曲轴箱通风系统一般采用 PCV 阀强制通风系统，能有效降低 HC 化合物的排放。PCV 阀易出现故障，一般要对 PCV 阀进行检修。

【知识拓展】

国家机动车排放法规发展的特点和趋势

（一）国家机动车排放法规是针对污染问题的出现而产生的。我国使用和生产机动车已有很长的历史，但直到20世纪80年代才开始控制机动车污染，主要原因是此前虽然机动车污染控制水平不高，但因机动车保有量小，污染物排放总量少，机动车污染对环境质量的影响不大。随着经济的发展、社会交通需求量增加，我国汽车工业发展进入快车道。机动车产量和保有量快速增长，机动车污染问题逐步显现，需要采取强制性措施控制机动车排放负荷，制定排放法规、控制机动车污染成为必然。

（二）机动车排放法规体系经历了由简到繁、由粗糙到完善，控制车型范围不断扩大的发展过程。如在控制车型方面，由轻型汽车发展到重型汽车，再到摩托车和轻便摩托车以及非道路车辆、机动船舶等；在燃料方面，由最初的汽油车到柴油车，再到气体燃料车、两用燃料车、双燃料车、混合动力车等；在排放测量方法方面，经历了由简单工况法（如怠速法、双怠速法、自由加速法等）到稳态多工况法，再到瞬态工况法，进而采用非循环工况法的过程，目的是使排放测量工况更加符合车辆实际使用状况；由仅控制新车的模拟排放控制性能，到对车辆排放控制性能的耐久性提出要求，进而要求采用车载诊断系统（OBD）来监控车辆实际使用过程中的排放控制状况等。

（三）采取综合措施，将源头控制（新车开发与生产）与末端控制（在用车使用）相结合，并向机动车制造和废弃过程延伸，对车辆制造过程中使用的有害物质和材料进行控制，防止车辆废弃后造成环境污染。

（四）与排放控制技术的发展相适应，污染物的排放限值不断降低。如轻型汽车欧洲第一阶段排放法规污染物排放限值比初始阶段降低80%，第二阶段进一步降低到90%，到第四阶段又降低到95%，一辆欧0汽车的污染物排放水平大约相当于20多辆达欧Ⅳ的汽车排放量。低排放、零排放汽车将成为未来汽车工业的发展方向，而制定和实施更加严格的排放标准，降低排放负荷是解决机动车污染问题的必然选择和有力手段。

（五）机动车排放法规作为法律体系的组成部分，是行政管理和执法部门依法管制机动车排污行为的技术依据，依法具有强制力。排放法规属于法律法规范畴，在法律效力、制定机关、实施方式等方面均与通过标准化工作程序制定的标准有区别。

（六）将机动车与车用燃料作为一个整体，采用各种法律、政策、经济措施，促进机动车排放控制水平与车用燃料清洁化程度一同提高，使车用燃料质量能够满足不断提高的机动车排放控制技术的要求。其中，汽油无铅化、柴油低硫化等对机动车排放控制技术的提高起到了重要的作用。

（七）适应国际机动车排放法规协调、统一的趋势，根据国情逐步调整国家排放法规体系的内容。在经历了50年的发展后，各大机动车排放法规体系之间的差异已成为国际贸易的非关税壁垒，阻碍了汽车贸易的发展。建立全球统一的机动车安全、环保技术法规体系已成为各主要汽车生产国的共识。

【思考与练习】

一、填空题

1. 汽油机的主要排放污染物为_____、_____、_____。

2. 提高 TWC 转换效率的方式是_____。

3. 三元催化器中的催化剂为_____。

4. 汽油车污染物的 3 个主要来源分别为排气、曲轴箱窜气、_____。

5. 碳氢化合物的危害为_____。

6. 氧传感器按照材料可分为_____和_____两类。

7. 废气再循环比率过大时会使发动机输出功率_____。

8. 喷油延迟将引起汽油机 HC 化合物的生成量_____。

9. 二次空气供给系统的功能是：在一定情况下，将_____送入排气管。

10. 燃油停供控制系统能够减少哪种污染物_____。

二、判断题

1. EGR 系统会对发动机的性能造成一定的影响。 （　　）

2. 怠速时，CO 的排放量最多，NO_x 最少。 （　　）

3. 曲轴箱窜气的主要成分是 HC 和 CO。 （　　）

4. 废气再循环的作用是减少 HC、CO 和 NO_x 的排放量。 （　　）

5. 空燃比反馈控制在各种电控发动机上都使用。 （　　）

6. 气缸内的温度越高，排出的 NO_x 量越多。 （　　）

7. 三元催化转换器发生破裂、失效时也会造成发动机动力性下降。 （　　）

8. 汽油机的怠速转速越低将导致 CO 和 HC 排放越高。 （　　）

9. 适当减小点火提前角可降低汽油机氮氧化物的排放。 （　　）

10. 采用缸内直接喷射能降低氮氧化物的排放。 （　　）

三、选择题

1. 燃油蒸汽控制系统主要减少（　　）排放。

A.HC　　　　　　B.CO　　　　　　C.NO_x　　　　　　D.有害气体

2. 废气再循环的废气量一般控制在（　　）。

A.1%～2%　　　B.15%～20%　　　C.5%～10%　　　D.6%～13%

3. 在（　　）时废气再循环控制系统不工作。

A.行驶　　　　　B.怠速　　　　　C.高转速　　　　　D.热车

4. 采用三元催化转化器必须安装（　　）。

A.前氧传感器　　B.后氧传感器　　C.前后氧传感器　　D.爆震传感器

5. 若三元催化转化器良好，后氧传感器信号波动（　　）。

A.频率高　　　　B.增加　　　　　C.无变化　　　　　D.缓慢

6. 三元催化器在空燃比为（　　）的某一狭小范围内具有最高的净化效率。

A.3　　　　　　　B.9.7　　　　　　C.10　　　　　　　D.14.7

7.EVAP 是(　　)的英文缩写。

A.废气再循环 　　　　　　　　　　　　B.燃油蒸发控制

C.二次空气供给系统 　　　　　　　　　D.三元催化净化器

8.NO_x 的排放量,主要与汽缸内混合气的(　　)有关。

A.燃烧速度 　　　　B.燃烧时间 　　　　C.燃烧温度 　　　　D.浓度

9.废气再循环的作用是抑制(　　)的产生。

A.HC 　　　　　　　B.CO 　　　　　　　C.NO_x 　　　　　　　D.有害气体

10.在闭环控制中,实际的空燃比小于理论空燃比时,氧传感器向 ECU 输入的电压信号一般为(　　)。

A.0.1~0.4 V 　　　　B.接近 0 V 　　　　C.接近 1 V 　　　　D.0.75~0.9 V

11.发动机过热将使(　　)。

A.EGR 系统工作不良 　　　　　　　　　B.燃油蒸发量急剧增多

C.三元催化转换器易损坏 　　　　　　　D.曲轴箱窜气增加

12.氧化锆只有在(　　)以上的温度时才能正常工作。

A.90 ℃ 　　　　　　B.40 ℃ 　　　　　　C.815 ℃ 　　　　　　D.400 ℃

四、简答题

1.简述汽油机 HC 的生成机理。

2.汽油机尾气净化的主要措施有哪些?

3.曲轴箱强制通风系统的功用是什么?

4.氧传感器的作用是什么? 当氧传感器输出 0.1 V 的电压时,喷油量应怎样调节? 发动机大负荷运行时,氧传感器的输出电压应接近多少伏?

5.简述汽油机在启动阶段出现较大的初始排放量的主要原因。

6.试述催化剂的失效机理。

7.试述三元催化转换器的组成和催化反应机理。

8.简述废气再循环及废气再循环率。

项目 **6**

CAN-BUS 故障检修及随车诊断系统

【项目目标】

1.了解 CAN-BUS 总线系统的分类、组成、应用状况及作用；

2.熟悉 CAN-BUS 总线系统的数据通信原理和数据结构；

3.掌握 CAN-BUS 总线系统的故障特点与故障类型；

4.了解随车诊断系统的工作原理；

5.掌握随车诊断系统的组成；

6.能用随车诊断系统对发动机电控系统进行读故障码、数据流、动作测试；

7.能用万用表对 CAN-BUS 数据总线进行测量并进行分析；

8.能排除 CAN-BUS 网络的故障。

【知识脉络图】

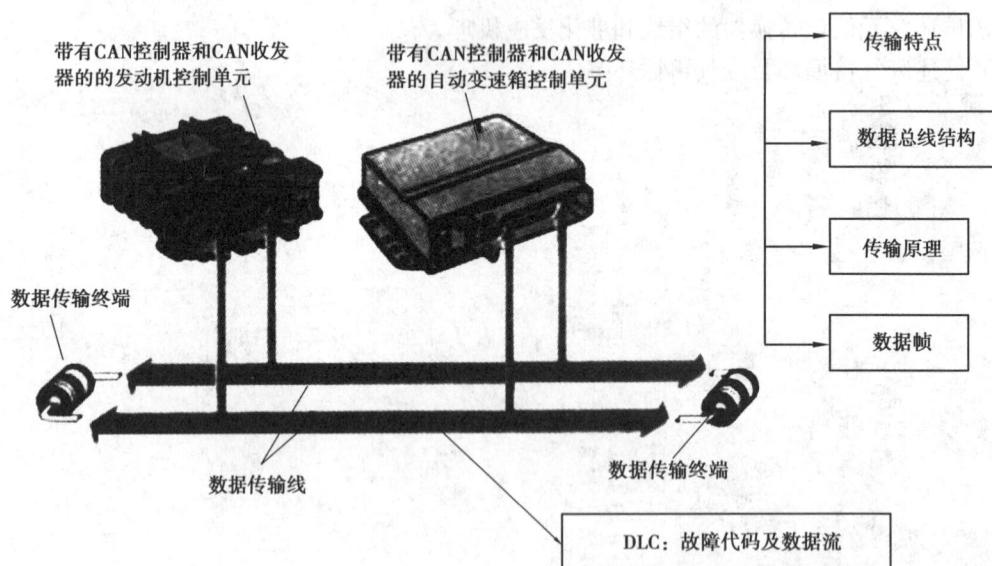

带有CAN控制器和CAN收发器的的发动机控制单元

带有CAN控制器和CAN收发器的自动变速箱控制单元

数据传输终端

数据传输线

数据传输终端

DLC：故障代码及数据流

传输特点

数据总线结构

传输原理

数据帧

任务 6.1　CAN-BUS 相关知识

【任务引入】

一辆 2005 款帕萨特 B5 1.8T 轿车,使用了 12 年,行驶 18 万 km。该车为交通事故车,修复后,发动机无法正常启动,在发动机启动 2 s 后就自动熄火。防盗报警灯始终没有点亮,故无法重新对防盗系统进行匹配。车主反映事故发生后发动机能够正常运行。

解码仪读取故障代码,在发动机控制单元存在 2 个故障码,分别是 18056:动力系统数据总线通信失败;17978:发动机控制单元被防盗控制单元闭锁。在中央仪表控制单元和网关控制器内也存有 01312 号故障码,表示动力系统数据总线有故障或有缺陷。

由于发动机不能启动运行,因此也无法对动态数据流进行分析并帮助查找其他故障端倪。所以要解决此汽车“动力系统数据总线通信失败”以及“总线缺陷”需要了解 CAN 总线的结构组成,了解 CAN 总线系统的工作原理才能作故障分析和故障诊断。帕萨特 B5 采用 CAN-BUS 总线与多路信息传输,整车有两套总线网络系统:一套是动力系统总线,一套是舒适系统总线。

【理论知识】

6.1.1　CAN 数据总线系统的特点及分类

CAN(Controller Area Network)即控制器局域网络。CAN 高性能、高可靠性及独特的设计越来越受到人们的重视。国内外已有许多大公司的产品采用了这一技术。

CAN 最初是由德国的 BOSCH 公司为汽车监测、控制系统而设计的。现代汽车越来越多地采用电子装置控制,如发动机的定时、注油控制,加速、刹车控制(ASC)及复杂的防抱死制动系统(ABS)等。这些控制需检测及交换大量数据,采用硬接信号线的方式不但烦琐、昂贵,而且难以解决问题,采用 CAN 总线上述问题便得到了很好的解决。

1993 年,CAN 成为国际标准 ISO 11898(高速应用)和 ISO 11519(低速应用)。

CAN 的规范从 CAN 1.2 规范(标准格式)发展为兼容 CAN 1.2 规范的 CAN 2.0 规范(CAN 2.0A 为标准格式,CAN 2.0B 为扩展格式),目前应用的 CAN 器件大多符合 CAN 2.0 规范。

CAN 总线是一种串行数据通信协议,其通信接口中集成了 CAN 协议的物理层和数据链路层功能,可完成对通信数据的成帧处理,包括位填充、数据块编码、循环冗余检验、优先级判别等项工作。

CAN 总线特点如下:

①可以多主方式工作,网络上任意一个节点均可以在任意时刻主动向网络上的其他节点发送信息,而不分主从,通信方式灵活。

②网络上的节点(信息)可分成不同的优先级,可以满足不同的实时要求。

③采用非破坏性位仲裁总线结构机制,当两个节点同时向网络上传送信息时,优先级低的节点主动停止数据发送,而优先级高的节点可不受影响地继续传输数据。

④可以点对点、一点对多点(成组)及全局广播几种传送方式接收数据。

⑤直接通信距离最远可达 10 km(速率 5 Kbit/s 以下)。

⑥通信速率最高可达 1 Mbit/s(此时距离最长为 40 m)。

⑦节点数实际可达 110 个。

⑧采用短帧结构,每一帧的有效字节数为 8 个。

⑨每帧信息都有 CRC 校验及其他检错措施,数据出错率极低。

⑩通信介质可采用双绞线,同轴电缆和光导纤维,一般采用廉价的双绞线即可,无特殊要求。

⑪节点在错误严重的情况下,具有自动关闭总线的功能,切断它与总线的联系,以使总线上的其他操作不受影响。

CAN-BUS 目前的 ISO 标准有两种,分别为 ISO 11898 与 ISO 11519.2。ISO 11898 通信速率为 125 Kbit/s~1 Mbit/s 是 CAN 高速通信标准,ISO 11519.2 是通信速率最高可达 125 Kbit/s 的 CAN 低速通信标准。这两种标准的通信数据格式是一样的,不同之处在于通信速率和故障保护上,高速 CAN 的两条网线只要其中一条网线出现断路或短路,则整个网络失效。而低速 CAN 的两条网线出现同样的问题时,还可用剩下的另一条完好的网线进行数据传递(即单线功能)。

高速 CAN-BUS 主要应用在一些要求高实时性的系统中,如驱动系统、电子控制系统等。

低速 CAN-BUS 主要应用在一些对实时性要求不高的系统中,如舒适系统、灯光系统等。

6.1.2 CAN 数据总线组成结构

CAN 数据总线中,每个连接在 CAN 总线上的节点内部都安装了一个 CAN 控制器、一个 CAN 收发器、两条数据传递线形成总线链路和数据传输终端共同组成。其组成结构如图 6.1 所示。

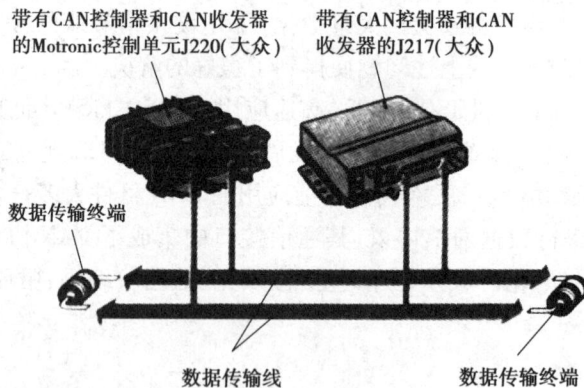

图 6.1　CAN-BUS 的组成结构

(1)CAN 控制器

CAN 控制器是用来接收在控制单元微处理器中的数据,处理数据并传送给 CAN 收发器;同时也接收 CAN 收发器的数据,处理数据并传送给微处理器。控制功能包括数据发送、时间控制、数据接收控制、数据格式转换等。CAN 控制器的结构如图 6.2 所示。

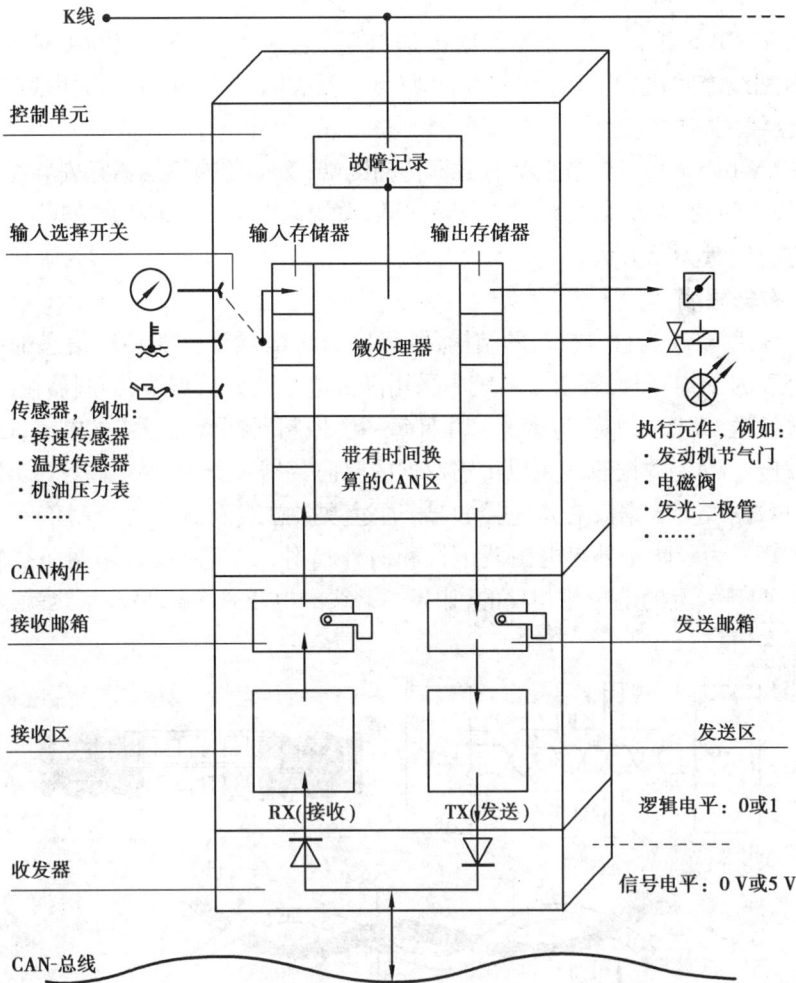

图 6.2　CAN 控制器的结构

(2)CAN 收发器

CAN 收发器安装在控制器内部,同时兼具接收和发送的功能,将控制器传来的数据化为电信号并将其送入数据传输线。实际上在每个节点内都有两个 CAN 收发器分别负责 CAN 高位线和 CAN 低位线的数据传送。CAN 收发器是一个发送器和一个接收器的组合,它将 CAN 控制器提供的数据转化成电信号并通过数据总线发送出去;同时,它也接收总线上的电信号,并转化成数据传给 CAN 控制器。收发器的结构如图 6.3 所示。

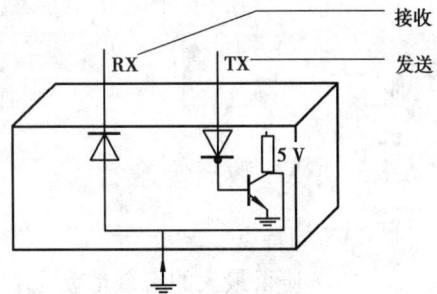

图 6.3　收发器的结构

(3)数据传递终端

数据传递终端是一个电阻器,作用是防止数据在线端被反射,以回声的形式返回,影响数据的传输。

在高速 CAN-BUS 中,只有两个数据传递终端,它装在 CAN 高位(CAN-High)和低位(CAN-Low)数据线之间,总电阻为 $50\sim70\ \Omega$,将点火开关断开后,可以用万用表测量 CAN 高位线和 CAN 低位线之间的电阻值。

在低速 CAN-BUS 中,每个节点都有数据传输终端,数据传输终端不是安装在 CAN 高位线和 CAN 低位线之间的,而是装在数据线与地之间,电源断开后,其电阻也断开了,因此,用万用表对电阻值进行测量为无穷大。

(4)CAN 数据总线

CAN-BUS 采用双绞线自身校验的结构,既可以防止电磁干扰对传输信息的影响,也可以防止本身对外界的干扰,即无辐射。系统中采用高低电平两根数据线,控制器输出的信号同时向两根通信线发送,高低电平互为镜像。并且每一个控制器都增加了终端电阻,以减少数据传送时的过调效应。CAN 数据总线用以传输数据的双向数据线分为 CAN 高位(CAN-High)和低位(CAN-Low)数据线。数据没有指定接收器,通过数据总线发送给各控制单元,各控制单元接收后进行计算。为了防止外界电磁波干扰和向外辐射,CAN 总线采用两条线缠绕在一起,如图 6.4 所示,两条线上的电位是相反的,如果一条线的电压是 5 V,另一条线就是 0 V,两条线的电压和等于常值。

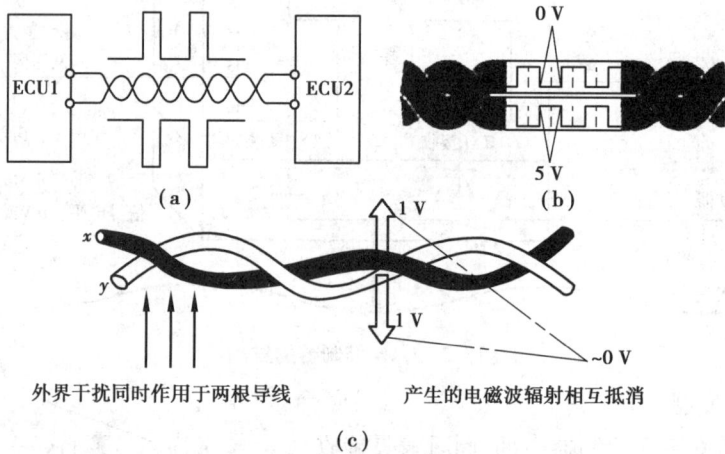

图 6.4　双绞线

6.1.3　CAN 数据传输

(1)CAN 的特点

CAN-BUS 协议最大的特点是废除了传统的站地址编码,代之以对数据通信数据块进行编码,可以多主方式工作,总线上的每一个节点均可以在网络空闲的任意时刻,主动向网络上的其他节点发送信息,所有节点不分主次,通信方式灵活。

CAN-BUS 网络上的各个节点信息分成不同的优先级,可以满足不同的实时要求,高优先级的信息优先传递。当两个节点同时向网络上传送数据时,优先级低的节点主动停止数据发送,而优先级高的节点可不受影响地继续传输数据,有效避免了总线冲突。

CAN-BUS 采用非破坏性的仲裁机制,当出现两个节点同时向总线发送数据时,优先级低的节点会主动退出发送转为接收,优先级高的节点会继续发送数据不受影响,有效地避免了总线冲突,提高信息传输效率。例如,安全方面的信息比舒适方面的信息优先。

CAN-BUS 信息传输采用广播模式,如图 6.5 所示,即一个节点发送,所有连接在总线上的节点都可接收。当某一个 CAN-BUS 节点出现严重错误时,具有自动关闭总线的功能,切断它与总线的联系,以使总线上其他操作不受影响。

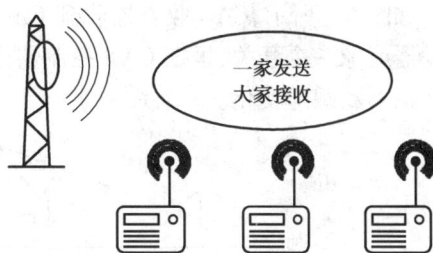

图 6.5　广播模式

CAN 采用 NRZ(非归零制编码方式)编码,直接通信距离最远可达 10 km(通信位速率为 5 Kbit/s),通信位速率最高可达 1 Mbit/s(此时通信距离最长为 40 m)。

CAN 采用短帧结构,每一帧的有效字节数为 8 个(CAN 技术规范为 2.0 A),数据传输时间短,受干扰的概率低,重新发送的时间短。

CAN 可以点对点、一点对多点(成组)及全局广播集中方式传送和接受数据。

(2)CAN 数据传递过程

CAN 数据传递过程如图 6.6 所示。

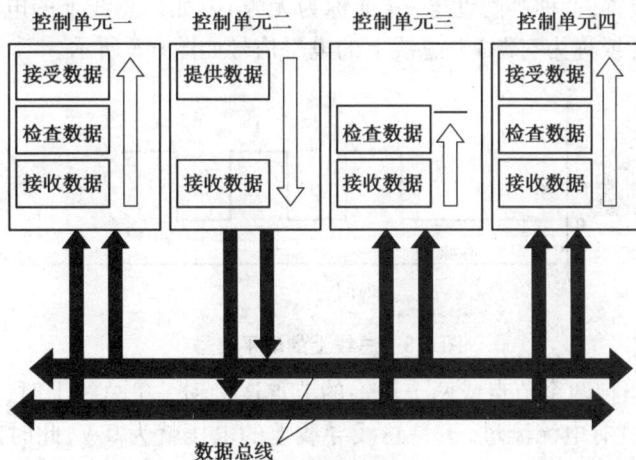

图 6.6　CAN 数据传递过程

①提供数据:控制单元向 CAN 控制器提供需要发送的数据。

②发送数据:CAN 收发器接收由 CAN 控制器传来的数据,转为电信号并发送。

③接收数据:CAN 控制单元检查判断所接收系统中,所有控制单元转为接收器。

④检查数据:检查接收的数据是否为所需要的数据。

⑤接受数据:如需要接收的数据,它将被接受并进行处理,否则忽略。

(3)数据传递的原理

在 CAN-BUS 中的每个节点,其内部进行运算的二进制信号(又称为逻辑信号)的电平都是很小的,并不足以通过双绞线进行长距离的传送(铜线上有电阻值,距离越长阻值越大,幅

163

度不够的信号无法传输)。要实现数据的顺利传输,那么必须将数据进行升压,即将二进制逻辑信号转化为电信号。

1)电信号的传送

如图 6.7 所示,CAN 收发器收到 CAN 控制器送来的信号后控制三极管导通或截止,CAN收发器就像一个开关,根据 CAN 控制器送来的数据不断在导通和截止之间变化,使总线上的电平也不断跟随变化。

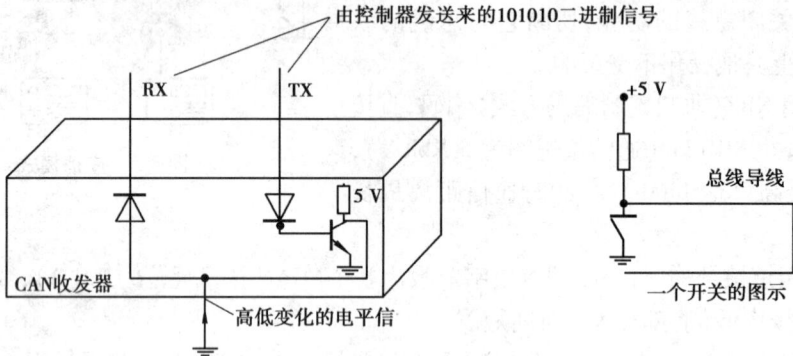

图 6.7　CAN 收发器示意图

总线导线上会出现两种状态:高电位表示逻辑"1",低电平表示逻辑"0"。如果总线上的电平信号处于静止位置,就称为隐性电平(或称为无源)。如果总线上的电平信号处于传递位置,则称为显性电平(或称为有源)。总线上的电平信号如图 6.8 所示。

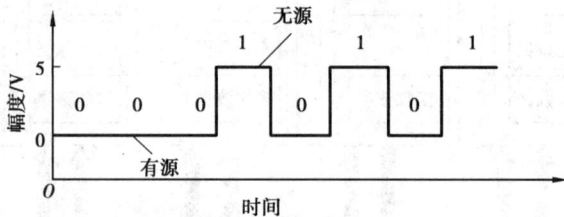

图 6.8　总线上的电平信号

如图 6.9 所示,当把两个节点或两个以上的节点连接到一条总线上时,如果某一节点内的开关已接合,电阻上就有电流流过,于是总线导线上的电压就为 0 V,此时总线处于有源状态为显性电平。如果所有开关均未接合,那么就没有电流流过,电阻上就没有压降,于是总线导线上的电压就为 5 V,此时总线处于无源状态为隐性电平。

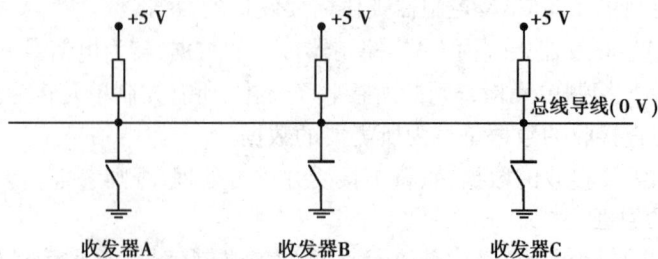

图 6.9　有两个以上节点的总线状态转换示意图

　　因此,从上面的分析可知,如果总线处于状态 1(无源),那么此状态可以由某一个控制单元使用状态 0(有源)来改写。

　　2)CAN-BUS 的数据传递

　　①数据发送。图 6.10 为 CAN-BUS 发射器电路简图。连接在总线上所有节点都没有往外发送数据时,所有的节点的发射器都处于截止状态,两条数据总线也都处于无源状态。上面作用着相同的预先设定值,该值称为隐性电平。对 CAN-BUS 来说,这个值大约为2.5 V。隐性电平也称为隐性状态,与其相连接的所有控制单元均可修改它。

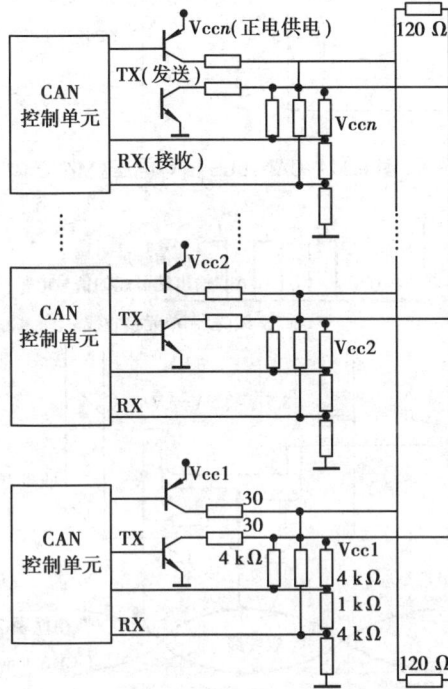

图 6.10　CAN-BUS 发射器电路简图

　　当其中有一个节点往外发送数据时,总线处于显性状态,CAN-High 线上的电压值会升高一个预定值(这个值至少为 1 V),而 CAN-Low 线上的电压值会降低一个同样值(这个值至少为 1 V)。于是,在动力 CAN 数据总线上的 CAN-High 线就处于有源状态,其电压不低于 3.5 V(2.5 V+1 V=3.5 V),而 CAN-Low 线上的电压值最多可降至 1.5 V(2.5 V−1 V=1.5 V)。

　　因此在隐性状态时,CAN-High 线与 CAN-Low 线上的电压差为 0 V,在显性状态时该差值最低为 2 V,如图 6.11 所示。

　　②数据接收。如图 6.12 所示,在收发器内有一个接收器,该接收器就是安装在接收一侧的差动信号放大器。

　　差动信号放大器用于处理来自 CAN-High 线和 CAN-Low 线的电平信号,除此之外,还负责将转换后的信号传至控制单元的 CAN 接收区。这个转换后的信号称为差动信号放大器的输出电压。差动信号放大器内的信号处理如图 6.13 所示。

　　CAN-High 线和 CAN-Low 线上传递的电平信号是相反的,差动信号放大器用 CAN-High 线上的电压(UCAN-High)减去 CAN-Low 线上的电压(UCAN-Low),就得出了输出电压。用这种

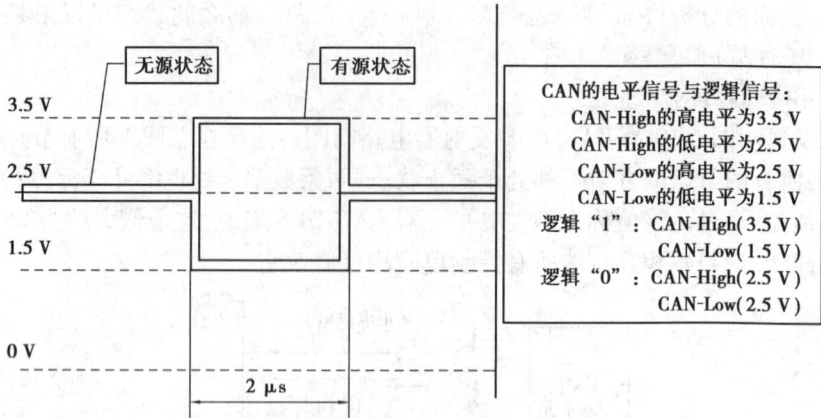

图 6.11　CAN-BUS 信号电压变化

CAN的电平信号与逻辑信号：
CAN-High的高电平为3.5 V
CAN-High的低电平为2.5 V
CAN-Low的高电平为2.5 V
CAN-Low的低电平为1.5 V
逻辑"1"：CAN-High(3.5 V)
　　　　CAN-Low(1.5 V)
逻辑"0"：CAN-High(2.5 V)
　　　　CAN-Low(2.5 V)

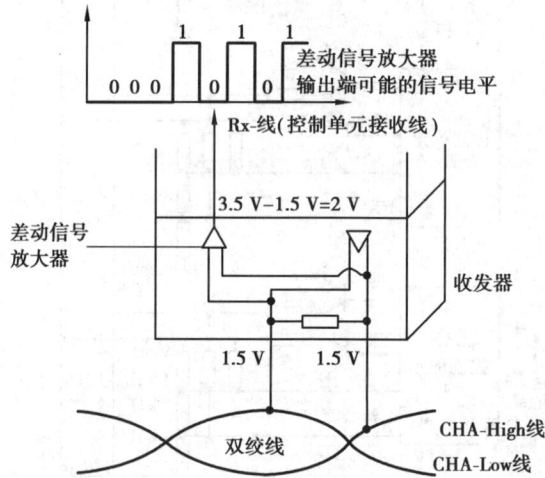

图 6.12　CAN 接收器结构简图

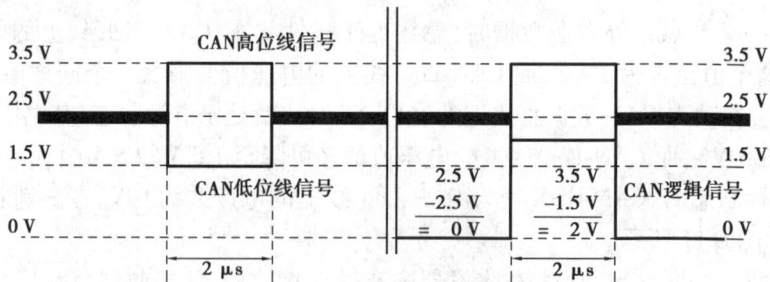

图 6.13　差动信号放大器内的信号处理

方法可以消除静电平(对动力 CAN 数据总线来说是 2.5 V)或其他任何重叠的电压(如干扰)。

由于数据总线要布置在发动机舱内,因此数据总线会受到各种干扰。在保养时,考虑对地短路和蓄电池电压、点火装置的火花放电和静态放电。CAN-High 信号和 CAN-Low 信号经过差动信号放大器处理后(就是所谓的差动传递技术),可最大限度地消除干扰的影响,如图6.14

所示。这种差动传递技术的另一个优点是：即使车上的供电电压有波动（如在启动发动机时），也不会影响各个控制单元的数据传递（数据传递可靠性）。

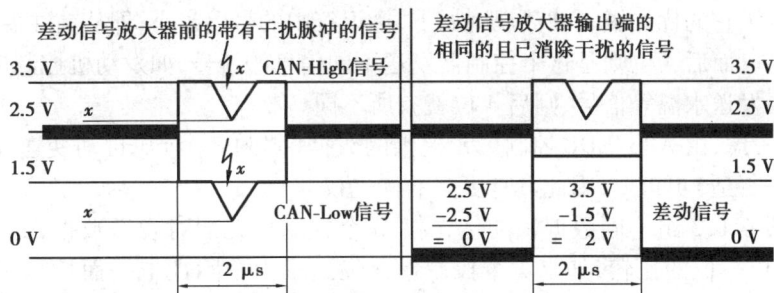

图 6.14　差动信号放大器内的干扰过滤

6.1.4　CAN 数据帧

（1）CAN 数据帧结构

CAN 数据总线在极短的时间里，在各控制单元间传递数据，数据的传输以帧为最小单位，每帧数据包含 7 个部分，如图 6.15 所示。

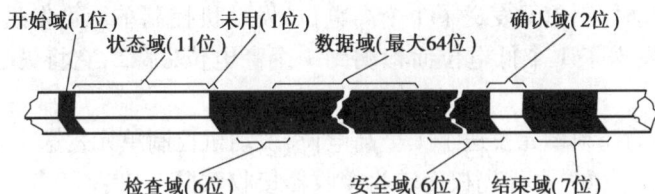

图 6.15　CAN 数据帧结构

①开始域：标志数据开始。带有大约 5 V 电压（由系统决定）的 1 位，被送入高位 CAN 线；带有大约 0 V 电压的 1 位被送入低位 CAN 线。

②状态域：判定数据中的优先权。如果两个控制单元都要同时发送各自的数据，那么，具有较高优先权的控制单元，优先发送。

③检查域：显示在数据域中所包含的信息项目数。在本部分允许任何接收器检查是否已经接收到所传递过来的所有信息。

④数据域：在数据域中，信息被传递到其他控制单元。

⑤安全域：检测传递数据中的错误。

⑥确认域：在此，接收器信号通知发送器，接收器已经正确收到数据。若检查到错误，接收器立即通知发送器，发送器然后再发送一次数据。

⑦结束域：标志数据报告结束。在此是显示错误并重复发送数据的最后一次机会。

（2）优先级确认（仲裁）

因为 CAN-BUS 采用串行数据传递方式，如果有多个控制器同时需要发出信号，那么在总线上一定会发生数据冲突。为了避免出现数据冲突，当出现多个控制器同时发送信号的情况时，系统就必须决定哪个控制单元首先进行发送，哪个控制单元等待发送。CAN 总线采取的措施是：每个控制单元在发送信号时，通过数据帧前列的状态域来识别数据优先权，具有最高优先权的数据,首先发送。

在信息数据列中有 11 位的状态区,这 11 位二进制中前 7 位既是发送信息的控制器标识符,同时又表示了它的优先级。仲裁规则如下,标识符中的号码越小,即从前往后数,前面零越多,优先级越高。而后 4 位则是这个控制器发送不同信息的编号,如发动机控制单元既要发送转速信号,又要发送水温等信号,则后 4 位就有所不同。

基于安全考虑,由 ABS/EDL 控制单元提供的数据(驾驶安全)比自动变速器控制单元提供的数据(驾驶舒适)更重要,因此其具有更高的优先权。

示例:见表 6.1,3 组不同数据帧的优先权,3 个控制单元同时发送数据,此时,在数据传输线上进行一位一位的比较,如果 1 个控制单元发送了 1 个隐性电平而检测到 1 个显性电平,那么该控制单元就判断出有更高优先权的数据在发送,会立即停止发送转为接收器接收数据。

表 6.1　3 组不同数据帧的优先权

数据报告	制动器	发动机	变速器
状态域形式	001 1010 0000	010 1000 0000	100 0100 0000

第一位比特:制动控制单元发送了 1 个高电位,发动机控制单元也发送了 1 个高电位,自动变速器控制单元发送了 1 个低电位而检测到 1 个高电位,那么,它将失去优先权而转为接收器。

第二位比特:制动控制单元发送了 1 个高电位,发动机控制单元发送了 1 个低电位并检测到 1 个高电位,那么,它也失去优先权而转为接收器接收数据。

第三位比特:制动控制单元拥有最高优先权并接收分配的数据,该优先权保证其持续发送数据直至发送终了,制动控制单元结束发送数据后,其他控制单元再发送各自的数据。

(3)数据发送和接收的同步

1)同步解决方案一:边沿对齐

为了保证发送和接收能够同步,CAN-BUS 规定了边沿对齐规则。也就是说,接收器发现每一次电平反向的节拍不对时,必须调整边沿,以求得同步。这个规则在电平变化频繁时能有效的保证了接收的正确性,边沿对齐如图 6.16 所示。

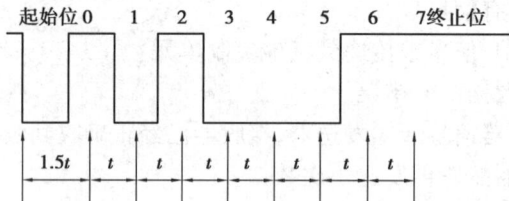

图 6.16　边沿对齐

2)同步解决方案二:数据的位填充

为了保证发送和接收能够同步,CAN-BUS 规定了位填充规则。也就是说,最多 5 位出现一样的电平信号,第六位必须有一个反向电平。该规则能有效保证接收的正确性。数据的位填充如图 6.17 所示。

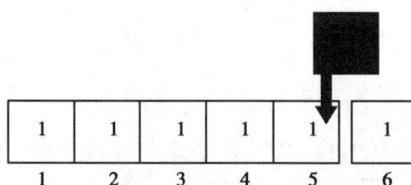

图 6.17　数据的位填充

3)出错帧

当控制器在接收其他控制器或自己发送器的信息时,发现信息有错误,可以发送出错帧,出错帧至少有 6 个显性电平和 8 个隐性电平,至多 12 个显性电平和 8 个隐性电平构成。CAN-BUS 出错帧如图 6.18 所示。

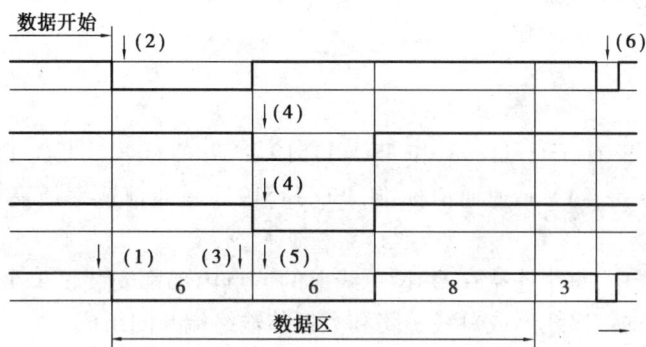

图 6.18　CAN-BUS 出错帧

4)CAN 内部故障管理

CAN 控制器内部有错误计数器。一次发送失败计数加 8,一次接收错误计数加 1。当累计超过 127 时,控制器不再允许该控制单元往 CAN 总线上发送信息,当累计超过 255 时,控制器自动与总线脱离。但是,控制器发送信息时,没有收到答复信号,控制器将重复发送,而错误计数器不计数。错误计数器控制策略如图 6.19 所示。

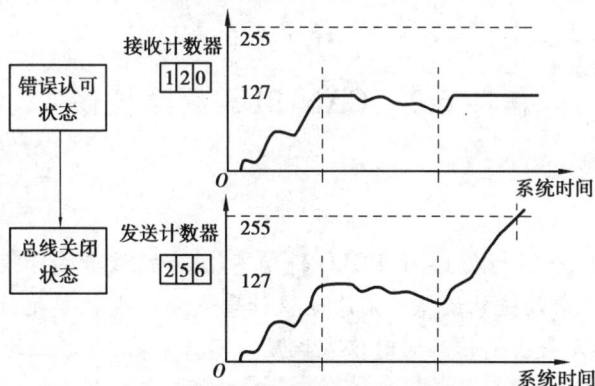

图 6.19　错误计数器控制策略

【任务实施】

(一)实施要求

1.每组准备带有 CAN 总线控制的发动机台架或整车 1 台。

2.故障诊断仪 1 台、数字式万用表 1 台、数字式示波器 1 台、拆装工具 1 套。

3.每组准备好对应的维修手册及学习工作单。

(二)实施步骤

1.BUS 线路测试。进行导通性、断路或短路、计算机电源或搭铁检查。

2.关闭点火开关,控制单元插头,此时不要连接线束。使用万用表测量数据传递终端电阻,看是否符合规定阻值。

3.故障码逻辑判断。

4.信号波形测试。

5.线束修理。

【项目小结】

1.目前 CAN-BUS 有 ISO 11898 和 ISO 11519.2 两种标准。ISO 11898 通信速率为125 Kbit/s～1 Mbit/s 是 CAN 高速通信标准,ISO 11519.2 是通信速率最高可达 125 Kbit/s 的 CAN 低速通信标准。

2.CAN 数据总线中,每个连接在 CAN 总线上的节点内部都安装了 1 个 CAN 控制器、1 个 CAN 收发器、2 条数据传递线形成总线链路和数据传输终端共同组成。

3.通信方式灵活、适应性好、信息传输效率高、相对通信位速率高。

4.CAN 数据总线在极短的时间里,在各控制单元间传递数据,数据的传输以帧为最小单位,每帧数据包含开始域、状态域、检查域、数据域、安全域、确认域、结束域 7 个部分。

5.在大众车系,由于动力 CAN 链路采用的是星形接法,因此,任何参与工作的控制器其 CAN 高位断路或接地,发动机都不能启动。这是因为安装在仪表电脑内的防盗认证数据不能通过 CAN 总线发送到发动机计算机,因此会出现 17978 故障代码,表明发动机计算机被防盗闭锁,而防盗报警灯却不点亮或闪烁。

任务 6.2　CAN-BUS 故障检修

【任务引入】

2015 年 8 月 20 日,一辆大众 1.4 L POLO 轿车不能启动,该车已行驶 50 000 km,因事故修复后出现不能启动且无启动迹象故障。用诊断仪读取发动机电控单元故障码:发动机电控单元锁死,与仪表电控单元失去通信。同时仪表板显示不正常,仪表板上的蓄电池报警灯和 EPC(电子油门)报警灯闪烁。

发动机电控单元锁死的故障码属于发动机防盗系统的故障码,但是大众车系的发动机防盗系统钥匙认证失败或出现故障时车辆是可以启动的,只是启动后 3 s 内自动熄火。此车没有任何启动迹象,应当与防盗系统无关。而仪表电控单元失去通信的故障码属于总线系统故障码,后用诊断仪进入仪表电控单元,还发现仪表电控单元与ABS、气囊、发动机电控单元都失去了通信联系,仪表电控单元像是从整个总线系统中被甩掉了。因此,应将故障定性为CAN数据总线系统的链路(通信线路)故障。

根据上述分析,应重点检查与仪表电控单元相连的总线(双绞线)。要解决此类故障需要掌握高速CAN-BUS常见故障检修方法。

【理论知识】

6.2.1　CAN-BUS故障检修

装有CAN-BUS总线系统的车辆出现故障时,维修人员应先检测汽车车载网络系统是否正常。如果车载网络系统有故障,则整个汽车车载网络系统中的有些信息将无法传输,接收这些信息的电控模块将无法正常工作,从而为故障诊断带来困难。对汽车车载网络系统故障的维修,应根据车载网络系统的具体结构和控制回路具体分析。

(1)CAN-BUS总线的故障特点

当CAN-BUS总线出现故障时一般有3种表现形式:一是没有外在故障现象,只是在自诊断系统中储存故障码,总线进行应急工作状态,出现这种故障时,车主无法查觉车辆有故障。二是出现某一个模块与其他模块无法通信,所有需要从总线上取得的信号都无法得到,相关的控制功能会受到影响,这时会出现外在故障现象。三是整个网络失效,各节点都无法通信,此时会出现大范围的故障表现。

(2)车载网络系统故障类型

一般来说,引起汽车车载网络系统故障的原因有3种:一是汽车电源系统引起的故障;二是汽车车载网络系统的链路故障;三是汽车车载网络系统的节点故障。

1)汽车电源系统故障引起的网络故障

汽车车载网络系统的核心部分是含有通信IC芯片的控制单元,控制单元的正常工作电压在10.5～14.5 V的范围内。如果汽车电源系统提供的工作电压低于该值,就会造成一些对工作电压要求高的控制单元出现短暂的停止工作,从而使整个汽车车载网络系统出现短暂的无法通信。这种现象就如同用故障诊断仪在未启动发动机时就已经设定好要检测的传感器界面,当发动机启动时,往往故障诊断仪又回到初始界面。这类故障产生的原因主要是蓄电池、发电机、供电线路、熔断丝等元器件有故障。

故障实例1

故障现象:一辆别克轿车,在车辆行驶过程中,时常出现转速表、里程表、燃油表和水温表指示为零的现象。

故障检测过程:用TECH2扫描工具(故障诊断仪)读取故障码,发现各个电控模块均设有当前故障码,而在历史故障码中出现多个故障码。其中,SDM(安全气囊控制模块)中出现U1040-失去与ABS控制模块的对话,U1000-二级功能失效,U1064-失去多重对话,U1016-失去与PCM的对话;IPC(仪表控制模块)中出现U1016-失去与PCM的对话;BCM(车身控制模块)中出现U1000-二级功能失效。

故障分析与排除：经过故障码的读取可知，该车的多路信息传输系统存在故障，因为 OBD-Ⅱ规定 U 字头的故障代码为汽车多路信息传输系统的故障代码。通过查阅上海别克轿车的电源系统的电路图，如图 6.20 所示，上面的电控模块共用一根电源线，并且通过前围板。由于故障码为间歇性的，判断可能是这根电源线发生间歇性断路故障。

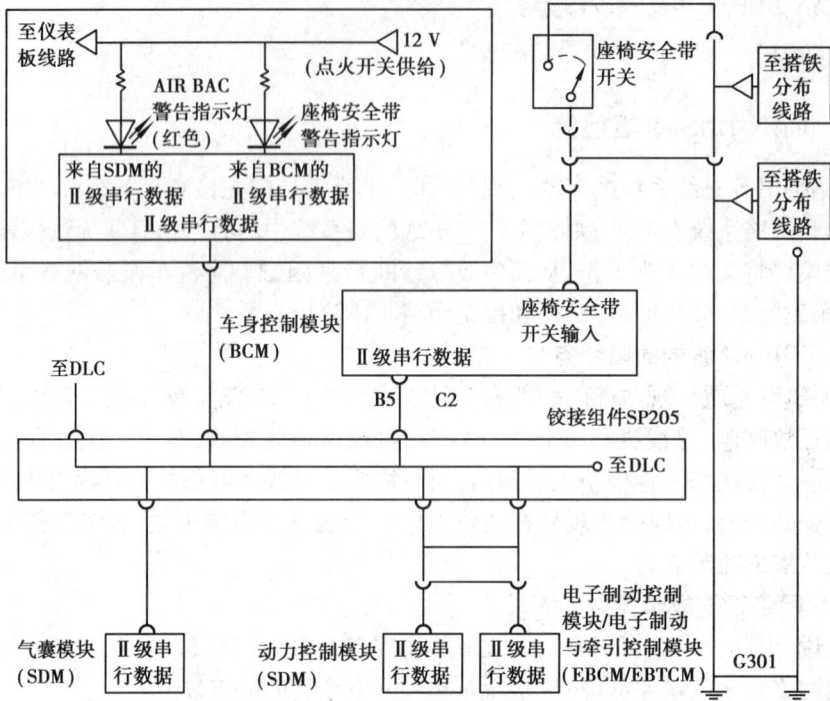

图 6.20　别克轿车数据总线与诊断插头

2）节点故障

节点是汽车车载网络系统中的电控模块，因此，节点故障就是控制单元的故障。这类故障产生的原因主要是各类控制单元、传感器等元器件有故障。

软件故障即传输协议或软件程序有缺陷或冲突，从而使汽车车载网络系统通信出现混乱或无法工作，如果这种故障成批出现，则无法维修。

硬件故障一般由于通信芯片或集成电路故障，造成汽车车载网络系统无法正常工作。对采用低版本信息传输协议的点到点信息传输协议的汽车车载网络系统，如果有节点故障，将出现整个汽车车载网络系统无法工作。

故障实例 2

故障现象：一辆帕萨特 B5 轿车在使用中出现机油压力报警灯与安全气囊故障指示灯报警，同时发动机转速表不能运行故障。

故障检测：用 VAG1552 故障阅读仪读取发动机控制系统的故障码，发现有两个偶发性故障码：18044-安全气囊控制单元无信号输出；18048-仪表数据输出错误。用 VAG1552 故障阅读仪读取仪表系统的故障码为:01314-发动机控制单元无通信;01321-到安全气囊控制单元无通信。

故障分析与排除:通过读取故障码可以初步判断故障在于汽车多路信息传输系统。通过对汽车电气线路进行分析,电源系统引起故障的概率很小,故障很可能是节点或链路故障,用替换法尝试安全气囊控制单元,故障得以排除。

3)链路故障

当汽车车载网络系统的链路(通信线路)出现故障时,如通信线路的短路、断路以及线路物理性质引起的通信信号衰减或失真,都会引起多个电控单元无法工作或电控系统错误动作。链路故障示意图如图6.21所示。判断是否为链路故障时,一般采用示波器或汽车专用光纤诊断仪来观察通信数据信号是否与标准通信数据信号相符。

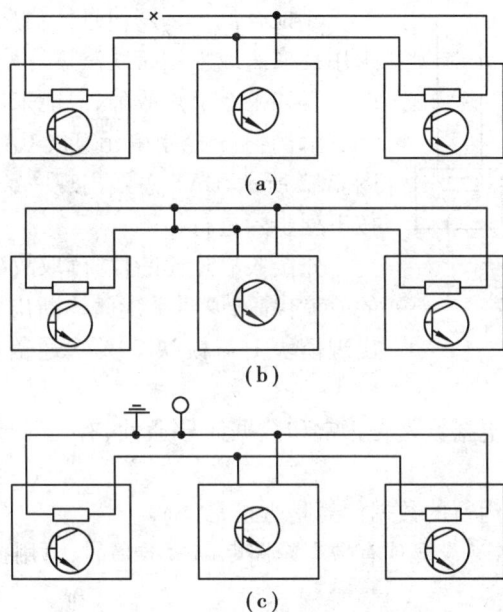

图6.21　链路常见故障

故障实例3

故障现象:一辆奥迪100轿车的电控自动空调系统在开关接通的情况下,鼓风机能工作,但是空调系统却不制冷。

故障检测:通过观察,发现空调压缩机的电磁离合器不吸合,但发动机工作正常。检查电磁离合器线路的电阻值,电阻值符合规定值,检查空调控制单元的输出端没有输出信号。此时用VAG1552故障阅读仪读取发动机控制系统和空调控制系统的故障码,均无故障码。用VAG1552故障阅读仪读取空调控制单元的数据流,发动机的转速数据为零。由于发动机工作正常,因此发动机控制单元接收的发动机转速信号应正常,检查发动机控制单元和空调控制单元之间的通信线路,发现两者之间的转速通信线的端子变形造成链路断路,修复插接件后故障排除。

（3）CAN 总线的故障诊断

当车辆出现故障,首先通过故障诊断仪读取相关系统的故障码,如有 U 开头的故障代码说明车载自诊断系统检测出车载网络通信有故障,这时可用万用表、示波器等检测仪器进行测量,然后再对测量结果进行分析判断。

1）车载网络系统的一般诊断步骤

①了解该车型的汽车多路传输系统特点（包括传输介质、几种子网及汽车多路信息传输系统的结构形式等）。

②汽车多路信息传输系统的功能,如有无唤醒功能和休眠功能等。

③检查汽车电源系统是否存在故障,如交流发电机的输出波形是否正常（若不正常将导致信号干扰等故障）等。

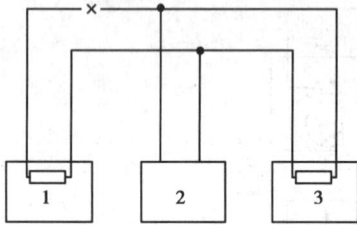

图 6.22　3 个控制单元
组成 CAN 总线系统

④检查汽车多路信息传输系统的链路是否存在故障,采用替换法或采用跨线法进行检测。

⑤如果是节点故障,只能采用替换法进行检测。

示例:3 个控制单元组成 CAN 总线系统检测步骤,如图 6.22 所示,CAN 总线出现一条数据线断路的故障中,可按下列步骤进行检测。

先接入故障诊断仪,读取故障代码,会出现以 U 开头的故障代码,说明系统已诊断出总线通信出现了故障,如出现模块 1 与模块 2 无法通信或数据通信线短路等故障码。

用万用表测量模块供电搭铁是否正常和数据线导通性、有无对地短路、有无对正电短路、终端电阻等是否正常。

用示波器测量数据线运行的数据信号是否正常。

如果信号波形不正常,又没发现有数据短路断路等故障时,可用排除法或替换法进行节点故障诊断。

2）故障诊断仪的使用

在多路传输系统的诊断中专用诊断设备必不可少,在对装备有总线传输的系统进行故障诊断时,应先通过故障诊断仪看是否有总线方面的故障,再进行排查找出故障点。具有车载网络系统的车辆对解码器的要求如下:

①能自动识别汽车 ECU 的型号和版本。

②能完全访问汽车控制单元上开放的存储资源。

③能不失真地按照原厂要求显示从汽车控制单元上获取的数据。

④必须支持以下 5 项功能:读取故障码;清除故障码;动态数据分析;执行元件测试;对特定的车系/车型支持专业功能,如提供系统基本调整、自适应匹配（含防盗控制单元及钥匙匹配）、编码、单独通道数据、登录系统、传送汽车底盘号等专业功能。

a.诊断仪读取测量数据块。从测量数据块中可以得到控制单元间相互之间的 CAN 通信状态;CAN 工作状态类型"单线"或者"双线";从另一个控制单元的 CAN 输入信号等信息。

b.诊断仪故障查询。当车载网络系统出现故障时自诊断系统能识别的故障有:一条或两条数据线断路;两条数据线同时断路;数据线对地短路或对正极短路;一个或多个电子控制单元有故障。

表 6.2 为高速 CAN 总线故障存储示例。

表 6.2　高速 CAN 总线故障存储

故障部位	故障类型	说　明
驱动数据总线	没有通信	①控制单元不能接收数据 ②CAN-BUS 断路 ③在 CAN-Antrieb 总线上安装错误或者有故障的控制单元 ④一个控制单元出现 Time-out（功能信息故障时间>500 ms）控制单元的软件状态不匹配
Antrieb（驱动）数据总线	失效	①在故障存储记录中,当一个控制单元出现连续两次总线关闭状态时（这就是说,既不发送 CAN 信息又不接收 CAN 信息） ②控制单元故障
Antrieb 数据总线	硬件故障 该故障仅存在于发动机控制单元和变速箱控制单元	①在故障存储记录中,当一个控制单元出现连续两次总线关闭状态时（这就是说,既不发送 CAN 信息又不接收 CAN 信息）控制单元故障 ②错误控制单元 ③发动机和变速箱之间的线路断路或短路 ④CAN 总线短路
Antrieb 数据总线	缺少信息从×××控制单元 例如,组合仪表	①CAN 总线断路或者短路 ②在拔下变速箱控制单元插头的情况下打开点火开关 ③控制单元错误或者有故障
Antrieb 数据总线	不可靠信号	①仅接收到一个控制单元信息内容的一部分,CAN 线断路或者短路 ②控制单元错误或者有故障 ③一条信息出现 Time-out
Antrieb 数据总线	软件状态监控	①控制单元故障 ②CAN 总线断路 ③在拔下变速箱控制单元插头的情况下打开点火开关
集团性-Datenbus Komfort	读取故障存储	在总线上至少有一个控制单元有一条故障记录
总线显示（提示：CAN-Infotainment）	读取故障存储	在总线上至少有一个控制单元有一条故障记录
Antrieb 数据总线	读取来自×××控制单元的故障存储 例如,空调	在该控制单元上有故障

3）汽车万用表的使用

汽车万用表是检测电子电路时最常用的仪表之一，它具有携带及使用方便，可测参数多等显著特点。在检测汽车电控系统、网络系统时通常使用汽车万用表。通过汽车万用表，可以判别故障的具体部位和检测系统元件的状态。

万用表可检测各模块的供电电压大小和搭铁是否完好，可测量数据线的导通性，可测量终端电阻值等。在用万用表测量导通性能和电阻大小时，一定要先断开蓄电池负极，再进行测量。

①终端电阻检测。在高速 CAN 上的终端电阻可以用万用表进行测量作出判断，但是在低速 CAN 上则不能用万用表来测量终端电阻。

终端电阻安装在高速 CAN 系统的两个控制单元内。终端电阻阻止 CAN 总线信号在 CAN 总线上产生变化电压的反射。若终端电阻出现故障，则可能因为线路的反射影响导致控制单元的信号无效。用示波器进行 CAN 总线信号的测量，若该信号与标准信号不相符，则可能为终端电阻发生损坏。终端电阻的检测电路如图 6.23 所示。

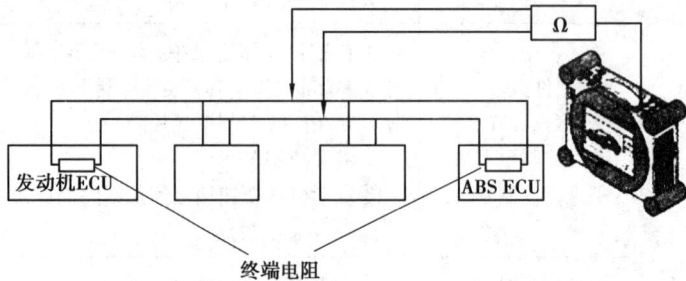

图 6.23　终端电阻的检测电路

终端电阻的测量步骤如下：

a.将蓄电池的负极线拔除；

b.等待大约 5 min，直到所有的电容器都充分放电；

c.连接测量仪器并测量总阻值；

d.将一个带有终端电阻控制单元的插头拔下来；

e.检测总阻值是否发生变化；

f.将第一个控制单元(带有终端电阻)的插头连接好，再将第二个控制单元的插头拔下来；

g.检测总阻值是否发生变化；

h.分析测量结果。

如图 6.23 所示，动力 CAN 总线中带有终端电阻的两个控制单元是接通的。测量的结果是每一个终端电阻大约为 120 Ω，总的阻值为 60 Ω。通过该测量值可以得出判断，连接电阻是正常的。特别要注意的是：终端电阻不一定都约为 120 Ω，相应的阻值依赖于总线的结构。

在总的阻值测量完成后，将一个带有终端电阻控制单元的插头拔下，显示的阻值会发生变化，这里测量的是一个控制单元的终端电阻阻值。当拔下一个带有终端电阻控制单元的插头后，若测量的阻值没有发生变化，则说明系统中存在问题，即被拔取的控制单元的终端电阻可能损坏或者是 CAN-BUS 总线出现断路。如果在拔取控制单元后显示的阻值为无穷大，那么可判定为连接中的控制单元终端电阻损坏，或者是到该控制单元的 CAN-BUS 出现故障。

最初,部分车型采用两个终端电阻(每一个以 120 Ω 作为标准值或试验值)。但现在,终端电阻不再是一个固定阻值的电阻,它由很多个被测量的电阻组合在一起。总的阻值依赖于车辆的总线结构,因此终端电阻是根据车型设计的。

②高速 CAN 总线电压测量。数字万用表可以对 CAN 数据总线进行电压信号测试,判断数据总线的信号传输是否存在故障,检测方法如图6.24所示。

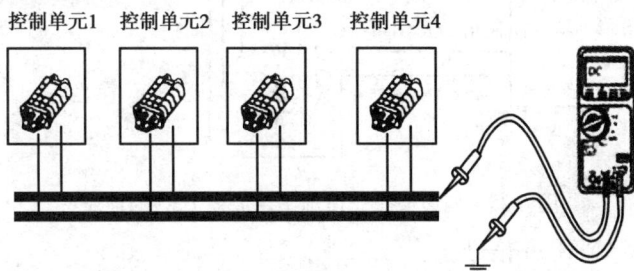

图 6.24　用万用表检测 CAN 总线电压信号

CAN-High 线上有信号传输时,总线上的电压值在 2.5~3.5 V 高频波动,因此,CAN-High 线的主体电压应是 2.5 V,所以万用表的测量值为 2.5~3.5 V,大于 2.5 V 但接近 2.5 V。同理,CAN-Low 线信号在总线空闲时的电压约为 2.5 V,总线上有信号传输时,总线上的电压值在 1.5~2.5 V 高频波动,因此,CAN-Low 线的主体电压应是 2.5 V,所以万用表的测量值为 1.5~2.5 V,小于 2.5 V 但接近 2.5 V。

4)汽车示波器的应用

现代汽车已进入电子控制时代,电子控制已涉及汽车动力性、经济性、安全性、可靠性、净化性和舒适性等诸多方面,且各种控制系统电控单元之间相互联系紧密,可随时进行实时数据通信。电子设备占整车比例逐步上升,电子设备的故障越来越多,也越来越具有挑战性。而汽车示波器为综合判断汽车电子设备(包括网络)故障提供了有力保证。示波器检测类型有以下 5 种判断依据的定义。

①幅值:电子信号在一定点上的即时电压。

②频率:电子信号在两个事件或循环之间的时间,一般指每秒的循环数。

③脉冲宽度:电子信号所占的时间或占空比。

④形状:电子信号的外形特征,包括其曲线、轮廓和上升沿、下降沿等。

⑤阵列:组成专门信息信号的重复方式,如 1 缸传送给发动机控制计算机的上止点同脉冲信号、传给解码器的有关冷却液温度信号的串行数据流等。

数字存储式示波器用双通道对 CAN-BUS 总线进行测量,通过对示波器波形的分析可以很容易地发现故障。为了在测试仪 DSO(数字存储式示波器)功能下分析 CAN 总线的波形,要求采用在无干扰功能下的示波器显示。在测量 CAN 总线时应注意准确调整示波器的电压值和触发信号。

①检测电路的连接。将示波器上的测量线用专用线束测量盒接到车上,这里通道 A 中红色的测量线连接 CAN-High 信号,黑色的测量线接地;通道 B 中红色的测量线连接 CAN-Low 信号,黑色的测量线接地,如图6.25所示。

②高速 CAN 总线示波器的设置。高速 CAN 总线示波器的设置信息如下:

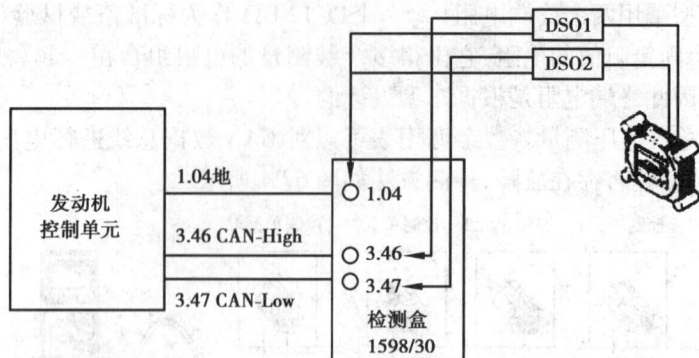

图 6.25　两通道工作情况下示波器 DSO 的连线

a.通道 A,测量 CAN-High 信号。

b.通道 B,测量 CAN-Low 信号。

c.通道 A 和通道 B 的零线坐标置于等高(CAN 高位线信号的零标记被 CAN 低位线信号的零标记所遮盖)。这样在同一条零坐标线下对电压值进行分析更为简便。

d.通道 B 的电压/单位设定。在 0.5 V/格的设定下,DSO 的显示便于电压值的读取。

e.通道 A 的电压/单位设定。在 0.5 V/格的设定下,DSO 的显示便于电压值的读取。

f.时间/单位值设定。它应尽可能地选择得小一些,最小的时间/单位值为 0.02 ms/格。

g.1 帧数据。

(4)高速 CAN 总线波形分析

在 CAN 总线检测中示波器具有不可代替的作用,可以看到总线上传输的信号,让我们可以分析上面运行的数据是否正常,还可以看出是哪里出了问题。

当故障存储记录"总线故障"时,用示波器进行检测是必要的,可以确定故障点的位置以及故障引发的原因,例如线路短路。

6.2.2　宝来动力总线

一汽大众汽车有限公司生产的宝来(Bora)轿车,该车融合了许多高新技术,装用两套 CAN 数据传输系统,系统网关置于仪表内,负责动力 CAN、舒适 CAN 和 K 诊断线的数据交换(注:大众帕萨特 B5 轿车上装用的车载网络与宝来相同)。宝来(Bora)轿车 CAN-BUS 示意图,如图 6.26 所示。

(1)动力总线的组成

驱动系统采用高速 CAN,由电源 15 号线激活,速率是所有 CAN 总线中最高的,达到 500 Kbit/s。

动力 CAN 数据总线连接 3 台计算机,如图 6.27 所示,它们是发动机、ABS/EDL 及自动变速器计算机(动力 CAN 数据总线实际可以连接安全气囊、四轮驱动与组合仪表等计算机)。总线可以同时传递 10 组数据,发动机计算机 5 组、ABS/EDL 计算机 3 组和自动变速器计算机 2 组。数据总线以 500 Kbit/s 速率传递数据,每一数据组传递大约需要 0.25 ms,每一电控单元 7~20 ms 发送一次数据。优先权顺序为 ABS/EDL 电控单元、发动机电控单元、自动变速器电控单元。

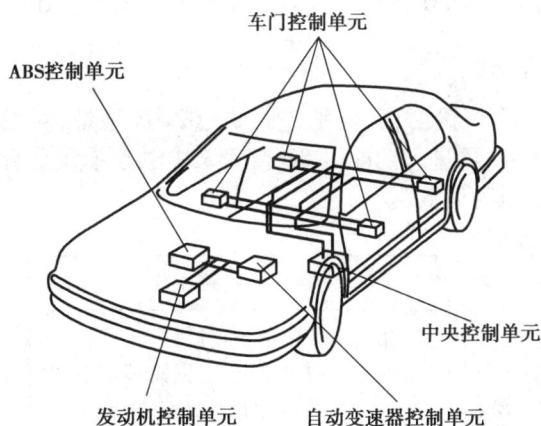

图 6.26　CAN-BUS 示意图

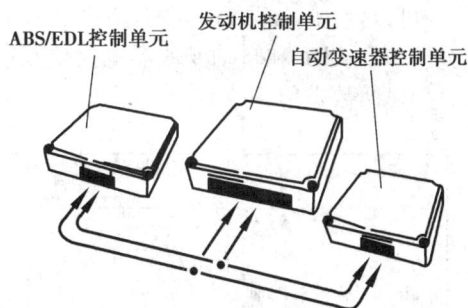

图 6.27　动力 CAN 结构图

在动力传动系统中,数据传递应尽可能地快速,以便及时利用数据,所以需要一个高性能的发送器,高速发送器会加快点火系统间的数据传递,这样使接收到的数据立即应用到下一个点火脉冲中去。CAN 数据总线连接点通常置于控制单元外部的线束中,在特殊情况下,连接点也可能设在发动机电控单元内部。

图 6.28 为动力总线中 3 个单元传送的信号,如果总线出现故障,则会造成行驶性能不良(自动变速器换挡冲击)等故障。

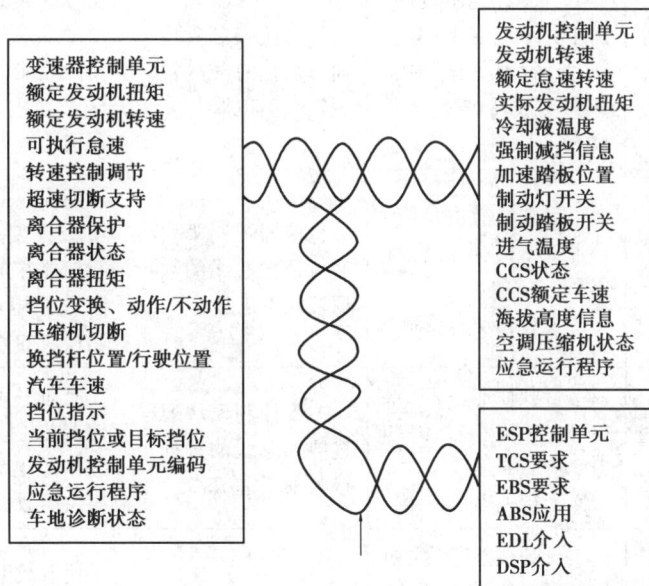

图 6.28　动力 CAN 传输的信息

(2)动力 CAN 终端电阻的测量

关闭点火开关,拔开发动机控制单元插头,将专用线束测量盒 VAG1598/31 插到控制单元,此时不要连接线束插头。使用万用表测量 58 针与 60 针之间的电阻,这是数据传递终端的电阻值,规定值为 60~72 Ω,如不符合规定应更换发动机控制单元,如符合规定应按照电路图测量数据总线的故障点。

(3)高速 CAN 数据传输系统故障码分析

可以使用 VAG1551、VAG1552 或 VAS5051 计算机诊断仪,分别进入 01、02、03 地址,对发动机、ABS/EDL 和自动变速器电控单元进行自诊断,再进入功能码 02 查询 3 块电控单元是否储存 CAN 数据传输故障码。高速 CAN 系统故障码见表 6.3。

表 6.3　与动力总线有关的故障码

序号	故障码	故障影响	故障原因	故障排除
1	01044:控制模块编码错误	①行驶性能不良(换挡冲击,负荷变化冲击) ②无行驶动力控制	①与数据总线相连的某控制模块编码错误 ②与数据总线相连的某控制模块损坏	①读取数据流 ②查询与数据总线相连的所有控制模块故障存储器,并排除故障 ③检查并改正控制模块编码,如需要,更换控制模块
2	01312:数据总线损坏	①行驶性能不良(换挡冲击,负荷变化冲击) ②无行驶动力控制 ③仪表转速等显示故障	①数据线有故障 ②数据总线在"Bus-off"状态	①读取数据流 ②检查控制模块编码 ③按照电路图检查数据总线 ④更换损坏的控制模块
3	01314:发动机控制模块无法通信	①行驶性能不良(换挡冲击,负荷变化冲击) ②无行驶动力控制 ③仪表转速等显示故障	发动机控制模块通过数据总线的数据接收不正常	①读取数据流 ②查询发动机故障存储器并排除故障 ③按照电路图检查发动机控制模块数据总线
4	01315:变速器控制模块无法通信	①行驶性能不良(换挡冲击,负荷变化冲击) ②无行驶动力控制	变速器控制模块通过数据总线的数据接收不正常	①读取数据流 ②查询变速器控制模块故障存储器并排除故障 ③按照电路图检查变速器控制模块的数据总线
5	01316:制动控制模块无法通信	①行驶性能不良(换挡冲击,负荷变化冲击) ②无行驶动力控制	ABS 控制模块通过数据总线的数据接收不正常	①查询 ABS 控制模块故障存储器并排除故障 ②按照电路图检查 ABS 控制模块的数据总线
6	01317:组合仪表内控制模块(J285)无法通信	①行驶性能不良(换挡冲击,负荷变化冲击) ②无行驶动力控制 ③仪表转速等显示故障	①控制模块数据线有故障 ②控制模块损坏	①读取数据流 ②查询与数据总线相连的所有控制模块的故障存储器并排除故障 ③按照电路图检查数据总线

（4）编制控制单元代码

更换组合仪表后,应根据车上的装备给数据总线自诊断接口(地址码-19)编制代码。只有经过正确编码才能在有需要时进入自诊断系统。

①输入地址码-19 在故障阅读仪显示屏显示:

快速数据传递	帮助
选择功能×××	

②按"0"和"7"键选择"给控制单元编制代码",故障阅读仪显示屏显示:

快速数据传递	Q
07 给控制单元编制代码	

③按"Q"键确认输入,故障阅读仪显示屏显示:

给控制单元编制代码	
输入代码×××××	（0-32000）

④所列的代码表组合输入代码,见表6.4。

表 6.4　控制单元编码代码表

总线上的控制单元	自动变速器	ABS	安全气囊
代码	00001	00002	00004

最后的代码应是一个加起来的值,例如:

安全气囊+ABS+自动变速器:00004+00002+00001=00007

（5）仪表总线相关数据块

连接 VAG1551 故障阅读仪,选择"快速数据传递",打开点火开关,输入地址码 17。

①按"→"键,故障阅读仪显示屏显示:

快速数据传递	帮助
输入显示组号××	

②按"0"和"8"键选择"读取测量数据块",故障阅读仪显示屏显示:

快速数据传递	Q
08 读取测量数据块	

③按"Q"键确认输入,故障阅读仪显示屏显示:

快速数据传递	帮助
输入显示组号××	

④按"0"和"1"键选择"显示组125",按"Q"键确认输入,故障阅读仪显示屏显示(1→4=显示区):

```
读取测量数据块            1        →
1        2        3        4
```

⑤按"C"键后,故障阅读仪显示屏显示:

```
快速数据传递                    帮助
输入显示组号××
```

⑥显示组显示内容及相关解释,见表6.5和表6.6。

表6.5　显示组125的显示内容

显示组					
读取测量数据块				显示屏显示	
×××	×××	×××	×××	显示区	规定值
1	2	3	4	空	
		ABS 控制单元			1
		自动变速器控制单元			1
		发动机控制单元			1

注:空表示显示区无显示。

表6.6　显示组125的分析结果

显示区	名　称	显示内容	故障排除
1	发动机控制单元	Motor 1＝i.o. 发动机控制单元经数据总线的数据接收正常 Motor 0＝ncht i.o. 发动机控制单元经数据总线的数据接收不正常	如果数据接收不正常,则按照电路图检查控制单元的数据总线
2	自动变速器控制单元	Getr.1＝i.o. 自动变速器控制单元经数据总线的数据接收正常 Getr.0＝ncht i.o. 自动变速器控制单元经数据总线的数据接收不正常	
3	ABS 控制单元	ABS 1＝i.o. ABS 控制单元经数据总线的数据接收正常 ABS 0＝nicht i.o. ABS 控制单元经数据总线的无数据接收	

【任务实施】

(一)实施要求

1.每组准备万用表、示波器、故障诊断仪等工量具各一套。

2.每组准备一台 CAN-BUS 网络教学台架或 CAN-BUS 教学车。

3.每组准备好工具箱及对应的维修手册。

(二)实施步骤

1.排除故障"CAN-BUS 系统数据通信失效"。

2.排除故障"CAN-BUS 系统数据通信错误"。

3.排除故障"CAN-BUS 系统节点无通信"。

任务 6.3　OBD-Ⅱ随车故障诊断系统

【任务引入】

2017 年 8 月 20 日,一辆奔驰 W220 轿车,停放一个月后,发现驾驶员侧的门控系统功能部分均失灵,包括 3 个副电动车窗不能调节,左后电动后视镜无法调节,座椅无法调节且操作按钮没有照明,车外后视镜背面的转向灯也不亮。

根据故障现象,首先连接原厂故障检测仪 STAR Diagnosis 进行故障检测,结果显示"!"符号。表示系统无法连接。从原理上讲,只要有电源,故障检测仪 STAR Diagnosis 就能进入该系统进行故障检测诊断。根据该思路,首先检测电源系统。检查熔丝 L5,没有熔断;打开车门内饰板,测量控制单元的电源也正常。

用示波器单独测量左前门的门控计算机 N69/1 的 CAN-B 信号。拔下 1 号插头将 3 脚的 CAN-BL 和 4 脚的 CAN-BH 线(分别是白线和绿线)取出,插上电源插头。将示波器探头一端搭铁,一端连接到 3 脚或 4 脚,在拨动某个开关时应有数据指令信号传出,而检测结果是没有数据指令信号传出。因此,基本可以判定此故障是门控计算机 CAN-BUS 数据网络不能接受或输出指令,造成门控计算机和其他计算机不能对话。

根据上述分析,结合奔驰 W220 轿车的 CAN-BUS 网络系统的工作原理,可以判定此故障是因门控计算机 N69/1 损坏从而导致故障检测仪 STAR Diagnosis 无法通过 CAN-B 网络进入 N69/1 计算机进行系统诊断,且其他控制单元和它也无法进行通信对话。要解决此类故障需要掌握 CAN-BUS 通信及随车诊断系统的组成和工作原理。

【理论知识】

6.3.1　OBD-Ⅰ故障诊断系统

为了符合美国环保局(EPA)的排放标准,20 世纪 70 年代和 80 年代初,汽车制造商开始采用电子控制燃油喷射和点火系统,并发现配备空燃比控制系统的车辆如果排放污染超过管制值时,其氧传感器通常也有异常,因此逐渐衍生出设计一套可监控各排放控制元件的系统,以在早期发现可能超出污染标准的问题车辆。这就是车载自诊断系统(On-Board Diagnostics,

OBD)。OBD随时监控发动机工况以及尾气排放情况,当尾气超标或发动机出现异常后,车内仪表盘上的故障灯(MIL)或检查发动机灯(Check Engine)亮,同时动力总成控制模块(PCM)将故障信息存入存储器,通过一定的程序可以将故障码从PCM中读出。根据故障码,维修人员能迅速准确地确定故障的性质和部位。

(1)OBD的组成

OBD系统的组成比较复杂,其功能是由软件和硬件共同实现的。OBD的软件包括故障诊断控制策略代码和标定。在发动机控制系统软件包中,OBD部分的代码占整个软件内容的一半,有超过150个可能的故障代码。典型的OBD软件包括6万行代码和1.5万个标定。OBD的硬件主要由各传感器、电子控制单元、OBD连接器插口、故障指示灯、执行器线路以及发动机废气控制相关的子系统组成。

(2)OBD-I的局限性

起初加利福尼亚州大气资源局制订OBD-I的用意是要减少车辆废气排放以及简化维修流程,但由于OBD-I不够严谨,遗漏了三元催化器的效率监测、油气蒸发系统的泄漏侦测以及发动机是否缺火的检测,导致碳氢化合物排放增加。再加上OBD-I的监测线路敏感度不高,等到发觉车辆故障再进厂维修时,事实上已排放了大量的废气。

OBD-I除了无法有效地控制废气排放,还会引起另一个严重的问题:各车辆制造厂发展了自己的诊断系统、检修流程、专用工具等,给非特约维修站技师的维修工作带来许多问题。加利福尼亚州大气资源局(CARB)眼见OBD-I系统离当初制订的目标越来越远,即开始发展第二代随车诊断系统(OBD-II)。

OBD-II可在发动机的运行状况中持续不断地监控汽车尾气,一旦发现尾气超标,就会马上发出警报。当系统出现故障时,故障(MIL)灯或检查发动机(Check Engine)警告灯亮,同时发动机电脑将故障信息存入存储器,通过程序可以将故障代码从发动机电脑中读出。根据故障码的提示,维修人员就能迅速准确地确定故障的性质和部位。

OBD-I并未对故障器做强制要求,每个车辆制造厂都可以设计自己的故障指示灯。例如,GM显示的是"check engine"或者"service engine";Chrysler显示的是一个"power loss"灯;Ford干脆只显示"engine"。大部分美国之外的汽车制造厂使用的是"check engine"灯。这种不统一常常使维修者和驾驶员感到迷惑,比如大部分看到"service engine"灯点亮的驾驶员往往意识不到车辆存在故障,而是会试图更换机油。

6.3.2 OBD-II 故障诊断系统

(1)OBD的诊断功能

OBD的监测范畴决定于法规要求、发动机管理系统的功能以及车辆制造厂和电喷系统供应商的要求。

OBD的诊断范畴至少会满足法规的最低要求。不同的法规对OBD系统的监测要求是不同的。我国对汽油机OBD的监测要求见GB 18352.3—2005中的I.3.3.3,对柴油机OBD的监测要求见GB 18352.3—2005中的I.3.3.4。

为了便于车辆的维护、修理以及使用的安全,OBD的功能往往要高于法规的要求。具体的要求往往由各个车辆生产厂和电喷系统供应商决定。

这主要表现在以下两方面:

一方面,一些部件的损坏或者失效虽然不会引起排放超过 OBD 限值,但也会被 OBD 系统诊断出来。事实上,这种部件的损坏或者失效对 OBD 系统来说不能称为故障,对 OBD 系统而言,故障是指那些会导致排放超过 OBD 排放限值,或者影响其他诊断功能的失效。例如,空调驱动电路(如果由发动机管理系统控制)和制动增压泵的损坏虽然不会引起排放超标,但为了及时得到维修,这些故障也往往会被监测。

另一方面,在法规不做强制要求的监测条件下,只要 OBD 能够进行可靠的监测,其诊断功能往往被打开。例如,失火诊断区域由法规 GB 18352.3—2005 中的 I.3.3.3.2 确定,但是只要可靠,失火监测功能在高于 4 500 r/min 时也是工作的。

OBD-Ⅱ 比 OBD-Ⅰ 增加了新的监测区域,包括催化转换器转换效率和决定发动机缺火的曲轴速度,可以获得任何时间的发动机缺火、碳氢化合物排放增加的信息。简单地说,OBD-Ⅱ 系统必须具有下列功能:

①检测废气控制系统的关联元件是否出现"老化"或"损坏"。

②必须有警示装置,从而便于提醒驾驶员,进行废气控制系统的保养与检修。

③监控传感器和执行器的功能。

④使用标准化的故障码,并且可用通用的仪器读取。

1)三元催化器

三元催化器是安装在汽车排气系统中最重要的机外净化装置,它可将汽车尾气排出的 CO、HC 和 NO_x 等有害气体通过氧化和还原作用转变为无害的二氧化碳、水和氮气。由于这种催化器可同时将废气中的 3 种主要有害物质转化为无害物质,故称三元。

当高温的汽车尾气通过净化装置时,三元催化器中的催化剂将增强 CO、HC 和 NO_x 3 种气体的活性,促使其进行一定的氧化、还原化学反应,其中 CO 在高温下氧化成为无色、无毒的二氧化碳气体;HC 化合物在高温下氧化成水(H_2O)和二氧化碳;NO_x 还原成氮气和氧气。3 种有害气体变成无害气体,使汽车尾气得以净化。

那么,OBD-Ⅱ 对三元催化器作了哪些监测呢? 我们知道,当三元催化器老化时或者三元催化器损坏时,就会严重削弱其氧化、还原能力,从而造成发动机尾气严重超标。因此,OBD-Ⅱ 在发动机运行过程中将持续对 O_2 的含量进行检测。

在故障诊断期间,发动机电脑将不断比较上游氧传感器和下游氧传感器的信号,使之保持在一定的转换比例上。正常工作条件下,发动机运转后,上游氧传感器不断检测发动机尾气中的剩余氧含量,根据剩余氧含量的大小决定吸入发动机的混合气是稀或浓,剩余氧含量多,混合气就稀;剩余氧含量少,混合气就浓。随着发动机电脑不断对燃油系统进行调节,改变喷油量大小,匹配最佳混合气,因此在上游氧传感器产生直流脉动电压信号,电压在 0.1~0.9 V 变化。废气经过三元催化器处理后,剩余氧含量将大大减少,在下游氧传感器上的电压脉动大大减少,因此,可以断定三元催化器处于良好工作状态(图 6.29)。如果三元催化器工作不良或者有故障,则在氧化、还原反应上无法完全对有害物进行完全转变,则在下游氧传感器上的电压脉动与在上游氧传感器上的电压脉动近似相同。如果上、下游氧传感器的信号的振幅、频率接近一致,则表明三元催化器失效。发动机电脑就会立刻通过发动机故障报警灯(MIL)对外发出警报。

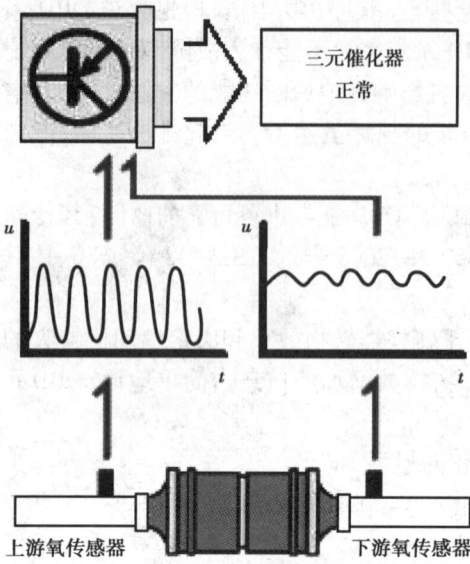

图 6.29　正常的三元催化器　　　　　　图 6.30　有故障的三元催化器

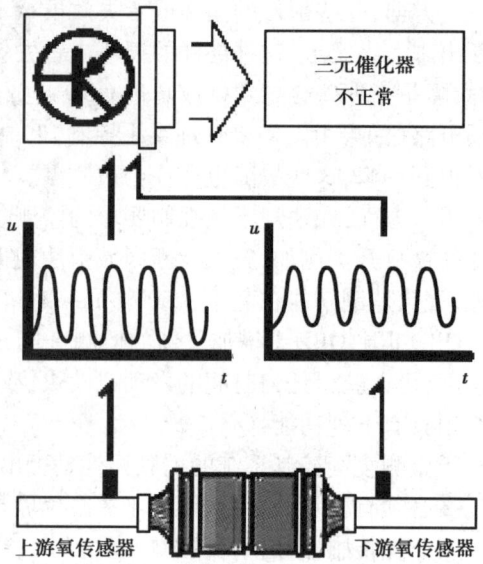

2) 氧传感器

电喷发动机控制系统中的氧传感器是现代汽车中的一个非常重要的传感器,用来监测发动机排气中氧的含量或浓度,并根据所测得的数据输出一个信号电压,反馈给计算机,从而控制喷油量的大小。它通常安装在排气系统中,直接与排气气流接触。

氧传感器的工作原理与干电池相似,传感器中的氧化锆元素类似电解液的作用。在一定条件下(高温和催化),利用氧化锆内外两侧的氧浓度差,产生电位差,且浓度差越大,电位差越大。根据氧传感器的电压信号,计算机按照尽可能地接近 14.7∶1 的最佳空燃比来控制混合气的浓度。

OBD-Ⅱ在发动机运行过程中持续不断地监控氧传感器的工作灵敏度/老化性能、氧传感器信号电压以及氧传感器的预热器。

当氧传感器中毒或老化后会对氧传感器产生不利的一面,这种中毒往往是汽油中的含铅成分过高,导致氧传感器铅中毒。当出现中毒或老化后,将会观察到氧传感器的电压周期大大增加或者氧传感器的信号电压将变得平直。如图 6.30 所示,显示出氧传感器老化或中毒时发动机电脑的诊断曲线。

3) 二次空气喷射系统

二次空气喷射就是发动机在冷车启动时,由于必须在冷启动下供给较浓的混合气,在低温下发动机燃烧往往不是很好,大量的 CO 排到大气中。为了降低尾气污染以及暖机阶段的有害物排放,二次空气喷射装置将新鲜空气喷入发动机的排气管,使废气中可燃成分继续燃烧,以减少排放污染物。

喷入发动机排气管的空气可以跟废气中的有害气体在排气过程中发生氧化反应,降低发动机尾气中的有害物质,同时未完全燃烧的 HC 以及 CO 与新鲜空气在排气过程中继续燃烧,可以快速对三元催化器进行预热,大大缩短三元催化器的反应时间。在三元催化器达到工作温度后,应停止二次空气喷射,避免造成三元催化器过热而毁坏。因此,在发动机冷启动后,二次空气喷射装置工作 80~120 s 便停止工作。

OBD-Ⅱ在发动机运行过程中监控组合阀的空气流量、电动空气泵的继电器等。

4)燃油蒸发控制系统

燃油蒸发控制系统的作用是防止油箱内蒸发的汽油蒸汽排入大气。它由蒸汽回收罐(也称活性炭罐)、控制电磁阀及相应的蒸汽管道和真空软管等组成。蒸汽回收罐内充满了活性炭颗粒,当油箱内的汽油蒸汽经蒸汽管道进入蒸汽回收罐时,蒸汽中的汽油分子被活性炭吸附。燃油蒸汽回收罐上方的另一个出口经真空软管与发动机进气歧管相通,软管中部有一个电磁阀控制管路的通断。当发动机运转时,如果电磁阀开启,则在进气歧管真空吸力的作用下,新鲜空气将从蒸汽回收罐下方进入,经过活性炭后再从蒸汽回收罐的出口进入软管的发动机进气歧管,把吸附在活性炭上的汽油分子(重新蒸发的)送入发动机燃烧,使之得到充分利用。

进入进气歧管的燃油蒸汽量必须加以控制,以防破坏正常的混合气成分。这一控制过程由微机根据发动机的水温、转速、节气门开度等运行参数,通过操纵控制电磁阀的开闭来实现。

OBD-Ⅱ在发动机运行过程中监控活性炭罐电磁阀和其他相关联的传感器和执行器的信号。当燃油蒸汽系统工作时,一部分汽化的汽油将通过活性炭罐被送到进气歧管,无疑是加浓了混合气。如果燃油箱燃油耗尽时,就会稀释混合气。混合气浓度的改变可以通过氧传感器来检测,因此也可作为一个重要的检测尺度来检测燃油蒸汽控制装置。当燃油蒸汽控制系统正常时,伴随着活性炭罐电磁阀的开启,混合气会被加浓,氧传感器的电压就会上升;当燃油蒸汽控制系统不正常时,尽管活性炭罐电磁阀开启,混合气也不会被加浓,氧传感器的电压就不受燃油蒸汽控制系统的影响。

5)发动机失火检测系统

当发动机点火系统发生损坏时,吸入缸内的混合气不能及时被点燃,大量的 HC 便直接排出汽缸。一部分 HC 在排气管中发生燃烧,导致三元催化器损坏;另一部分 HC 没有完全燃烧便直接排到大气中。

OBD-Ⅱ在发动机运行过程中监控发动机的失火率,每次检测周期为 1 000 转曲轴转数。HC 超出正常的 1.5 倍时相当于发动机的失火率达 2%。

发动机失火会导致发动机曲轴转速不稳。根据这一特性,发动机电脑根据发动机的曲轴转速传感器来监控发动机曲轴旋转平稳情况,发动机失火会改变曲轴的圆周旋转速度。通常发动机转动不是匀速的,每缸在做功时都有一个加速,不做功就没有加速。四缸机每转动 720°应有 4 个加速。

正常情况下,发动机压缩、做功,先是减速后是加速,属于正常现象。当发动机失火时,除了发动机压缩期间转速瞬时有所减缓外,由于发动机失火,缺乏做功时的加速,因此,发动机缺火时的转速波动极大。发动机电脑可以通过安装在曲轴上的曲轴位置传感器来感知瞬时的角速度变化情况,从而确定哪一缸出现失火。

（2）OBD 系统的组成

1）OBD-Ⅱ 特点

①统一诊断座形状，为 16PIN（针）。

②具有数值分析资料传输功能（Data Link Connector，DLC）。

③统一故障代码及意义。

④具有行车记录器功能。

⑤具有重新显示记忆故障码功能。

⑥具有可由仪器直接清除故障码功能。

2）DLC（资料传输接头）诊断座统一标准

DLC 诊断座统一为 16PIN，装在驾驶室内，驾驶侧仪表板下方。

DLC 脚有两个标准：ISO-欧洲统一标准，利用 7 号、15 号脚传输资料。SAE-美国统一标准（SAE-J1850），利用 2 号、10 号脚传输资料。

表 6.7　OBD-Ⅱ诊断座各端子功能

端　子	功　用	端　子	功　用
1	供制造厂应用	9	供制造厂应用
2	SAE-J1850 资料传输	10	SAE-J1850 资料传输
3	供制造厂应用	11	
4	车身直接搭铁	12	
5	信号回路搭铁	13	供制造厂应用
6	供制造厂应用	14	
7	ISO-9141 资料传输 K	15	ISO-9141 资料传输 L
8	供制造厂应用	16	接蓄电池"+"极

3）OBD-Ⅲ统一故障代码标准

①故障码的构成。故障码由 5 位数（字）构成，第一个为英文字母，代表被测试的系统，例如：

B（Body）车身电脑；

C（Chassis）底盘电脑；

P（Power Train）发动机变速器电脑；

U 未定义，由 SAE 另行发布。

②举例。

FORD EEC-Ⅴ（福特汽车第五代电脑）。

故障码 P1352。

①第一位数,代表被检测的系统,P 代表发动机变速器电脑。

②第二位数,代表汽车制造厂码,0 代表 SAE 定义的故障码,其他 1~9 代表各汽车制造厂自行定义的故障码。

③第三位数,由 SAE 定义的故障范围,见表 6.8。

表 6.8　SAE 定义的故障范围

故障码	诊断内容	故障码	诊断内容
1	燃料和进气系统故障	5	怠速控制系统故障
2	燃料和进气系统故障	6	电脑或执行元件系统故障
3	点火系统不良或发动机间歇熄灭	7	电控变速器控制系统故障
4	废气控制系统故障	8	电控变速器控制系统故障

④代表汽车制造厂原厂故障码。

6.3.3　第三代车载故障诊断系统

OBD-Ⅱ系统技术先进,对探测排放状况十分有效。当发现故障报警灯点亮时,应立即将车送到维修站进行检修。但对驾驶者是否接受 MIL 的警告,OBD-Ⅱ是无能为力的,而第三代车载故障诊断系统(OBD-Ⅲ)解决了这个问题。

OBD-Ⅲ的主要目的是使汽车的检测、维护和管理合为一体,以满足环境保护的要求。OBD-Ⅲ系统会分别进入发动机、变速器、ABS 等系统 ECU 中去读取故障码和其他相关数据,并利用小型车载通信系统,如 GPS 导航系统或无线通信方式将车辆的身份代码、故障码及所在位置等信息自动通告管理部门,管理部门根据该车辆排放问题的等级对其发出指令,包括去哪里维修的建议,解决排放问题的时限等,还可对超出违规时限的车辆发出禁行指令。因此,OBD-Ⅲ系统不仅能对车辆排放问题向驾驶者发出警告,而且还能对违规者进行惩罚。

【项目小结】

(1)装有 CAN-BUS 总线系统的车辆出现故障,维修人员应先检测汽车车载网络系统是否正常。因为如果车载网络系统有故障,则整个汽车车载网络系统中的有些信息将无法传输,接收这些信息的电控模块将无法正常工作,从而为故障诊断带来困难。对汽车车载网络系统故障的维修,应根据车载网络系统的具体结构和控制回路具体分析。

(2)当 CAN-BUS 总线出现故障时,一般有 3 种表现形式:一是没有外在故障现象;二是出现某一个模块与其他模块无法通信;三是整个网络失效,各节点都无法通信。

(3)一般来说,引起汽车车载网络系统故障的原因有 3 种:一是汽车电源系统引起的故障;二是汽车车载网络系统的链路故障;三是汽车车载网络系统的节点故障。

(4)一汽大众汽车有限公司生产的轿车融合了许多高新技术,装用了两套 CAN 数据传输系统,系统网关内置于仪表内,负责动力 CAN、舒适 CAN 和 K 诊断线的数据交换。

（5）OBD-Ⅱ是美国汽车工程学会（SAE）制订的一套标准规范，经由"环境保护机构"（EPA）及"加洲资源协会"（CARB）认证通过，并要求各汽车制造厂家依照 OBD-Ⅱ 标准提供统一的诊断模式和插座。

【知识拓展】

CAN 技术的发展

CAN 是控制器局域网络（Controller Area Network）的简称，是由研发和生产汽车电子产品著称的德国 BOSCH 公司开发的，并最终成为国际标准（ISO 11898），是国际上应用最广泛的现场总线之一。在北美和西欧，CAN 总线协议已成为汽车计算机控制系统和嵌入式工业控制局域网的标准总线，并且拥有以 CAN 为底层协议专为大型货车和重工机械车辆设计的 J1939 协议。近年来，其所具有的高可靠性和良好的错误检测能力受到重视，被广泛应用于汽车计算机控制系统和环境温度恶劣、电磁辐射强和振动大的工业环境。

CAN 是 ISO 国际标准化的串行通信协议。在汽车产业中，出于对安全性、舒适性、方便性、低公害、低成本的要求，各种各样的电子控制系统被开发了出来。由于这些系统之间通信所用的数据类型及对可靠性的要求不尽相同，由多条总线构成的情况很多，线束的数量也随之增加。为适应"减少线束的数量""通过多个 LAN，进行大量数据的高速通信"的需要，1986年，德国电气商 BOSCH 公司开发出面向汽车的 CAN 通信协议。此后，CAN 通过 ISO 11898 及 ISO 11519 进行标准化，在欧洲已是汽车网络的标准协议。

CAN 的高性能和可靠性已被认同，并被广泛地应用于工业自动化、船舶、医疗设备、工业设备等方面。现场总线是当今自动化领域技术发展的热点之一，被誉为自动化领域的计算机局域网。它的出现为分布式控制系统实现各节点之间实时、可靠的数据通信提供了强有力的技术支持。

【思考与练习】

一、填空题

1.高速 CAN-BUS 主要应用在一些要求高实时性的系统中，如_____、_____等。

2.CAN 数据总线中，每个连接在 CAN 总线上的节点内部都安装了一个 CAN _____、一个 CAN _____、两条数据传递线形成_____和_____共同组成。

3.CAN 控制器控制功能包括_____、_____、数据接收控制、数据格式转换等。

4.CAN 数据总线用以传输数据的双向数据线分为_____和_____数据线。

5.CAN-BUS 网络上的各个节点信息分成不同的优先级，可以满足不同的实时要求，_____的信息优先传递。

6.总线导线上会出现两种状态，高电位表示逻辑_____，低电平表示逻辑_____。

7.在隐性状态时，CAN-High 线与 CAN-Low 线上的电压差为_____，在显性状态时该差值最低为_____。

8.列举两种电控发动机的传感器：_____、_____。

9.应用在汽油发动机上的电子控制系统主要有：_____、_____等。

10.汽车车载网络系统的核心部分是含有通信 IC 芯片的控制单元,控制单元的正常工作电压在_____的范围内。

二、判断题

1.CAN-BUS 目前两种标准的通信数据格式是不一样的。　　　　　　　　　　（　　）

2.低速 CAN 的两条网线出现同样的问题时,还可用剩下的另一条完好的网线进行数据传递(即单线功能)。　　　　　　　　　　（　　）

3.高速 CAN-BUS 主要应用在一些对实时性要求不高的系统中,如舒适系统、灯光系统等。
　　　　　　　　　　（　　）

4.CAN-BUS 为多主动方式工作,总线上的任一个节点均可以在网络空闲的任意时刻,主动向网络上的其他节点发送信息,所有节点不分主次,通信方式灵活。　　　　　　（　　）

5.CAN-BUS 网络上的各个节点信息分成不同的优先级,可以满足不同的实时要求,高优先级的信息优先传递。　　　　　　　　　　（　　）

6.如果总线上的电平信号处于静止位置,就称为显性电平(或称为有源)。　　（　　）

7.CAN 数据总线在极短的时间里,在各控制单元间传递数据,数据的传输以帧为最小单位,每帧数据包含 7 个部分。　　　　　　　　　　（　　）

8.一般来说,引起汽车车载网络系统故障的原因有 3 种:一是汽车电源系统引起的故障;二是汽车车载网络系统的链路故障;三是汽车车载网络系统的节点故障。　　　　（　　）

9.通过汽车万用表,可以判别故障的具体部位和检测系统元件的状态。　　　（　　）

10.CAN 是控制器局域网络(Controller Area Network,CAN)的简称,是国际上应用最广泛的现场总线之一。　　　　　　　　　　（　　）

三、选择题

1.低速 CAN-BUS 主要应用在一些对实时性要求不高的系统中,如(　　)。

A.舒适系统　　　　　　　　　B.驱动系统　　　　　　　　　C.电子控制系统

2.在高速 CAN-BUS 中,只有两个数据传递终端,它装在 CAN 高位(CAN-High)和低位(CAN-Low)数据线之间,总电阻为(　　)。

A.30~70 Ω　　　　　　　　　B.50~70 Ω　　　　　　　　　C.50~80 Ω

3.CAN-High 线和 CAN-Low 线上传递的电平信号是(　　)。

A.相反　　　　　　　　　　　B.相同　　　　　　　　　　　C.没有联系

4.(　　)是汽车车载网络系统中的电控模块,因此其故障就是控制单元的故障。

A.节点　　　　　　　　　　　B.插头　　　　　　　　　　　C.模块

5.一汽大众汽车有限公司生产的宝来轿车,装用了(　　)CAN 数据传输系统。

A.一套　　　　　　　　　　　B.三套　　　　　　　　　　　C.两套

四、简答题

1.CAN 数据总线由哪些结构组成?各部分的作用是什么?

2.CAN-BUS 数据传输原理是怎样的?

3.CAN 数据帧由哪些结构组成?各部分的作用是什么?

4.CAN-BUS 故障特点有哪些?

5.车载网络系统故障类型有哪些?

参考文献

［1］刘毅斌,肖雨,李磊.汽车电控发动机构造与检修[M].沈阳:东北大学出版社,2014.

［2］秦明华.汽车电器与电子技术[M].北京:北京理工大学出版社,2003.

［3］刘振闻,陈幼平.汽车电器与电子技术[M].北京:人民交通出版社,2005.

［4］张西振,韩梅.汽车发动机构造与维修[M].北京:机械工业出版社,2007.

［5］何琨,卫登科,黄玲,等.发动机电控系统检修[M].北京:清华大学出版社,2012.

［6］吕秋霞.汽车发动机电控系统检修[M].北京:人民交通出版社,2007.

［7］代洪.汽车发动机电控系统检修[M].北京:国防工业出版社,2014.

［8］宋作军,王玉华.汽车发动机电控系统检修[M].北京:清华大学出版社,2010.

［9］刘峥.汽车发动机原理[M].北京:清华大学出版社,2011.

［10］栾琪文.上海通用别克车系发动机维修精华[M].辽宁:辽宁科学技术出版社,2012.

［11］姚美红,陈燕.新款国产丰田车系发动机维修精华[M].辽宁:辽宁科学技术出版社,2010.

［12］李朝东.汽车发动机基础维修[M].重庆:西南师范大学出版社,2012.

［13］赵树国,侯江丽.汽车发动机机械系统的检测与修复[M].上海:上海交通大学出版社,2011.

［14］曾虎,单之元,刘省波.汽车材料[M].北京:航空工业出版社,2017.

［15］吕翔,左小勇,陶阳.汽车电器设备与维修[M].浙江:浙江大学出版社,2016.

［16］黄嘉宁,管卫华.汽车发动机电控技术[M].广东:华南理工大学出版社,2008.

［17］杨杭旭.汽车发动机电控系统检修[M].北京:科学出版社,2013.

［18］郝金魁.汽车发动机电控系统检修[M].北京:北京理工大学出版社,2017.

［19］朱良.汽车发动机电控系统检修[M].北京:人民邮电出版社,2018.